社会学优秀中青年学者学术精品文丛

湖北省社会科学基金项目成果

湖北居民生活质量研究

■ 徐鹏 著

武汉大学出版社

图书在版编目(CIP)数据

湖北居民生活质量研究/徐鹏著.—武汉：武汉大学出版社,2019.6
社会学优秀中青年学者学术精品文丛
ISBN 978-7-307-20933-6

Ⅰ.湖…　Ⅱ.徐…　Ⅲ.居民生活—生活质量—研究—湖北　Ⅳ.D669.3

中国版本图书馆 CIP 数据核字(2019)第 065446 号

责任编辑：张　欣　　责任校对：汪欣怡　　版式设计：马　佳

出版发行：武汉大学出版社　（430072　武昌　珞珈山）
　　　　　（电子邮箱：cbs22@whu.edu.cn　网址：www.wdp.com.cn）
印刷：北京虎彩文化传播有限公司
开本：720×1000　1/16　印张：14.5　字数：200 千字　插页：1
版次：2019 年 6 月第 1 版　　2019 年 6 月第 1 次印刷
ISBN 978-7-307-20933-6　　定价：48.00 元

版权所有，不得翻印；凡购我社的图书，如有质量问题，请与当地图书销售部门联系调换。

目 录

第一章 绪论 ··· 1
  第一节 湖北经济社会变迁概览 ··· 3
  第二节 研究意义 ··· 11
  第三节 概念界定、研究思路与研究方法 ··································· 14
  第四节 研究内容与研究框架 ·· 19

第二章 生活质量研究回顾 ··· 21
  第一节 社会指标与生活质量 ·· 22
  第二节 客观群体层面生活质量研究回顾 ··································· 23
  第三节 主观个体层面生活质量研究回顾 ··································· 30
  第四节 生活质量研究视角下的经济发展"三阶段论" ··················· 35
  小结 ·· 40

第三章 湖北居民客观生活质量实证分析 ·································· 41
  第一节 "两型社会"与湖北发展：机遇与挑战 ·························· 42
  第二节 客观生活质量指标体系的建立 ····································· 46
  第三节 综合评价方法 ··· 54
  第四节 基于主成分法的湖北居民客观生活质量变迁
         趋势分析（2008—2012） ··· 61
  第五节 湖北居民客观生活质量均衡发展的政策建议 ··············· 69

小结 …………………………………………………………… 74

第四章　湖北居民主观生活质量实证分析 …………………… 76
　　第一节　湖北居民主观生活质量的描述性分析 …………… 77
　　第二节　湖北居民主观幸福感影响因素分析 ……………… 89
　　第三节　"伊斯特林悖论"与湖北居民生活满意度 ………… 105
　　小结 …………………………………………………………… 128

第五章　经济理性与体验理性孰轻孰重：主观生活质量影响机制探析 …………………………………………………… 130
　　第一节　宏观经济社会因素与主观生活质量的关系 ……… 131
　　第二节　社会地位与生活体验：湖北居民公共生活领域满意度影响因素分析 ………………………………………… 134
　　第三节　湖北进城务工人员城市生活体验与生活满意度 … 151
　　第四节　湖北流动人口社会融合的结构测度与影响因素 … 167
　　第五节　客观条件的心理体验投射：主观生活质量影响机制探究 …………………………………………………… 183
　　小结 …………………………………………………………… 188

第六章　结论与讨论 …………………………………………… 190

参考文献 ………………………………………………………… 198

附录　湖北17个市(州)居民客观生活质量统计指标汇总表 ……… 217

第一章 绪 论

21世纪的中国正处于从传统社会向现代社会转型的重要阶段,社会结构、利益格局以及政府治理方式正在经历着深刻的变革。站在历史的角度观之,当前中国的社会转型对于世界历史发展而言,其影响力并不亚于14世纪缘起于意大利的文艺复兴运动(Renaissance)、16世纪发端于德国的新教革新运动(Protestant Reformation)以及18世纪肇始于英国的工业革命(Industrial Revolution)(Xie,2011)。而在这大规模的快速转型进程中,中国不仅成功创造出举世瞩目的经济发展奇迹,同时也向世界展现了这场变革给13亿中国民众生活所带来的翻天覆地的变化。然而,尽管中国的经济社会变革成就斐然,现阶段的转型进程却依然充满着不稳定性与不可预测性;而如何处理与平衡好经济发展、环境保护、官员问责、贫困缓解以及社会公平等与民生紧密相关的议题,仍是现今中国所面临的主要挑战(Perry,2014)。

2000年9月,包括中国在内的世界189个国家和地区参加了在纽约联合国总部举行的"联合国千年首脑会议",并联合签署了一份《千年宣言》,旨在通过世界各国的共同努力,实现包括消除极端贫困、普及小学教育、改善产妇保健、促进性别平等以及推动环境可持续发展等等在内的"千年发展目标",而这些目标的提出彰显的正是"以人为本"的科学发展理念。从根本上而言,当前我们党和政府所提出的构建和谐社会与实现"中国梦",其核心也是强调"以人为本",是讲求民生建设。党的十六届三中全会审议通过的《中共中央关于完善社会主义市场经济体制若干问题的决定》，鲜明地提出要"坚持以人为本，树立和落实全面、协调、可持续的发展观，促进经济、社会和人的全面发展"；随后，中共十七大报告也专门将加快推进以改善民生为重点的社会建设单列为一章加以讨论，这些都充分体现出和谐社会最根本、最重要的是人的和谐。而国家主席习近平在十二届全国人大一次会议闭幕会上发表重要讲话指出："中国梦归根到底是人民的梦，必须紧紧依靠人民来实现，必须不断为人民造福。"这亦明确指明"中国梦"根本上强调的是集体主义的"梦"，而非个体主义的"梦"；是要让发展成果分享、落实到全体民众，而非只是少数个体。综观上述这些中央决策，不难看出无论是和谐社会还是"中国梦"，都与"民生"二字息息相关。而在笔者看来，"民生"主要指的便是"民众生活质量"。进言之，只有民众生活质量切实提高了，才能说整个社会更加和谐了；而"中国梦"的表征也不仅仅体现于中华民族的伟大复兴，更体现于民众生活质量的全面提升。

从学理角度看，生活质量是一个覆盖范围很广的概念，既包括对总体人群（群体层面）相对福利的社会指标测量，又包括对每个人（个体层面）主观感受的量化评价（拉普勒，2012：3）。而本书认为，生活质量研究的终极目标则是要综合分析各种对生活质量产生重要影响的指标，并以此为依据来调整社会生活的不同层面，从而达致这样一种和谐状态：社会为个人提供改善其生活质量所需要的客观物质供给，而各类客观条件（如公共服务、居住环境等）的改善也反过来促进了个人主观幸福感或满意度的提升。换言之，民众客观物质条件与主观生活幸福感（满意度）构成了生活质量的一体两面；而只有这两个层面都得到改善，才能真正体现出民众生活质量的进步。就当前实际状况而言，由于我国疆域辽阔，不同地区间表现出显著的区域差异性，这导致了各个地方政府在民生建设方面的不均衡发展格局，从而使得居住于不同省（自治区或直辖市）内的居民，乃至于居住在同一个省内不同市（州）的居民，其生活质量水平都表现出较大的差距。以客观层面的生活质量为例，目前已有一些学者通过自己设计的客观生活质量指标体系，对全国31个省级行政单位的客观生活质量状况进行了测算与排名，进而反映出我国省际之间客观生活质量的差异化特征(参见 Li & Wang，2013；罗栋，2012：27-48)。然而，这类研究虽然有助于我们从整体上把握全国范围内民众生活质量的省级区域异质性，但是却在评价时将一个省内各市(州)间的发展水平视为同质的，而这显然不利于全面系统地了解不同区域居民现阶段生活质量的实际状况。因此，有必要将生活质量研究的目光聚焦于相对更小的省级行政区域，并通过这样一系列针对省级区域的生活质量评价研究，来更为全面地掌握我国民众的生活质量现状。[①]

通过分析目前搜集到的资料，可以发现除了有个别针对河北、江苏、广西、安徽等省份的生活质量评价研究外(参见王峰，2008；孙星，2009；邵法焕、田彩霞，2010；张亮等，2014)，很少有学者针对我国其他省级区域来开展生活质量综合评价研究。有鉴于此，本书将以我国中部省份湖北省为例，一方面通过构建可用于横向与纵向比较的客观生活质量指标体系，对该省内17个市(州)居民的客观生活质量状况进行量化评价；另一方面，还将基于在湖北区域内不同年份开展的多项问卷调查资料，综合考察湖北居民主观生活质量状况及其影响因素。笔者期待能通过本书的努力，帮助进一步推进我国分省域的生活质量综合评价研究进展，同时对既有的文献予以必要补充。在当前中部崛起国家战略背景下，针对湖北这一中部重要省份的生活质量研究无疑具有很强的现实意义。

第一节 湖北经济社会变迁概览

起源于唐古拉山脉的长江，在自西往东奔向浩瀚东海途中与汉水交

[①] 当然，如果数据资料及其他研究条件允许，进行更有针对性的区(县)一级的调查对于掌握当前生活质量的整体状况会更有帮助。但囿于笔者目前所能搜集到的资料限制，对于本书而言将重点分析湖北省内不同市(州)生活质量的区域分布差异。

汇,并在此孕育了方圆18.59万平方公里的荆楚大地。居住于此地的湖北人自古便深谙励精图治、韬光养晦的治理之道。例如,《韩非子》中就曾记录过这样一段楚庄王与右司马的对话:

> 楚庄王莅政三年,无令发,无政为也。右司马与王隐曰:"有鸟止南方之阜,三年不翅,不飞不鸣,此为何名?"王曰:"三年不翅,长羽翼;不飞不鸣,观民则。来日飞必冲天;虽无鸣,鸣必惊人。子释之,不穀知之矣。"又半年,乃自听政。所废者十,所起者九,诛贪臣五,举处士六,而邦大治。(节选自《韩非子·喻老》)

从这段对话中,我们能够了解到当年楚庄王以三年"无政为"来"长羽翼"、"观民则",随后便通过施行一系列的改革使楚地得以"大治"。而两千多年后,历史的剧目仿似在楚文化的发祥地又重新上演,只是这一次被称为"九头鸟"的湖北佬却用了三十多年的时间,才一步一步将构建当代中国"中部崛起战略支点"由口号转变为现实。1978年12月召开了党的十一届三中全会,由此拉开我们国家以经济建设为中心的改革开放序幕。而湖北在改革之初其实就已经拥有了较好的发展优势与"崛起"资本:从地理位置上说,湖北地处素有"鱼米之乡"之称的江汉平原,物产丰饶;从区位特征上讲,湖北自古"九省通衢",交通便利;从工业基础而言,湖北拥有值得骄傲的"汉阳造"以及"一二三"工程①;从人力资本角度看,湖北的高校数量亦居于全国前列,可谓是人才济济。让人遗憾的是,在改革之初的十多年间,湖北不仅没能凭借先天优势率先发展起来,反而在新型工业化道路上落在了全国平均水平之下。不可否认,造成这一状况的一个重要原因是受到国家优先发展沿海经济

---

① "汉阳造"是指以德国1888式委员会步枪(Gew88)为原型制造的"八八式"步枪,因其主要生产地位于湖北汉阳兵工厂,故而也称之为"汉阳造";"一二三"工程是指"武钢一米七轧钢"、"第二汽车制造厂"以及代号"三三零"的葛洲坝工程。

带的政策导向因素影响。然而，湖北人并没有因此气馁，而是以厚积薄发的心态等待着政策转向的机遇。2003年，党的十六届三中全会审议通过了《中共中央关于完善社会主义市场经济体制若干问题的决定》，其中明确指出要"有效发挥中部地区综合优势，支持中西部地区加快改革发展"。于是，国际资本与沿海产业开始逐步向中部集聚，"中部崛起"也作为统筹区域协调发展的国家战略正式出现在了《政府工作报告》之中。毫无疑问，中部地区遇到了改革开放以来最好的历史发展机遇，而湖北在我国中部六省中，经济、教育以及科技水平均处于领先地位，领跑中部应当责无旁贷（叶福生、夏泽宽，2008：11-12）。

使用生活质量测量指标能够帮助我们更直观地了解湖北在改革开放以后的经济社会变迁历程。兰德（Land）曾将用来测量生活质量的社会指标划分为三类，即准则性指标（criterion indicators）、描述性指标（descriptive social indicators）以及生活满意度（life satisfaction）/快乐指标（happiness indicators）。其中，准则性指标是指用来对那些与政策相关的公共统计数据变量进行测量的指标，而这类指标的涵义通常在不同社会中得到广泛认同（拉普勒，2012：15-16）。在本节中，笔者将使用六个反映经济、教育与医疗卫生状况的准则性指标，对湖北改革开放以来、尤其是进入21世纪以后的快速变迁历程予以量化描述，并以此来初步展现湖北居民客观生活质量的改善趋势。

图1-1显示了从1978年至2013年湖北的地区生产总值（GDP）以及人均GDP的变化趋势。从该图中，我们能够清晰地看出在过去的35年间，上述两个指标都呈现出稳步上升的趋势：GDP从1978年的151亿元增加到2013年的24668亿元，人均GDP也相应地从1978年332元增长到2013年的42613元。如果仔细观察图中的曲线斜率还可以发现，从1978年到1999年间，GDP与人均GDP的增长速度均是比较平缓的，而当进入到2000年以后，湖北的这两个经济总量指标表现出快速提升之势。这个现象说明随着国家经济发展重心由沿海向中部梯度转移，湖北开始享受到改革开放以来最大的"政策红利"。此外，进一步将湖北

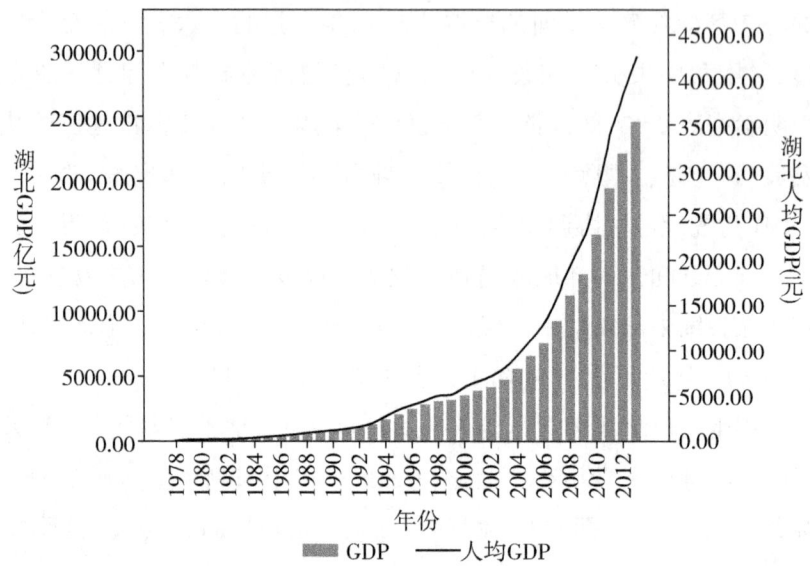

图 1-1　湖北 GDP 及人均 GDP 变化趋势(1978—2013，按当年价格计算)
资料来源：《湖北统计年鉴》(2014)。

的指标与中部其他省份比较后发现，2013 年湖北的人均 GDP 平均高出其他五省 20% 左右。① 由此可见，湖北整体的经济水平在中部地区处于明显优势地位。

除了经济总量的快速增长以外，湖北的教育事业也呈现出稳定发展之势。以高等教育为例，图 1-2 显示了湖北高校在校学生人数以及招生人数在过去二十年的变化趋势。从图中数据可以看出，1990—1999 年间高校在校学生数及招生人数均呈现缓慢上升趋势，数值分别从 1990 年的 130355 人、38024 人增加到 259410 人、97910 人。而自 1999 年全

---

① 中部其他五省 2013 年人均 GDP 分别为：河南省 34174 元，安徽省 31684 元，江西省 31771 元，山西省 34813 元，湖南省 36763 元。数据来自《湖北省统计年鉴》(2014)。

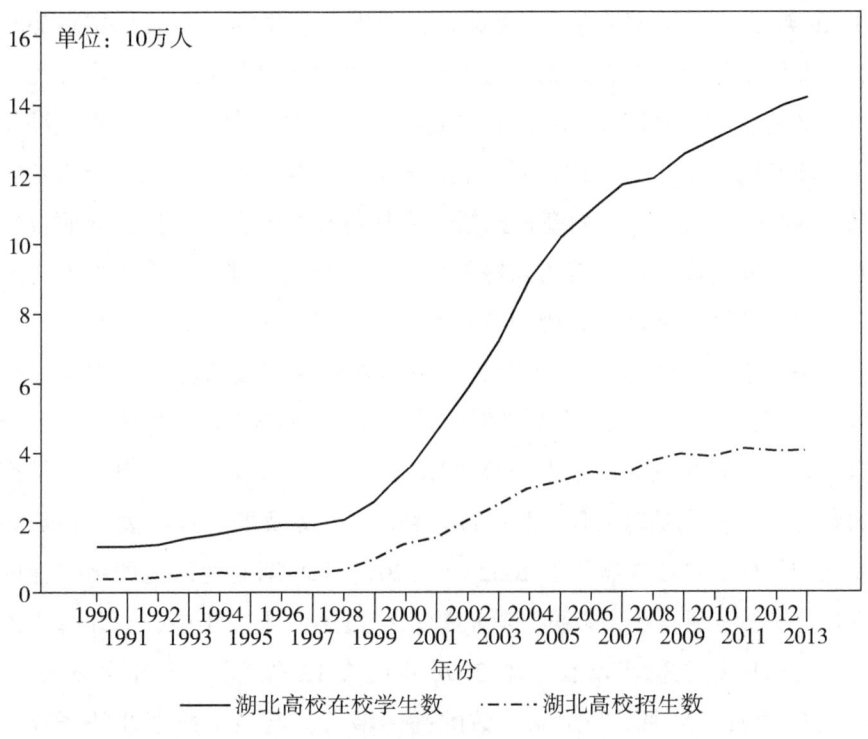

图 1-2　湖北高等教育发展趋势（1990—2013）

资料来源：《湖北统计年鉴》（1991—2014）。

国高校扩招政策①实施以来，湖北的高等教育也随之实现了高速扩张，上述两个指标分别增长为 2013 年的 1421434 人和 403860 人，分别是 1990 年对应数据的 10.9 倍和 10.6 倍。此外，与全国数据进行比较，发现湖北 2013 年的高校在校生人数以及招生人数分别占到全国 31 个省

---

① 1999 年 6 月 16 日，原国家计划发展委员会和教育部联合发文，决定将 1999 年中国普通高校招生总人数扩大至 153 万，使得该年高校招生增幅达到了 42%。资料来源：《1999 年高校扩招堪称中国教育史上一件大事》，中国网（http://www.china.com.cn/news/zhuanti/zgztk/2008-12/19/content_16975513.htm）。

(自治区、直辖市)对应指标总数的 5.76% 和 5.77%①，可见"惟楚有才"的典故也具有一定的现实意义。我们进一步将湖北高校扩招趋势与前文经济增长趋势结合起来看，不难发现湖北的高等教育扩张实际上是与经济总量的提升同步发生的；进言之，湖北的教育发展既是促进湖北经济增长的一个重要动因，同时也是湖北经济条件改善后的一个必然结果(Heckman，2005)。而高校扩招的实际意义在于，相比扩招前而言普通民众会有更高的机会接受高等教育，从而更有可能通过个人的努力来实现向上的社会流动，并因此获得生活质量的改善。

医疗卫生水平也是反映湖北居民客观生活质量状况的一类重要指标。笔者在此使用了每千人口医院床位数与孕产妇死亡率②这两种数据，以分别表征湖北卫生设施及医疗技术水平的实际状况。其中，孕产妇死亡率指标也是联合国《千年宣言》中重点提及的一项需要各国努力改善的指标。图1-3显示了2002年至2013年间湖北地区这两项指标的变化趋势。③ 观察图中数据，我们看到在过去的十二年中，湖北每千人口医院床位数在稳步增长，由2002年的2.12张/千人上升到2013年4.6张/千人，实现了医院床位数的翻倍增长，这显示出湖北的医疗卫生设施状况得到了明显加强，医疗机构对于病人的接纳能力也在逐步提升。再来看孕产妇死亡率指标的变化情况，该指标从2002年的34.8/10万下降到2013年的11.6/10万，降幅达到了三分之二。而孕产妇死亡率的降低体现的是湖北妇女健康水平的提高以及医疗技术状况的改善(梁娟等，2003)。综合这两个指标的信息，我们能够初步判断湖北省整体医疗卫生条件与刚进入21世纪时相比有了较为明显的提升。

---

① 2013年全国普通高校在校生总数以及招生总数分别为2468.1万人、699.8万人。数据来源：《中国统计年鉴》(2014)

② 孕产妇死亡率指年内每10万名孕产妇的死亡人数。孕产妇死亡指从妊娠期至产后42天内，由任何妊娠或妊娠处理有关的原因导致的死亡，但不包括意外原因死亡者。引自《中国卫生和计划生育统计年鉴》(2014)。

③ 2003年及2004年的湖北孕产妇死亡率数据缺失，采用线性方法对缺失数据进行了处理。

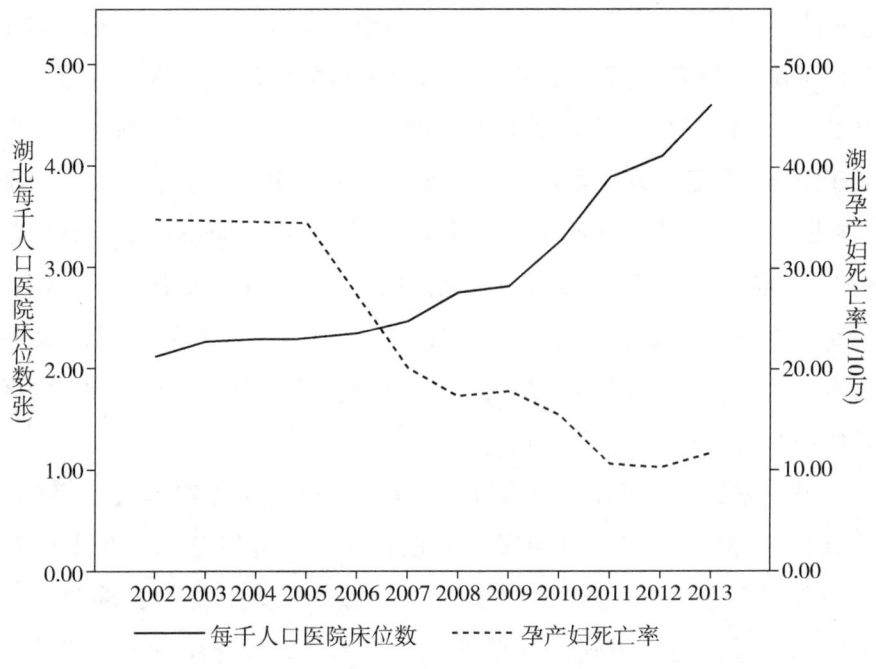

图 1-3　湖北医疗卫生状况变迁趋势（2002—2013）

资料来源：《中国卫生统计年鉴》（2003—2012），《中国卫生和计划生育统计年鉴》（2013—2014）及《湖北统计年鉴》（2014）。

上文通过对 GDP、人均 GDP、高校在校学生数、高校招生数、每千人口医院床位数以及孕产妇死亡率这六个准则性社会指标的考察，初步展现了改革开放以来湖北省在经济、教育以及医疗卫生这三个领域的变迁趋势。而在笔者看来，这三个维度也是影响湖北民众客观生活质量的重要因素。上述分析结果表明，总体而言湖北居民的整体生活条件比起改革之初有了较大幅度的提高。然而，这些分析只是基于少数几个指标，反映的也只是湖北整体的状况，因而就此断言湖北居民客观生活质量明显提升未免太过武断。此外，结合实际情况来看，现阶段湖北还面临以下两方面问题的严峻挑战：

一方面，湖北存在着区域发展不均衡、不协调的问题，这也使得居住于省内 17 个市(州)的居民生活质量水平呈现较大差异。湖北是传统农业大省，城乡二元经济社会结构依然存在。尽管改革开放以来，湖北经历了快速城镇化进程，城镇人口占总人口的比例从改革伊始的 16%增长到 2013 年的 55%，城镇化率在中部六省中仍处于第一的位置；但置于全国背景下，现阶段湖北的城镇化率也刚刚与全国平均水平持平(参见图 1-4)。湖北的区域差异很大程度上体现于城镇化水平高的市(州)与城镇化水平低的市(州)之间。因此，在接下来的研究中，需要针对省内不同地域的实际情况，通过构建更为详细的生活质量指标体系来全面地掌握当前湖北全省居民生活质量的现状，以期能为湖北制定区域协调发展政策提供科学依据。

另一方面，伴随着湖北经济实力的增长，湖北省内大城市(如武汉)对于外来务工人员的吸引力也在加大，进城务工人员群体规模也随之迅速扩张。因此，如何提升进城务工人员等社会弱势群体的生活质量，这也构成了当前湖北经济社会变革进程中所面临的一大挑战。

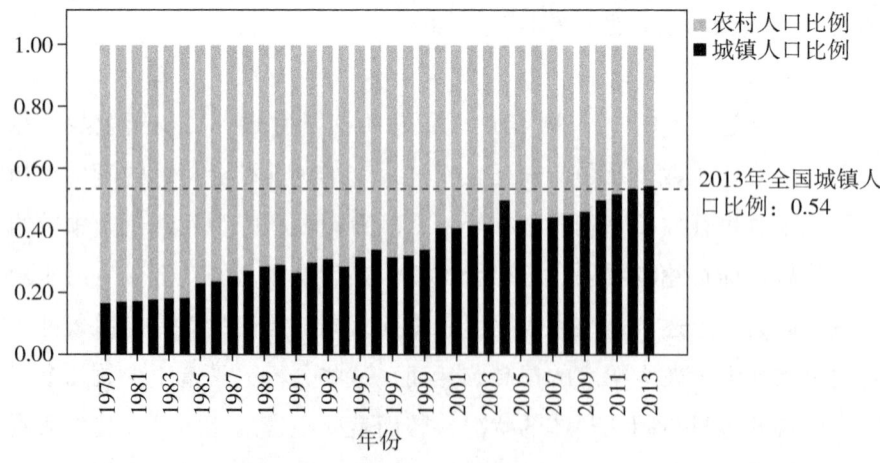

图 1-4　湖北城乡居民人口结构变迁(1979—2013)

资料来源：湖北统计年鉴(2014)。

上述两方面问题的存在进一步凸显了开展湖北居民生活质量综合评价研究的现实性与紧迫性。生活质量的提高是社会发展所追求的终极目标和最高原则，是"以人为本"根本要求的具体体现（周长城、王培刚，2005）。因此，在湖北经济社会发展进入到新常态以后，需要更有针对性地着力解决湖北省内区域发展不均衡的问题，从而实现全省居民客观生活质量的同步提升；此外，还需通过针对基层群众（包括进城务工人员等弱势群体）的问卷调查，探究影响他们主观生活质量的影响因素及其作用路径，并在科学的统计分析基础上提出改善民众生活质量的政策性建议。在下文中，将依循这一研究思路，从客观和主观两个维度对湖北居民的生活质量予以量化评价。笔者希望本书的研究能为湖北构建"中部崛起战略支点"提供有价值的智力支持。

第二节 研 究 意 义

随着湖北省整体经济实力的增强以及社会事业的进步，湖北居民对于生活质量的追求也随之得到了提升。然而，当湖北经济社会发展进入到新常态后，若要有效提升民众生活质量水平，就必须正视并处理好不同群体生活需求的多元化以及区域间发展矛盾的复杂化等对生活质量具有不利影响的因素。当前，湖北以实现"中国梦"为总体发展目标，继而因地制宜地提出了更为细化的"五个湖北"建设目标，即富强湖北、创新湖北、法治湖北、文明湖北和幸福湖北。从生活质量研究的角度看，前四个目标是与提升湖北居民客观生活质量状况相关，而最后一个"幸福湖北"建设则主要是与改善居民主观生活质量水平相关。需要明确的是，"五个湖北"建设并不应该是一句华丽的口号，而是需要提出一套切实可行的办法将湖北下一阶段的改革目标落到实处。那么，如何进一步深化以改善"民生"为重点的湖北经济社会改革？如何对湖北居民生活质量的变化趋势实现科学化、可操作化的测量？又如何有针对性地实施湖北均衡发展战略，帮助改善落后地区居民生活质量的现状？要回答这些问题，就需要开展以湖北居民为研究对象的生活质量综合评价研究，而这则构成了本书的出发点和落脚点。具体而言，可以从以下两个方面来分别阐述本研究所具有的学术价值和政策层面的实际意义。

就生活质量研究而言，目前国内学术界的相关研究主要集中于四个方面：一是在宏观政策层面的研究，提出改善居民生活质量的基本原则、思路和总体方向；二是对与生活质量有关的理论（如马斯诺需求层次理论、可持续发展理论、罗斯托经济发展阶段论等）予以梳理，探讨经典理论对于提升生活质量的现实指导意义；三是客观层面的经验研究，对国内不同地区客观生活质量的具体维度（如环境治理水平、经济发展水平等）进行综合评价；四是主观层面的经验研究，通过问卷调查等手段收集的数据资料来分析居民主观生活质量（如主观幸福感、满意度等）的影响因素。不可否认，这些已有的研究对本书的研究思路和分析方法都具有启示意义。然而，笔者同时认为当前的这些研究成果也存在自身的问题和不足：一是相关的政策性研究往往缺乏可操作化的指标来对生活质量水平进行评估；二是对生活质量的经验研究又趋于分散化、条块化，注重某一领域某一侧面的探讨，而缺乏一个能统筹全局的综合性主体架构。因此，从学术研究视角看，有必要对现有的研究进行一定程度的整合，将对生活质量客观与主观两个维度的研究纳入同一个研究框架体系之中，从而能够对民众生活质量状况进行更为综合的评价。基于此，本研究将以湖北省为例，致力于弥补现有研究的不足，一方面通过构建客观生活质量指标体系来对不同地区民众的客观生活质量状况进行量化分析，并以此来探索区域间发展的不平衡性及其破解途径；另一方面，还将基于相关问卷调查数据，从个体层面系统分析影响各类群体主观生活质量的具体因素（如人口学因素、社会保障因素、自我感知经济社会地位因素等），同时探析各因素是通过何种路径去影响居民主观生活质量的。概言之，本研究希望能帮助进一步完善具有本土特色的生活质量理论分析框架，同时为今后开展相关研究提供更为系统全面的研究视角。

从政策层面思考，本研究对于推进湖北经济社会建设以及构建"中部崛起战略支点"而言，具有以下三个层面的实践指导意义：

其一，进行主客观相结合的生活质量综合评价研究有助于全面、合理地推进湖北"民生"建设。客观生活质量指标体系的优势在于其具有可操作性和可测量性的优点，能够基于客观的统计数据资料来全面、合理地衡量各地区居民的客观生活质量水平。此外，以实地问卷调查为基础的主观生活质量影响因素研究，也能从个体层面帮助了解现阶段湖北居民的实际生活状况。可见，主客观相结合的研究框架能够帮助我们更为全面地分析湖北经济社会变迁趋势及其给民众生活质量所带来的影响。

其二，本研究能为政府制定相关社会政策提供科学依据。指标体系的确立能够帮助明确生活质量的不同组成要素之间的权重关系，从而能够为相关政府部门制定决策提供有价值的参考，帮助相关职能部门进一步明确在接下来的社会政策制定中应该着重加强哪些领域的改革，重点处理哪些领域的矛盾和问题；同时，对湖北居民的问卷调查则能够帮助探清究竟哪些因素会影响居民的主观生活质量，从而进行有针对性的政策改革。概言之，这些实证分析结果将能助力政府的科学决策，从而帮助维持湖北经济社会建设的良性运行。

其三，本研究有助于更具针对性地提升湖北居民的生活质量。居民对生活质量的追求是社会发展到一定阶段的必然产物。通过运用本研究所构建的客观生活质量指标体系，能够帮助实现居民客观生活质量的横向与纵向考量。而相关政府部门可以根据这些比较性分析结论，进而因地制宜地采取必要措施来提升本地区居民的生活质量水平。这对于促进湖北省内各区域间协调发展以及湖北居民生活质量的全面提升都具有积极的政策指导意义。

第三节　概念界定、研究思路与研究方法

一、概念界定

生活质量是客观与主观两个维度的有机组合，既反映社会群体所共享的客观条件（经济总量、公共服务、生态环境等）的丰裕程度，也可反映个体居民对生活状况的主观感受好坏。只有客观物质条件与主观生活感受这两个方面都得到改善，才能真正体现出居民生活质量的整体提升。因此，为了更为全面地描绘出湖北居民生活质量的全貌，本书将分别从客观群体层面以及主观个体层面来综合分析湖北居民的生活质量状况。需要说明的是，本研究一方面会在概念与方法上遵循生活质量研究的分析传统，但同时也会对主观生活质量所涉及的概念范畴予以适度地拓展。为了便于对本书的分析理路有更为清晰的了解，故而在此先对上述两个维度研究中所涉及的主要概念予以必要的界定。

（一）客观生活质量

本书对客观生活质量的理解是基于斯堪的纳维亚（scandinavian）模式的生活质量概念，即将社会群体的生活条件改善视为一种福利，而此处的福利具体是指人们可以通过接近或掌握某些公共资源来提高生活水平（Erikson & Uusitalo，1987；Erikson，1988）。换言之，社会为人们提供了与日常生活相关的各类公共资源，这些客观物质条件的有效供给则会帮助提升居民群体的客观生活质量水平。具体而言，本书在可持续发展理论的指导下，将客观生活质量界定为经济（包括经济总量与居民收入水平）、社会（包括公共服务、教育与医疗资源、医疗技术水平、科技与通信）以及环境（包括生态环境、生产与生活污染状况）等三个维度内容。在后文对湖北各市（州）居民客观生活质量进行评价时，还将使用相应的统计指标对每一个维度内容予以操作化测量。

（二）主观生活质量

主观生活质量既指居民对个人整体生活状况的幸福感或满意度评价，也指居民对与自身紧密相关的公共生活领域主观满意度评价。对于个人整体生活状况，相关研究主要通过主观幸福感（Subjective Well-Being, SWB）、快乐感（happiness）及生活满意度（life Satisfaction）这三类指标来进行测量。有学者曾指出主观幸福感通常被认为是个体对于整个生活的持续性满意程度，在这个意义上其与"生活满意度"（life satisfaction）和"快乐感"（happiness）是近义词，在很多时候可以互换使用，因此并未明确指明这些概念之间的差别（Veenhoven，2012）。本书将参照这一观点，将主观幸福感、快乐感和生活满意度这三种指标均视为对个人整体生活状况的量化评价。

除了居民对个人生活状况的整体性评价外，本书还强调公共生活领域的民生建设也是与居民生活紧密关联的一个方面，因此居民对这一子领域的满意度评价也构成了主观生活质量的重要表征。所谓"公共生活领域满意度"是指人们对具有公共性的各类民生工作执行情况的主观感受评价，具体包括对经济、信息公开、环境、治安、教育、医疗与社会保障等各项民生工作的满意度评价。后文也将对湖北居民公共生活领域满意度状况进行量化分析，以期能从多个维度更为全面地探讨湖北居民的主观生活质量状况。

二、研究思路

参考既有生活质量研究成果，发现国内的相关研究大多将客观群体层面生活质量的综合评价与主观个体层面的幸福感/满意度评价割裂开来；换言之，较少有学者将上述两个维度结合起来，并针对同一个地区展开客观与主观相结合的生活质量评价研究。应该认识到，生活质量研究是与民生建设息息相关的一个研究领域，不管是从理论还是应用角度考虑，都应进一步加强该领域的研究力度。一方面，深入而细致的客观生活质量指标体系的建立和运用，是评价宏观层面民生建设成果的有效手段；另一方面，通过问卷与访谈等实证调查方法而获得的居民主观生活质量资料，也能帮助在微观层面直观检验民生政策的实施效果。综合而言，已有相关研究存在的问题和不足主要表现在：

（1）宏观政策层面的研究较侧重以思辨的方式对民生议题进行理论探讨，重宏观指导而缺乏细化的、具体可操作的指标来对民众生活水平进行衡量和评估；

（2）在已有客观生活质量指标研究中，有些指标设置表现出一定程度的随意性，一些指标的选取比较牵强，没有代表性，且同一级的指标间有较大的相关性，因此指标体系的全面系统性有待提高；

（3）对居民个体生活质量的微观经验研究又趋于分散化，鲜有研究利用多个年份的纵贯调查数据对某一地区居民的主观生活质量状况进行趋势分析，从而导致难以探明一个地区居民对生活状况的主观评价是否发生变迁。

鉴于对相关研究不足的认识，同时基于笔者期待研究成果能够服务于家乡经济社会发展的学术热忱，因此接下来的研究将主要以中部省份湖北省为分析主体，从客观及主观两个维度全面探讨湖北居民的生活质量状况。具体而言，对于客观层面的研究，笔者将基于全面性、精简性、独立性、可比性以及可操作性的指标构建原则，同时参考其他学者的指标选择策略，建立湖北居民客观生活质量指标体系；然后运用科学合理的统计评价方法，使其可应用于湖北省内不同地区及不同时间段内居民客观生活质量的动态比较分析。对于主观层面的研究，笔者一方面将使用多个年份在湖北地区开展的问卷调查数据，以此来描述湖北居民主观生活质量的变迁趋势，另一方面还将使用湖北地区问卷调查的截面数据，系统探析湖北居民主观幸福感以及公共生活满意度的影响因素，以期能用统计分析结果来帮助有针对性地提升居民的主观生活质量水平。此外，在对湖北普通居民的研究基础上，笔者还将以进城务工群体为例，进一步探析湖北弱势群体的生活状况。最后，在本书的末章中，将对前面的研究进行系统总结，并对可能存在的争议以及今后的研究予以探讨与展望。

三、研究方法

社会研究有定量(quantitative)与定性(qualitative)两种研究取向，而不同学者会根据研究目的、内容以及个人偏好的不同，在上述二者中选择其一作为主要的研究方法。客观地说，这两种研究取向各有优势及局限，在实际研究中的侧重点也不尽相同，具体而言：(1)从研究目的上看，定量取向主要是为了测量客观的事实，比较看重研究的可靠性(reliability)，而定性取向则致力于构建社会实在与文化含义，注重研究的真实性(authenticity)；(2)在研究资料收集方面，定量取向研究一般会通过问卷调查的方式，收集尽可能多的个案数据，而且收集的数据与理论是相对独立的，而定性取向研究则多会采用访谈、参与观察等方法，收集相对少的、有代表性的个案信息，且收集的信息与理论是融合一体的；(3)在资料分析过程中，定量取向强调价值无涉性(value free)，同时研究者关注于对变量(variables)的统计分析，而定性取向则强调价值是存在且明确的，同时研究者侧重于对互动过程与事件的分析(Neuman，2010：13)。

生活质量研究也是社会研究领域的一个分支，因此在如何分析居民生活质量这个问题上，也不可避免地存在着定量与定性之别。使用定性的方式来描述生活质量有其优势，例如埃尔德森(Alderson)在一项针对唐氏综合征患者的研究中曾指出，通过对访谈资料的语义分析，能够对受访者日常生活(如人际关系、工作、教育、休闲兴趣等方面)中积极或消极的经历予以系统展现，进而从中得出受访者对于个人生活质量与价值的看法(Alderson，2001)。然而，定性研究主要适用于对少数个案的生活经历与主观感受予以深入描述，但这与本书的研究旨趣并不太契合。因此，结合研究的实际需要，本书将主要采用定量的方法对湖北居民客观及主观层面的生活质量予以深入探究。

具体而言，可以从资料收集方法与资料分析方法这两个方面来对本书的研究方法予以阐述：

（1）资料收集方法。本书对于湖北17个市（州）居民客观生活质量的指标分析数据主要来源于《湖北统计年鉴（2009—2013）》、《湖北卫生年鉴（2009—2013）》、《湖北环境质量报告（2009—2013）》以及《中国城市统计年鉴（2009—2013）》。

湖北居民主观生活质量的分析资料则主要通过问卷调查的方法来获取。调查资料主要来源于两类渠道。一方面，笔者使用了全国范围大规模问卷调查数据库中的湖北地区调查数据，具体包括中国综合社会调查（CGSS）2003年、2005年、2006年、2008年和2010年的湖北调查数据，中国社会调查（CSS）2011年的湖北调查数据，中国家庭追踪调查（CFPS）2012年的湖北调查数据，以及由武汉大学社会学系组织收集的2014年武汉市社会状况综合调查资料。另一方面，笔者还使用了由武汉大学社会保障研究中心组织收集的武汉市进城务工人员生活状况问卷调查资料，以及湖北流动人口2017年动态监测调查数据，以探析流动人口（进城务工人员）这一社会弱势群体的生活质量状况。笔者认为，通过综合运用上述分析资料，能够更为全面立体地展现湖北居民生活质量的全貌。

（2）资料分析方法。概括而言，本书主要采用定量的统计分析方法。具体使用的统计方法包括：使用主成分法（principle component analysis）对湖北17个市（州）居民的客观生活质量水平进行横向与纵向的比较分析；将元分析（meta-analysis）思想与单因素方差分析（one-way ANOVA）结合起来探析湖北居民主观生活质量变迁趋势；运用Logistic回归以及有序回归（ordinal regression）分析方法，分别探讨了湖北居民主观幸福感以及对公共生活领域满意度的影响因素；此外，还使用了描述性统计方法对武汉市进城务工人员这一弱势群体的城市生活状况进行了量化分析，并基于实证分析结果进行了政策性讨论。

第四节　研究内容与研究框架

本书的主体内容将按照客观与主观生活质量研究相结合、实证分析与政策研究相结合的思路依次展开。主要研究内容陈述如下：

首先，笔者将对"两型社会"建设背景下湖北居民客观生活质量水平进行量化评价。具体将分析2007年底国家批准"两型社会"建设方案给湖北发展带来的机遇与挑战；在此背景下，使用19个指标构建了客观生活质量指标体系，并运用主成分分析法对湖北17个市(州)2008—2012年这五年间的客观生活质量水平进行量化评分与排序，并进一步对湖北省各个市(州)居民客观生活质量的空间分布特征进行定量描述。

然后，对湖北普通居民主观生活质量的变迁趋势以及影响因素予以实证分析。具体而言，笔者一方面将综合运用2003年至2012年间在湖北地区开展的多项问卷调查资料，描绘出十年间湖北居民的主观生活质量平均变化趋势；另一方面，还会基于湖北问卷调查的截面数据资料，分别对湖北居民主观幸福感以及公共生活领域满意度的影响因素进行统计分析，进而探清哪些因素对于上述两个维度的主观生活质量水平能够产生显著影响。此外，作为对湖北普通居民主观生活质量研究的补充，继续利用2012年武汉市进城务工人员和2017年湖北流动人口问卷调查资料，对湖北流动群体的城市生活体验、社会融合及生活满意度状况进行定量分析，并根据分析结果提出改善流动人口主观生活质量的政策性建议。

最后，对实证分析结果进行系统总结与理论提炼，并提出用以解释主观生活质量影响机制的"客观条件的心理体验投射"分析框架。

基于上述对本书研究思路与主体内容的介绍，笔者绘制了如图1-5所示的研究框架图，从中可以更为直观地了解笔者的研究进路。

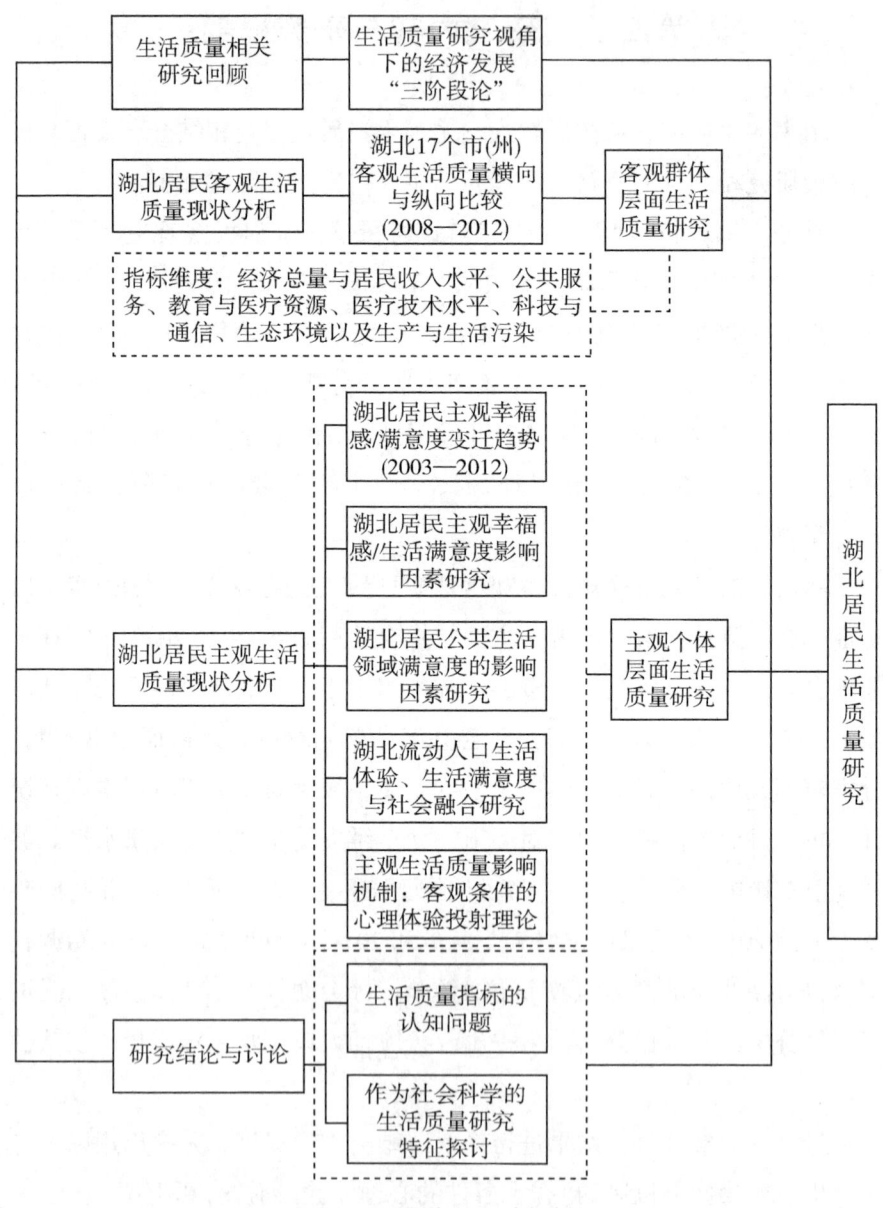

图1-5 研究的思路框架

第二章 生活质量研究回顾

生活质量(Quality of Life，QoL)是反映人们的客观生活条件以及人们对客观条件的主观评价状况的综合性概念。关于生活质量一词的起源，学术界有两种观点：其一是认为由英国福利经济学家庇古(Pigou)在其代表作《福利经济学》中首次提出，用以描述福利的非经济层面；其二则认为是美国经济学家加尔布雷斯(Galbraith)在《丰裕社会》中第一次明确提出"生活质量"这一概念，并从个人的主观层面对之予以了界定与描述(周长城、刘红霞，2011)。而对于生活质量这个抽象概念，由于其内涵丰富而冗杂，至今没有一个权威的界定以及标准的测量方法(Cummins，1997：7)。不同的学者以及不同的研究机构设计了种类繁多的生活质量测量工具；尽管这些测量指标不尽相同，但大多包含了客观指标(经济条件、居住环境、公共服务状况等)和居民主观幸福感/满意度指标这两个方面。从指标的设置方式可以意识到，现在的学者都逐渐认同生活质量既与人们所处客观条件的好坏紧密相关，又与人们对客观条件的主观感受有着密切联系。那么，客观条件与主观感受对于评价生活质量各自起到了什么样的作用？在笔者看来，客观条件的好坏是生活质量宏观、外在的反映，而主观幸福感/满意度的高低则是生活质量微观、内在的体现；换言之，生活质量是客观与主观两个维度的有机组合，只有当人们既能从社会中获得足够的客观物质供给，又能在日常生活中产生较强的生活幸福感/满意度，才能真正体现出人们生活质量的全面提高。在过去四十多年的发展中，生活质量研究受益于"社会指标运动"的推动，逐渐演变出"客观群体层面"以及"主观个体层面"这两个相互联系、彼此补充的研究取向，下面将分别对之予以介绍。

第一节　社会指标与生活质量

生活质量研究与发端于20世纪60年代的"社会指标运动"有着密切的联系。在一定意义上，"社会指标运动"不仅促进了生活质量研究在理论与方法上的完善，更促进了人们对于经济与社会发展理念的进步。维黑文（Veenhoven）曾对此有过这样的表述：在20世纪中前期，世界各国一般是以物质生活条件的高低来衡量居民的生活质量；到了60年代，开始倾向于以多元化的指标来衡量生活质量，而这种研究理念正体现于"社会指标"运动之中（Veenhoven，1996）。

"社会指标"同其他理论概念一样，在其问世之初就存在着诸多不同的界定。"社会指标"一词的创始人鲍尔（Bauer）认为社会指标是"统计数值、一系列的统计量，以及其他形式的证据能够使我们判断正处于何种阶段，价值和目标实现的情况如何"（Bauer，1966：1）。奥尔森（Olson）在《社会报告纲要》中指出社会指标是"一种直接服务于标准利益的统计，它有助于对一个社会主要方面的状况作出简明、综合、均衡的判断，在任何情况下都是对福利的直接测量"（秦斌祥、朱传一，1988）。美国拉塞尔·塞奇（Russell Sage）基金会的研究者认为社会指标主要是用于指示"社会整体某些部分的当前状况和根据某些规范准则衡量的、不论是前进或后退的过去与未来趋势"，而美国卫生、教育和福利部的专家们则将社会指标界定为"对受规范约束的直接利害关系所做的一种统计，它便于人们对社会主要方面的状况作出简明的、综合的和平衡的判断"（秦麟征，1983）。在国内学界，林南与卢汉龙将社会指标定义为"那些对社会整体或其成员有意义的社会环境特征"（林南、卢汉龙，1989），而吴寒光则认为它是"用来测量、观察和研究经济发展与社会发展的数量表现、数量关系和数量界限，探究其协调或不协调的表现形式、内容和特征"(吴寒光,1995)。

从上面的描述中能够体会到,作为测量人们生活质量的一种重要工具,社会指标的含义及其功能至今莫衷一是。然而,通过分析与梳理,还是可以从中总结出如下关于社会指标的五个共性特点:其一,社会指标从性质上说是从客观及主观两个层面来表征社会的各种基本状况;其二,在形式上是一系列的统计数字;其三,在结构上包括经济与非经济维度;其四,社会指标具有描述现状及预测未来的时间序列特征;其五,在功能方面,社会指标主要服务于社会发展与社会福利政策的制定与改进(秦麟征,1983)。一定程度上,学者们对于社会指标概念及其应用的广泛争辩推动了生活质量多维度研究的进展。

第二节　客观群体层面生活质量研究回顾

随着社会指标被越来越多的国家和国际组织认可和接受,各种基于社会指标的评价体系如雨后春笋般出现,并被广泛用于测量客观群体层面的生活质量状况。接下来,笔者将首先对该领域研究的理论基础进行概述,随后分别列举国外与国内几个有代表性的客观生活质量指标体系,以此来展现如何对群体层面的生活质量水平进行量化评价。

一、理论基础

可持续发展理论构成了客观群体层面生活质量研究的重要理论基础,而该理论的提出则主要源于人们对合理开发与利用环境资源的反思。回顾历史可以发现,人类对环境资源的利用经历了一般化利用、过度化利用和保护性利用三个阶段。在17世纪以前,人与环境的关系停留在"靠山吃山、靠水吃水"的状态,这个阶段可以被认为是一般化地适度利用环境资源。工业革命的出现打破了这种自然状态,无论是工业生产还是公众日常生活,都需要大量开发诸如森林、矿山等环境资源,对这些资源的利用也逐渐变得不加以限制。到了20世纪70年代,人们意识到很多不可再生资源正在走向枯竭。正是基于对前工业化时代发展模式的反思，国际社会逐渐开始对发展理念进行深刻的变革：从《经济增长理论》到《增长的极限》，从《亚洲的戏剧》到《新发展观》，这些学术著作都引领着人们重新思考人口、经济、社会、环境与资源之间相互制约的关系。到了20世纪80年代，联合国世界环境与发展委员会在一份题为《我们共同的未来》的报告中明确定义了"可持续发展"这一重要概念，指出发展应该"既要满足当代人的需要，又不对后代满足其需要的能力构成危害"（罗慧等，2004）。"可持续发展"概念一经提出，便得到了世界各国政府的广泛认可，并促使国际社会开始探寻经济增长与环境、社会承受能力之间的平衡点。在过去二十多年中，从"可持续发展"又衍生出"地球系统观"、"生态文明思想"、"低碳经济"等相关的概念（齐晔、蔡琴，2010），而针对这些相关概念的讨论则逐步形成了一个关于经济、社会、环境之间协调发展的共识性理论，即"可持续发展理论（sustainable development theory）"。

该理论主要从以下两个方面为合理选择发展模式提供了价值导引。一方面，发展的可持续性不仅仅体现于物质财富的不断积累，更重要的是经济的持续增长能够与环境及社会领域的发展相同步。具体来说，我们在努力提高经济总量与居民收入水平的同时，还应该着力优化公共服务，促进教育、医疗等公共资源的公平分配，维护好生态环境质量，减少生产与生活给环境带来的污染等。另一方面，该理论还强调了发展要以提高人们生活质量为目的，进而促进人的全面发展。联合国环境署、世界自然保护同盟与世界野生动物基金会在《保护地球与可持续生存战略》一书中，曾明确提出发展应该"在生存不超出维持生态系统涵容能力的情况下，改善人类的生活品质"（周长城等，2009：102）。而诺贝尔经济学奖获得者阿玛蒂亚·森（Amartya Sen））也指出，"发展可以看做是扩展人们享有的真实自由的一个过程"，而这一过程最终目的是要"消除那些限制人们自由的主要因素，即：贫困与暴政，经济机会的缺乏以及系统化的社会剥夺，忽视公共设施以及压迫性政权的不宽容和过度干预"（阿玛蒂亚·森，2002：1-2）。此外，在他与努斯鲍姆（Nussbaum）一起主编的《生活质量》一书中还表达了这样的观点：我们普遍使用的人均收入等经济指标只是对生活质量的粗略测量，在考察生活质量时更应该关注人们的生活状况究竟如何，人们在教育、医疗服务等等与生活相关的各个方面是否受到了公平待遇（参见阿玛蒂亚·森、玛莎·努斯鲍姆，2008：1-10）。总之，可持续发展理论强调了将提升人的生活质量作为发展的终极目标，并指引人们致力于实现经济系统、环境系统与社会系统的协调与共荣。

二、国外客观生活质量指标体系研究

人类发展指数（HDI）可以被认为是最为精简、同时影响最为广泛的客观生活质量评价体系。它是由联合国开发计划署在1990年的《人类发展报告》中首次提出，用来评价世界各国的社会发展状况及居民客观生活条件，其建立的主要目的就是弥补单纯使用国内生产总值（GDP）的不足。该指标体系包括健康指数（出生时预期寿命指标）、经济指数（人均GDP指标）以及教育指数（成人识字率以及综合入学率指标）[①]三个方面的内容。这三个指数是按照从0到1分级的，0为最坏，1为最好。在计算每个指数的得分之后，对它们进行平均化，得到一个取值在0~1之间的综合人类发展指数。

联合国"千年发展目标指数"也可被看做一个测量居民客观生活质量的综合评价体系。该评价体系以《千年宣言》制定的以下八项千年发展目标为一级指标："消除极端贫困与饥饿"、"普及小学教育"、"促进男女平等并赋予妇女权力"、"降低儿童死亡率"、"改善产妇保健"、"与艾滋病病毒/艾滋病、疟疾和其他疾病做斗争"、"确保环境的可持续性"、"全球合作促进发展"。每个一级指标下设1至6个二级指标作

---

① 2010年的《人类发展报告》对教育指标进行了修订，使用平均受教育年限来取代识字率指标，使用预期受教育年限取代了入学率指标。

为"具体目标"指标，而这 21 项"具体目标"指标又进一步操作化为 60 余个可测量指标。通过使用这一评价体系，可以对签署了《千年宣言》的全球 189 个国家居民客观生活质量状况予以量化测评。①

世界银行出版的《世界发展报告》曾采用七个指标对各国的客观生活质量状况进行评价，这些指标包括：(1) 人均私人消费增长；(2) 儿童营养不良状况；(3) 5 岁以下儿童死亡率；(4) 成人文盲率；(5) 出生时预期寿命；(6) 城市人口；(7) 城市地区获得环卫设施服务的人口。世界银行另一份重要文件就是《世界发展指标》，收录了世界上 208 个国家从 1960 年至今社会、经济、金融、自然资源和环境指标等方面的 695 种指标数据资料，涉及世界概览、人口、环境、经济、政府与市场、全球联系等几大部分。

美国作为"社会指标运动"的发起地，在客观生活质量评价方面具有丰富的经验积累。《国际生活》是美国最具权威性的杂志之一，其在每年推出的"年度生活质量指数"受到了国内外学者的高度评价。该指标体系包含 9 个维度的指标：生活成本、文化、经济、环境、自由、健康、基础设施、安全与风险、气候等。这套生活质量指标体系经历了 20 多年的研究检验，年度之间的评价表现出较高的可靠性，甚至有学者认为在应用于公共政策方面，该指数优于联合国的人类发展指数。而美国的卡尔弗特·亨德森生活质量指标体系则将自身定位为"评价国家趋势的一个崭新工具"，用超越 GDP 的测量方法反映生活质量 12 个领域在全国的发展趋势。它首次凝聚了国家和各方的努力，由来自不同领域、不同机构的专家学者共同建构完成。指标既包括对就业、收入分配、住房的传统经济测量，还包括对基础设施、健康和教育的评价。这一指标体系使公众对国家的总体福利状况能够有一个全面的了解(周长城等，2009：122-126、133-136)。

---

① 关于具体指标的说明，可参见"联合国千年发展目标指标官方网站"：http://unstats.un.org/unsd/mdg/Host.aspx? Content=Indicators/OfficialList.htm。

"欧洲社会指标体系"则是用以评估与监测欧盟成员国居民生活质量与福利状况的综合指标系统。从指标设计的概念框架看，该体系主要针对以下十四个领域的居民生活状况进行测评："人口"、"住户与家庭"、"住房供给"、"交通"、"休闲、媒体与文化"、"社会与政治参与及融合"、"教育及职业培训"、"人力市场与工作条件"、"收入、生活标准及消费模式"、"健康"、"环境"、"社会保障"、"公共安全及犯罪"、"整体生活状况"（Noll，2002）。相比之下，澳大利亚统计局所构建的"社会统计系统"则更为精简，具体是从"家庭和集体"、"健康"、"教育和培训"、"工作"、"经济资源"、"住房"、"犯罪与正义"、"文化与休闲"等八个维度来评价居民的客观生活质量（拉普勒，2012：42-44）。总体而言，上述评价体系涉及的指标数量多、覆盖范围广，对于群体层面的生活质量评价而言均具有较强的参考价值。

上面仅列出了几个有代表性的西方客观生活质量指标体系。由于客观生活质量这一概念本身具有多维特征，因此对于如何测量、描述客观生活质量这个问题，在不同的西方学者眼中往往有着不尽相同的答案。哈格缇（Hagerty）等九位生活质量研究领域的知名学者曾联合撰文，制定了用来判断指标体系有效性与实用性的14项标准，同时使用这些标准对22个常用的客观生活质量指标体系进行了述评。他们指出了现有研究的突出问题在于对客观生活质量所涉及的领域及其定义的认识差异很大，同时很少有学者能够指明客观生活质量的产出（output）与公共政策的投入（input）之间的关系，因此需要更深入地研究来对现有指标体系予以改进（Hagerty et al.，2001）。

三、国内客观生活质量指标体系研究

国内学者借鉴了国外相关研究方法，同时强调将宏观层面的经济、环境、社会保障等方面的指标纳入整个评价体系之中。从研究实施主体来划分，可以将国内的相关研究分为由政府部门牵头的政策导向性研究，以及由学者自发开展的学术自主性研究两个类别，下面将分别介绍

几个有代表性的指标体系。

(一)政策导向性研究

政策导向性研究的主要目的是要为构建和谐社会等政策目标的实现提供一种切实有效的分析工具。例如，由国家统计局课题组主持完成的《和谐社会统计监测指标体系研究》，以"社会和谐指数"为建构的总体目标，将指标体系向下分解为民主法治、公平正义、诚信友爱、充满活力、安定有序、人与自然和谐等六个层次的子目标，每个子目标分别设置3~6个具体指标，共有25个单项指标(国家统计局课题组，2006)。

广州市统计局构建的广州市和谐社会指标体系则包含有经济发展指数、社会法制保障指数、生存环境指数、人口安全指数等四个维度。其中，经济发展指数包含人均国内生产总值、非农产业劳动者占全部就业者比重、第三产业增加值占GDP比重等8个具体指标；社会保障指数则包括城镇登记失业率、城乡居民收入比、基本社会保障覆盖率等6项指标；生存环境指数由建成区绿化覆盖率、城镇人均占有公共绿地面积、工业"三废"综合处理达标率、万元GDP综合能耗等4项指标构成；而人口安全指数则涵盖了人口自然增长率、人口负担系数、万人拥有在校大学生数、万人拥有医生人数、婴儿死亡率、出生人口性别比等6项具体指标(陈婉清，2008)。

(二)学术自主性研究

武汉大学生活质量研究与评价中心构建的客观生活质量指标体系包含十个维度：健康、物质福利、消费、社会保障、社会公正、公共安全、环境、休闲、教育及居住状况。每个维度下设置有2~5个次级指标，整个指标体系共包含28个具体的指标。在实际分析中主要是针对上述十个维度的客观生活质量状况进行分开描述，但没有形成一个最终的客观生活质量评价指数(周长城等，2009)。

还有学者使用自制的客观生活质量指标体系，对我国31个省级行政区域2006年至2009年的客观生活质量水平进行了横向与纵向比较分析。该指标体系包含以下七个维度的指标：经济、消费、健康、科技与教育、社会保障、环境以及文化和休闲活动。每个维度下设立2~6个次级指标，共有29个客观统计指标。然后，他们运用主成分分析法进行量化分析，得出如下主要结论：横向共时性分析表明我国各地区客观生活质量水平从东到西依次递减；纵向历时性分析表明，在所考察的五年时间内，各个地区的客观生活质量水平呈现出加速增长之势。然而，这种增长是不均衡的，表现为经济层面的快速增长与环境、社会保障领域的缓慢增长甚至恶化共存，同时我国东部地区与中、西部地区的差距也在不断扩大(Wang & Li, 2013)。

罗栋则在其出版的专著中，分城乡讨论了我国城镇与农村居民的客观生活质量状况。在具体分析中，他首先使用2007年统计数据，构建了中国城镇(37个指标)与农村(26个指标)两套评价体系，利用层次分析法与聚类分析等统计手段，将我国31个省级行政区域在城镇和农村不同社会领域的现状进行了比较分析。然后，他又使用了收入、恩格尔系数、文教娱乐消费比重、养老保险覆盖率、人均住房面积、每万人医生数、交通和通信消费及总负担系数等八个指标，利用主成分法对我国30个地区(此部分分析未包括西藏地区)2003—2007年的客观生活质量进行了分城乡的历时性分析，得出了如下主要结论：城乡之间客观生活质量的绝对差距正在扩大，同时不同地区间的城乡发展极不均衡(罗栋，2012：27-72)。值得一提的是，笔者认为该项研究尝试对城镇与农村地区居民分开设置客观生活质量指标，这可在一定程度上突出强调城乡之间差异性；然而，有些被当做城镇专属指标(如全社会人均固定资产投资总额)在统计时就已经涵盖了农村，因此强行将之视为表征城镇情况的指标有欠妥当。

除了以上两例针对全国范围的客观生活质量研究，还有一些学者采用类似的指标设置及评价方法，对我国河北、江苏、广西、安徽等省份的居民客观生活质量水平进行了量化评价(参见王峰，2008；孙星，

2009；邵法焕、田彩霞，2010；张亮等，2014）。

第三节 主观个体层面生活质量研究回顾

随着生活质量研究的不断发展，越来越多的学者意识到仅仅从客观层面衡量居民生活质量是不够的，还应该研究人们是如何感知与评价个人的生活状况。这一方面是由于人们认识到发展经济的最终目的并非谋求财富的最大化，而是为了获得内心的幸福(Krugman，1998)；另一方面，也有学者明确指出生活质量本身就是一个关涉主观体验(subjective experience)的概念，如果对生活质量的研究没有关注到个体的感受与经历，那么这种研究是没有意义的(Taylor & Bogdan，1996)。当前的主观生活质量研究主要涉及两个方面，一是主观生活质量的测量，二是主观生活质量的影响因素。下面将首先回顾与该领域研究有关的理论，然后分别对上述两方面的相关研究成果予以阐述。

一、理论基础

主观生活质量关注的是个人对生活的主观感受，而主观感受则是与个人的思想意识相关联的。因此，主观生活质量领域的研究离不开对个人意识与社会意识这二者间关系的考察。从马克思主义的理论视角看，每个人的意识依存于外在的物质基础，因此是社会结构决定了个人意识的生成。涂尔干则在《宗教生活的基本形式》一书中，以澳洲宗教信仰仪式为例集中讨论了个人意识与集体(社会)意识之间的关系问题。他将这种宗教仪典称为"集体欢腾(corrobbori)"，而在这种场合下，"所有人的内心都向外部的印象充分敞开，想表达的任何情感都可以不受阻拦"；与此同时，氏族的集体欢腾也构成了唤醒与支配其成员内心的外在力量(爱弥儿·涂尔干，1999：286、290)。正是在这种集体的狂欢中，每个氏族成员的个人意识被整个集体所同化，并凝聚成一种独立于个人之外的、非物质化的社会事实，即"集体意识"。可见，无论是马克思还是涂尔干，他们都强调个人的意识被客观实在所决定。依循这个思路，若将人们对生活状况的主观评价也视为一种意识表现，那么这种主观评价则在很大程度上会受到客观经济社会条件的制约。

然而，越来越多的经验研究表明，外在于个体的客观因素并不能够完全决定个人对生活的主观评价。例如，伊斯特林(Easterlin)通过比较国际数据指出，在一个国家内高收入者的幸福水平一般会高于低收入者，但若从国家之间的角度看，富国与穷国居民的幸福感水平并无太大差异(Easterlin, 1995)。关于这一矛盾现象，有些学者从个人的心理适应角度予以了理论解释，认为主观幸福感具有某种内生性，主要受到遗传因素所决定，因此即使外部客观环境发生变化，通过个人内在的心理调节与适应过程，能够促使幸福感水平趋于稳定(Lykken & Tellegen, 1996)。布里克曼(Brickman)与坎贝尔(Campbell)的研究则发现了所谓"享乐水车(hedonic treadmill)"现象，即将个人财富的增加类比于个人通过努力使水车不停旋转，但是个人的幸福感水平正如水车与人的相对位置一样，并没有发生明显的改变；后来布里克曼等人又针对彩票获奖者这一群体展开研究，发现从长期来看，这些获奖者的幸福感水平并没有如预想的那样有明显提升，而这一发现进一步验证了"享乐水车"理论(Brickman & Campbell, 1971; Brickman, et al., 1978)。另外，还有学者从社会比较的视角讨论了主观感受的决定因素，指出人们会主动将个人的境遇与自己过去或者周围人等参照目标的情况进行比较；而一定程度上，正是比较的结果对个人的主观感受产生了显著影响(Wood, 1996)。综合而言，上述两类涉及心理适应与社会比较的理论，对于解释与主观生活质量相关的现象而言，具有较强的理论借鉴与指导价值。

二、主观生活质量的测量

就主观生活质量的内涵而言，它既包括对个人整体生活状况的幸福感或满意度评价，也包括对与自身生活紧密相关的各类子领域(如经济、教育、社会保障等公共生活领域)的主观满意度评价。而在对主观生活质量进行具体的测量时，有两种研究方式：一是采用单一的指标，二是使用包含对多个生活领域主观评价的复合指标。对于第一种方式，通常使用幸福感(well-being)、生活满意度(life satisfaction)以及快乐感(happiness)等主观感受指标来表征主观生活质量。有些学者认为上述三个概念有一定的区别。具体而言，幸福感强调的是对个人生活的整体满意感(global satisfaction with life)，生活满意度则主要强调生活期待(life expectations)在多大程度上被实现，而快乐感则是一种短暂的情感状态(transient affective states)(Edgerton，1996)。然而，也有学者认为上述几个指标在大多数时候能够互相替换使用(Harner & Heal，1993)，而且即使运用不同的概念(幸福抑或满意度)，其测量的结果一般也具有较高的一致性(Cummins，1995)。

关于使用单一指标来测量个人的整体生活感受，现在的学者常使用下列三种问题来对此类主观生活质量(以幸福感/满意度为表征)予以测量：(1)"你对整个生活的感觉如何？"依据程度不同，可能的回答包含从"开心"(Delighted)到"痛苦"(Terrible)七个备选项，① 因此该测量工具又被称做"D-T 测量"(Diener，1994)；(2)"将所有事情考虑在内，你觉得现在有多么幸福？"(该问题用在"World Value Studies"问卷中)，备选项为：非常幸福，比较幸福，不太幸福，根本不幸福；(3)"你对现在的生活满意程度如何？"(该问题用于"Euro-barometer Surveys"问卷中)，备选项为：非常满意，比较满意，不太满意，根本不满意(Veenhoven，2012：67)。此外，对于生活子领域满意度的测量，通常采用与上述第三种类似的提问方式，直接询问被访者对特定领域(如教育、医疗等民生建设领域)的满意度评价，并从备选项中选择一项从而得到该领域的满意度得分。

对于使用多个指标来测量居民主观生活质量，一个较为经典的工具

---

① 这七个主观感受评价分别是：delighted, pleased, mostly satisfying, mixed, mostly dissatisfying, unhappy, terrible。在调查时，有时候会要求受访者在面访开始与结束时各自我评价一次。

是"生活满意度量表(Satisfaction With Life Scale)"。该量表有五个问题，会要求受访者在"非常不同意"(用 1 表示)与"非常同意"(用 7 表示)之间进行评价，共有 7 个不同程度的选项。这五个问题分别是：大多数时候我的生活是与理想接近的；我生活的条件是很棒的；我对自己的生活感到满意；到目前为止，我已经得到了生活中我想要的那些重要的东西；如果我的生活能够重来一次，我将几乎不会改变什么(Diener, et al., 1985)。另一个多指标测量工具被称为"主观快乐量表(Subjective Happiness Scale)"。该量表由四个问题构成，要求受访者从每个问题的七个备选项中选择一项作为自评得分，而这四个问题的备选项都不尽相同。具体而言，第一道题是"总体来说，我认为我自己："，备选项从"不是一个非常快乐的人＝1"至"是一个非常快乐的人＝7"；第二道题是"与我的大多数同辈相比，我认为我自己："，备选项从"更不快乐＝1"至"更快乐＝7"；第三道题是"一些人一般而言都非常快乐。不管正在发生什么，他们都在享受生活，最有效地利用每一样东西。在多大程度上这个特征能够用于描述你？"备选项从"根本不符合＝1"到"非常符合＝7"；第四道题是"一些人一般而言非常不快乐。尽管他们并不感到沮丧，但是他们从来不会如看上去一样快乐。在多大程度上这个特征能够用于描述你？"备选项从"根本不符合＝1"到"非常符合＝7"。最后将这四项问题的答案进行加总作为主观快乐程度的量化得分(Lyubomirsky & Lepper, 1999)。

三、主观生活质量的影响因素

使用适当的指标来测量个体的主观生活质量水平，这是开展主观生活质量研究的前提。而与之相关的另一个问题是：究竟哪些因素会影响个体的主观生活质量？对该问题进行实证分析的历史可以追溯到 1967 年威尔森(Wilsen)的一项研究。在该文中，作者分析了一个快乐的人通常拥有的具体特质，而这也成为了当代主观生活质量经验研究的开篇之作(Sirgy et al., 2006)。在接下来的几十年中，越来越多的学者使用实证研究资料(如问卷调查数据)来探索主观生活质量的影响因素。例如,坎贝尔(Campbell)曾指出幸福感与以下十种情景变量(situational variables)有关:生命周期、城市居住环境(urbanicity)、年龄、种族、工作、家庭收入、一家之主的职业、教育、宗教以及性别(Campbell, 1976)。Headey 等人的研究则总结了那些经常被提及的、与主观幸福感有关的因素,主要包括社会支持、生活事件、个人的预期以及对各类生活子领域(工作、婚姻、物质条件、休闲、友谊及健康)的满意度(Headey et al., 1991)。而康明斯(Cummins)被广泛引用的"综合生活质量量表(ComQoL)"则揭示了主观感受与其他客观因素之间的联系。该量表中涉及的七个彼此相关因素包括:物质条件、健康、生产力、亲密性、安全、社区以及情感(Cummins, 1996)。

  从上世纪八十年代末期开始,我国学者对主观生活质量的研究也逐渐增多。例如,卢淑华等人利用 1987 年至 1990 年间在北京、西安、扬州三地的调查,阐述了生活总体满意度所涵盖的居住与环境(包含住房满意度、居住环境满意度、商业、交通和服务业满意度)、工作(包含收入满意度、福利满意度、工作强度满意度和发挥才能满意度)、家庭(婚姻满意度、家务满意度、交友满意度和业余生活满意度)等生活子领域的满意度构成,并且分析了客观条件、人口特征以及参照标准三个因素对不同满意度维度的影响效果(卢淑华、韦鲁英,1992)。风笑天等人的研究则将视角由个人转换为家庭,指出对我国城市居民"家庭生活满意度"影响最大的是"居住满意度"和"婚姻满意度";其中,"居住满意度"主要受到住房拥挤程度及其参照标准的影响,"婚姻满意度"则主要受到夫妻间理解程度的影响(风笑天、易松国,2000)。近几年,我国学者对于主观生活质量的研究更加细化,例如,邢占军等人曾使用自己构建的量表,归纳出主观幸福感所包含的十个维度内容,即知足充裕体验、心理健康体验、成长进步体验、社会信心体验、目标价值体验、自我接受体验、人际适应体验、身体健康体验、心态平衡体验、家庭氛围体验,而这十个维度可以进一步概括为身心健康体验和享有发展体验两个方面,进而在六个省会城市搜集了与量表内容相关的调研数据,并对我国转型期城市居民的幸福感水平及其影响因素进行了深入的量化研究(参见邢占军,2008、2011;邢占军、刘相等,2008)。

过去较长一段时间,西方学者支配着主观生活质量实证分析这一研究领域,而这种状况并不利于深入了解我国不同人群主观生活质量的影响因素(Shek et al.,2005;Shek,2010)。然而,这种状况在最近几年间已经有了明显改善,越来越多的学者针对中国老年人、青春期儿童、大学生群体、住院病人、城市居民及城乡流动人口等具体人群开展了本土化的主观生活质量影响因素研究,并将成果发表于国际期刊上(参见Appleton & Song,2008;Chen & Short,2008;Knight & Gunatilaka,2010;Kong et al.,2013;Li & Lau,2012;Nielsen et al.,2010;Steele & Lynch,2013;Zhang et al.,2009)。而笔者的此项研究也将在一定程度上帮助丰富主观生活质量领域的本土化研究成果。

第四节 生活质量研究视角下的经济发展"三阶段论"

生活质量研究的不断深入有助于我们加深对经济发展的认识以及推动经济发展理念的转变。经济发展是推动人类社会前进的主要动力,同时也是实现人的全面发展、提高普通群众生活质量的重要物质基础。只有达到了一定的经济水平,才有可能实现生产力的全面提升,才有可能达成人与经济、社会、环境共同发展的和谐发展目标。从历史的角度看,整个经济发展的过程表现为整体性与阶段性相结合的特征,即整体上人类经济活动的发展轨迹都是由低生产力水平向高生产力水平、从物质资源贫乏向物质资源丰富、从低购买力向高购买力、从关注供给向关注需求的方向逐步演进;但是具体到不同历史时期、不同国家间,经济发展历程又表现出异质性特征,有的国家经济发展快,有的则相对滞后,这说明不同国家的经济发展在一段时间内具有其独特的阶段性特征。美国发展经济学家罗斯托(Rostow)创立的经济成长阶段理论很好地反映了一个经济体在经济发展中所经历的六个阶段,即:传统社会、为起飞创造前提阶段、起飞阶段、成熟阶段、高额消费阶段以及追求生活质量阶段(秦斌祥、朱传一,1988)。需要指出的是,在罗斯托早期的著作中只有前面五个阶段,而追求生活质量阶段是其在后续的研究中对之前理论进一步完善的结果,这表明在一些经济高度发达的社会,服务、教育、文化、旅游等无形商品会成为人们主要的需求。

罗斯托的理论对于分析一个国家经济发展的历史阶段具有一定的启示意义,尤其是将生活质量的理念引入经济发展之中,这一做法加深了人们对自身发展与终极需求的思索。但是,从生活质量的研究角度而言,罗斯托的理论将追求生活质量孤立在经济发展的最后一个阶段,认为只有到了这一阶段人类才会有追求生活质量的需求,才有条件提升自己的生活质量,这种看法显然有些武断(朱国宏,1992)。事实上,人类追求生活质量的努力贯穿于经济发展的每个阶段,只是在各个阶段中,限于现实的内部与外部环境约束,人类对于追求生活质量的意识有强有弱,对于生活质量不同层面的强调有多有少而已。接下来将从生活质量的研究视角出发,回顾建国以来中国经济发展所经历的三个主要阶段,即从1949年到1977年的弱化生活质量意识阶段、从1978年至2000年的强化客观生活质量意识阶段以及从2001年至今所展现的强化客观与主观生活质量结合意识阶段。笔者认为,这样的分析有助于帮助我们更好地理解客观与主观生活质量之间的辩证关系。

一、1949年至1977年:弱化生活质量意识阶段

1949年中华人民共和国成立以后,整个国民经济经过多年的发展,取得了积极的成果,国家财政状况得到改善,但是不可避免地受到当时内部条件的制约:其一是落后的生产力对于工业化大生产的制约,中华人民共和国成立之初中国的工业生产百废待兴,工业产品产量与当时的苏联和西方发达资本主义国家相比相去甚远;其二是经济体制的制约,改革开放前中国实行的是计划经济的分配模式,生产以及生活资料的供

给都受到配额的严格限制，整个经济体制处于低水平均衡中，缺乏经济活力；其三是阶级关系的制约，当时的资本主义经济形式受到抑制，无产阶级与资产阶级存在着尖锐斗争，这在一定程度上影响了中国的经济协调发展。在落后的经济条件制约下，以及受到意识形态作用的影响，当时的普通民众没有条件去考虑如何改善自身生活条件、福利水平等生活质量问题，在思想上也没有这方面的强烈需求。因此，从中华人民共和国成立国成立到改革开放前的这一段时间可以称之为"弱化生活质量意识阶段"。

民众生活质量意识淡薄显示出这一阶段的经济发展速度缓慢，生产力水平低下。尤其是在文化大革命的浩劫中，中国经济几乎整整停滞了十年时间，而同期其他发展中国家却在快速经济扩张、大力推动国际贸易，这又进一步拉大了中国与相关发展中国家以及发达国家间的经济发展差距。从改革开放前的中国社会中我们可以看出，社会大众生活质量需求受到经济水平与经济体制的直接影响；个人的收入水平维持在很低的平衡点上，"吃大锅饭"的思想使人们仅仅满足于解决温饱问题；而计划经济体制又遏制了群众的消费需求，衣服、粮食、家庭用品等都需要凭票购买，没有太大的选择余地，这些使得人们没有机会改善自身的生活质量。但是这一时期也为中国的经济起飞创造了积极的条件，具体表现在两个方面：一是在经济上推动了中国工业化大生产的进程，尤其是重工业和轻纺工业等的大力发展，为后续的经济起飞积累了较为丰富的经济资本；二是在政治上由于党中央的大力宣传，全国人民万众一心开展社会主义工、农业生产，这也对后期市场化改革积累了一定的思想动力。但总体来说，从建国到改革开放前，中国的经济水平处于低水平均衡状态，在普通民众身上的表现就是生活质量意识弱化、缺乏改善生活质量的需求。

二、1978年至2000年：强化客观生活质量意识阶段

1978年召开的中国共产党十一届三中全会，使中国正式走进了改

革开放的新时代，中国的经济发展则随之出现了翻天覆地的变化。在改革开放初期，农村地区逐步实行包干到组、包产到户和大包干等联产责任制，敢于"解放思想、实事求是"的农民为释放农村生产力、促进农村经济发展产生了积极作用，同时也改善了农民自身的生活条件。从1992年邓小平同志南方视察开始，中国经济正式步入了社会主义市场经济的转型轨道。市场经济原则逐渐被人们所接受，市场制度建设也在不断摸索中逐渐完善，整体经济发展速度由1992年的14.2%逐步回归到2000年理性的8.4%（郑秉文，2011）。市场的作用使得中国农村与城市地区的经济发展取得了显著的成效，普通民众的物质需求被渐渐激发出来，生活水平也随之得以提升。这一时期国家是以经济建设为中心，主要关注的是GDP绝对增长、基础设施建设、国有企业改革等客观层面的发展，并没有过多考虑经济进步对于民众主观生活满意度的影响。因此，从生活质量研究角度看，这一经济发展阶段可以被称做"强化客观生活质量意识阶段"。

  市场经济体制的确立释放了长期压抑在计划经济体制下民众的消费需求，为民众客观生活质量的提高创造了积极的外部条件。一方面，市场竞争机制的引入为企业进行差异化战略、生产差异化产品提供了良好的动力，这大大提高了群众对于商品的选择余地，有助于购买到最适合于自身的商品；另一方面，群众的收入水平和购买力在市场环境下获得了明显增长，人均GDP从1978年的155美元逐步发展到2000年时的近1000美元，使中国顺利越过了"低收入陷阱"，走向下中等收入国家行列。与此同时，普通群众所生活的环境在经济建设中也获得了极大改善，超市的广泛建立、大型购物广场的拔地而起、城市基础设施不断完善，这些都客观上提高了民众的生活质量。但这一阶段国家对于农村的投资明显低于城市，城乡居民收入差距拉大，农民客观生活质量的改善幅度要小于城市居民，而这些也成为在接下来的经济发展阶段中所着力解决的发展问题。整体而言，从改革开放到步入二十一世纪的这二十多年是中国经济快速起飞的阶段，普通民众的客观生活质量在市场机制的推动下获得了较大的提高，但对于群众主观层面的生活质量关注较少。

三、2001年至今：强化客观与主观生活质量结合意识阶段

中国于2001年实现人均GDP突破1000美元的目标，按照世界银行的标准，正式挺进了下中等收入国家行列；在接下来的十年间，中国经济继续保持平稳增长，虽然其间遇到了国际金融海啸的冲击，但中国的经济发展并未受到外界环境激变的过多遏制，于2010年突破了人均GDP 4000美元大关，跨过了上中等收入国家的门槛（郑秉文，2011）。可以看出，中国的经济在进入下中等收入阶段后，仅用了短短十年时间就实现了人均GDP从1000美元到4000美元的大跨步，有效避免了在下中等收入阶段落入"中等收入陷阱"之中。

实现令世界震惊的"中国速度"，这与党中央适时调整经济发展战略、制定与人民群众生活质量直接相关的各种改革措施密不可分。在二十一世纪的头十年里，中国逐步深化西部大开发战略、缩小东西部发展差距，努力改善西部群众的收入水平与生活环境；大力实施城市反哺农村、工业反哺农业的经济政策，逐步减轻农民赋税、加强农村基础设施建设、扩大农村社会保障的内容与范围，切实让农民体会到改革的成果，提升了他们的生活品质；而深入探索户籍制度改革的有效措施，也为农民自由选择进城务工创造了外部条件，同时缓解了城乡收入进一步扩大的局面；特别是在和谐社会建设中明确强调要"以人为本"，促进经济、社会和人的全面发展，这一指导思想明确指明了经济发展的落脚点是人民群众，经济发展的最终目标是提高人民群众的生活质量（周长城、王培刚，2005）。另外，经济发展中逐渐重视起群众生活质量的趋势还表现在对民众主观幸福感、主观满意度的关注方面。例如，最近几年，越来越多的政府部门、专家学者将研究点聚焦于"幸福城市建设"之上，构建了一系列富有启发性与实用性的幸福城市指标体系，将居民收入的增长、居住环境的改善等客观层面与居民主观感受结合起来，更为全面地反映了经济成就究竟在多大程度上提升了老百姓的客观生活品

质与主观幸福感受。从这个意义上而言，2001年至今的十多年里，中国的经济发展是与提高群众客观与主观生活质量的过程相同步的。

小　结

　　生活质量是客观与主观两个维度的有机组合，既指社会群体所共享的客观条件(经济总量、公共服务、生态环境等)的丰裕程度，也指个体居民对生活状况的主观感受好坏。只有客观物质条件与主观生活感受这两个方面都得到改善，才能真正体现出居民生活质量的整体提升。以此为论述基点，本章对生活质量相关研究进行了系统回顾。具体而言，首先对与生活质量联系紧密的"社会指标"概念进行了辨析；随后，对国外与国内几个有代表性的客观生活质量指标体系分别作了介绍；接下来，分别回顾了与主观生活质量的测量及其影响因素相关的研究成果；最后，从生活质量研究视角出发，将建国以来中国经济发展历程划分为三个主要阶段，即从1949年到1977年的弱化生活质量意识阶段、从1978年至2000年的强化客观生活质量意识阶段以及从2001年至今所展现的强化客观与主观生活质量结合意识阶段。笔者认为，这样的划分有助于帮助我们更好地理解客观与主观生活质量之间的辩证关系。通过对生活质量相关研究的系统性回顾，发现越来越多的学者认可从客观与主观相结合的视角，来对某一地区居民的生活质量进行综合评价，而本书的研究设计则正是基于对这一研究趋势的理解。

第三章 湖北居民客观生活质量实证分析

湖北省是位于我国中部地区的一个重要省份，其"九省通衢"的地理位置以及近年来快速增长的经济实力使得它在我国现阶段"中部崛起"国家战略中扮演着重要角色。截至2013年底，湖北全省共有常住人口5799万人，占地面积18.59万平方公里，下辖17个市(州)级别行政区域。正如第一章中所描述的那样，湖北的经济社会建设自改革开放以来取得了长足的发展，尤其在经济、教育、医疗卫生等"民生"关键领域中，湖北所取得的发展成绩均处于中部六省前列。毫无疑问，湖北的快速发展大大改善了湖北居民的生活质量。然而，伴随着湖北城市化进程的加快，省内不同区域间发展不平衡的问题日益凸显，同时在发展过程中诸系统要素(如经济、环境、卫生等)的建设也呈现出不均衡态势。因此，湖北亟需将可持续发展的理念融入进当前的经济社会改革之中。

武汉城市圈"两型社会"概念的提出正是湖北探索与践行可持续发展理念过程中所培育出来的发展成果。武汉城市圈是以武汉市为中心，由武汉及其周边一百公里范围内的黄石、鄂州、孝感、黄冈、咸宁、仙桃、天门、潜江等九市构成的"1+8"区域经济联合体，是湖北省产业和生产要素最密集、最具活力的地区，也是湖北省经济发展的核心区域。武汉城市圈的构想最初于2002年由湖北省委、省政府正式提出，经过几年的探索与发展，得到了国家有关部门和全社会的广泛关注。2007年12月，经国务院同意，国家发展与改革委员会印发了《关于批准武汉城市圈和长株潭城市群为全国资源节约型和环境友好型社会建设综合配套改革试验区的通知》，自此以后武汉城市圈正式进入实质性建设阶段，而这既显示了党中央对于武汉城市圈总体规划的充分肯定，也体现出国家对于湖北乃至整个中部地区未来发展的高度重视和殷切期望。开展城市圈"两型社会"综合配套改革试验区的建设工作，这是一项长期的战略任务，也是涉及面宽、触及利益层次深的系统工程，且没有现成的区域发展模式可供参考。在这样的现实背景下，如何借助于城市圈"两型社会"建设来带动湖北全省经济社会协调发展，这成为了湖北近些年一直在摸索解决的核心议题。

那么，"两型社会"建设对于整个湖北而言意味着什么？在城市圈规划获批以后，湖北的经济社会建设有了怎样的变化，湖北居民的客观生活质量又是否因此而有了显著改善？在本章中，笔者将对这些问题予以一一回应。下文中，笔者将首先论述"武汉城市圈"建设给湖北发展带来的机遇与挑战；然后，通过构建湖北居民客观生活质量指标体系，来对城市圈规划获批后2008年至2012年这五年间全省17个市（州）居民的客观生活质量变化进行动态量化分析，以此来考察"武汉城市圈"建设这一重要事件对于湖北普通民众客观生活质量的影响；最后，在实证分析基础上对湖北接下来的经济社会建设提出对策性政策建议。

第一节 "两型社会"与湖北发展：机遇与挑战

中共十七大报告指出："坚持节约资源和保护环境的基本国策，关系人民群众的切身利益和中华民族生存发展。必须把建设资源节约型、环境友好型社会放在工业化、现代化发展战略的突出位置，落实到每个单位、每个家庭。"这是中共党代会报告中首次提到"生态文明"理念，体现出国家要建设科学合理的能源资源利用体系、提高能源资源利用效率的信心与决心。武汉城市圈"两型社会"建设综合配套改革试验区作为十七大之后国家批准设立的首个"两型社会"试验区，它的建设是贯彻十七大精神的重大战略举措之一，是落实科学发展观的重大实践活动,是继续解放思想、坚持改革开放的宏大示范项目,也是推动湖北科学发展、促进社会和谐的伟大创新工程。

改革开放以来,中国的改革始终坚持着"先试点、后推广"的模式。通过选择特定区域进行试点工作,可以探索出一条科学发展的新路,从而为全国的改革与发展提供有效的经验,同时也能起到积极的示范作用。进入到新世纪以后,国际国内形式呈现出日益多样化和复杂化的特征,这既给我国带来了更为巨大的发展潜力和更为广阔的发展空间,同时也使得经济增长与人口、资源、环境之间的矛盾日益凸显。在这个新的历史发展背景下,继东部的上海浦东新区、天津滨海新区和西部的成渝城乡统筹综合配套改革试验区之后,国家从改革发展全局和战略高度出发,批准建立武汉城市圈和长株潭城市群"两型社会"试验区,这不仅有利于加快中部地区的发展和崛起,还能形成东、中、西部互相协作、互相促进、共同发展的新格局。另外,武汉城市圈作为中部地区腹地,还承担着实施"加工贸易新政"后承接东部沿海地区产业转移的历史任务,而这对于中部地区的生态承载能力也是一次严峻的考验。在武汉城市圈率先进行"两型社会"试验区建设,可以大胆地摸索出一条节约资源、保护环境的新型工业化、城市化发展道路,而这对于实现经济发展方式转型、构建社会主义和谐社会以及实现"中国梦"都将产生重要而深远的积极影响。此外,在十七大报告中强调要"从制度上更好发挥市场在资源配置中的基础性作用",这体现出制度在社会主义市场经济建设中的突出地位。而武汉城市圈作为"两型社会"试验区,具有相关制度创新的优先权和试验权,这也有利于加快武汉城市圈在中部地区率先崛起,进而发展成为中部崛起战略的重要支撑点。可见,建设武汉城市圈"两型社会"试验区,既是中央在新的历史起点上赋予湖北的一项光荣的历史任务,又是中央配置给湖北的重要制度性资源,对于进一步改写湖北发展史、促进湖北又好又快发展具有深刻的理论和实践指导意义。

(一)"两型社会"建设面临的机遇

武汉城市圈获批"两型社会"建设综合配套改革试验区，这对于武汉市、武汉城市圈、湖北乃至整个中部地区的发展都是一次千载难逢的历史机遇。首先，武汉城市圈的建设有利于加快转变经济增长方式和促进产业结构优化升级。试验区建设的关键就在于要转变发展方式，走出一条有别于传统模式的工业化、城市化发展道路，这给我省的经济发展提出了更高的要求。这样的高要求既是建设的压力，更是发展的动力。在科学发展观的正确指引下，通过关停那些技术落后、产量小、耗能高、污染严重的企业，发展技术先进、规模大、低消耗、符合环保要求的新兴产业，我省就能站在新的历史起点上进一步保持并发挥钢铁、化工、汽车等传统支柱产业优势，同时能够提升产业层次、优化整体经济结构，从而使得经济社会发展的各个方面都能够向着有利于资源节约、维护生态环境的方向和谐发展。

其次，武汉城市圈的建设有利于在制度层面上实现更大范围内的资源优化配置，推进武汉城市圈乃至湖北的一体化进程。试验区到底能否取得成功，取决于改革；能取得多大的成果，则取决于改革力度的大小。试验区被赋予率先改革、率先试验的权利，也就拥有了相关体制机制改革的优先权和试验权，进而有可能通过制度创新在城市圈内率先突破条块分割和地区分割，取得科学发展的先发优势。在现行行政体制框架下，各地方经济同区域经济联合体之间的矛盾日益突出，阻碍了区域产业整体竞争力的形成。只有探索制定出新的资源分配制度，打破行政区划，在3000万人、58000平方公里的城市圈范围内实施生产要素重组，才能真正实现城市圈内基础设施、产业布局、区域市场、城乡建设和环境与生态建设一体化进程。因此，要以武汉城市圈"两型"社会试验区的建设为契机，进一步明确圈内各城市的功能划分，从而建立健全城市间有序分工、竞争合作的良性发展机制，最终实现优势互补、互动发展和资源优化配置的一体化发展格局。

最后，武汉城市圈的建设有利于湖北加快新型工业化、城市化的发展进程，促进湖北成为中部崛起战略的重要支点。作为国家级的"两型社会"试验区，武汉城市圈在全国乃至世界范围内知名度和关注度都在迅速提升，"试验区"的称谓业已成为湖北在对外开放政策下实施招商引资、招才引智项目的金字招牌。与以往任何时候相比，如今的武汉城市圈乃至整个湖北地区能够更多更快地引进资本、企业和人才，从而能够促进那些符合资源节约和环境友好要求的建设项目往城市圈范围内聚集，进而增强武汉城市圈的综合竞争力以及对省内其他城市的带动作用，使湖北真正成为促进区域协调发展、实现中部崛起的重要战略支点。

(二)"两型社会"建设面临的挑战

"两型"综改区的落户，在给武汉城市圈带来前所未有的发展机遇的同时，也给试验区的规划与建设带来了挑战。首先，武汉城市圈建设面临着彻底转变旧有观念的严峻挑战。具体而言，就是要抛弃"试验区"一定会享受国家的优惠政策这一传统观念，树立拥有制度创新的优先权和试验权就是国家给予的重大优惠政策的新观念；要抛弃"两型社会"建设只是经济建设这一狭隘观念，树立"两型社会"的创建是包含社会、经济、文化等全方位的创新工程这一新的观念；要抛弃"两型社会"建设主体只是政府和企业这一错误观念，树立"两型"城区、"两型"社区、"两型"家庭的更加全面的"两型"观念。

其次，武汉城市圈的建设对于圈内现有的发展模式提出了直接挑战。湖北正处于工业化发展的中前期阶段，经济总量的扩张对于其在该阶段的迅速发展具有重要的意义，而"两型社会"的建设理念限制了东部沿海地区"双高"产业向城市圈的转移，这在一定程度上缩小了对于转移项目的选择空间，从而放缓了对于经济总量累积的速度；另一方面，湖北的城市化水平也在向着纵深方向发展，而这一发展过程往往伴随着对生态环境承载能力要求的进一步提高。因此，如何处理好"两型社会"建设与湖北工业化、城市化发展之间的关系，也成为规划发展改革试验区的一个棘手难题。

最后，武汉城市圈建设面临着区域发展不协调的现实挑战。湖北省情的一个重要特征就是"一城独大"、"东强西弱"，这种状况不仅不符合科学发展观的要求，也不利于全面调动各地发展的积极性。因此，应该统筹圈内城市之间以及圈内与圈外城市之间的功能关系，在促进城市圈整体协调发展的基础上，带动鄂西与中部地区的发展，从而缩小地域间差距，最终实现全省区域、城乡协调发展。

第二节　客观生活质量指标体系的建立

如前所述，在 2007 年 12 月获批武汉城市圈"两型社会"试验区之后，湖北的经济社会发展迎来了新的转折点。那么，"两型"试验区的建立给武汉城市圈以及湖北省内其他地区的居民生活带来了怎样的变化？为了回答问题，在本节中，笔者将使用定量分析的方法，对试验区建立后五年间的全省居民客观生活质量状况予以深入探讨，以期能为湖北继续深化改革提供借鉴。

此处的研究主要关注湖北居民群体层面的生活质量，亦即从宏观的视角对省内各地区居民的整体生活状况予以综合考量，而非针对个体层面的生活质量评价。因此，有必要先对群体生活质量与个体生活质量之间的辩证关系进行阐述。笔者对群体层面生活质量的理解是基于斯堪的纳维亚（scandinavian）模式的生活质量概念，即将社会群体的生活改善视为一种福利，而这里的福利则被理解为人们可以通过接近或掌握某些公共资源来提高生活水平（Erikson & Uusitalo，1987；Erikson，1988）。换言之，社会为人们提供了医疗设施、教育设施、社会保障服务、住房和娱乐休闲设施等公共资源，这些客观物质条件的有效供给会帮助提升全体居民的客观生活质量。我们应该认识到，虽然每个人对于生活质量的评价会因文化背景以及生活环境等的不同而体现出差异性特征，但是每个个体对于生活质量的追求又体现出共性的一面。例如，不管是居住于何地的个体,都期待自己周边的生活设施条件得到提升。还要意识到这样一个前提,即个体生活水平的改善不仅仅是个人努力的结果,而是社会群体共同努力的结果。进一步而言,群体生活质量是对不同个体生活状况的综合表征,也是对个体生活中所发现的共性之处的集中展现。基于此认知,笔者将选取有代表性的客观统计指标来构建湖北居民客观生活质量指标体系,继而运用主成分分析这一综合评价方法,对省内17个市(州)的客观生活质量状况进行横向与纵向的考量。

一、指标体系的构建原则

我们说某个地区居民的客观生活质量水平高,一定程度上表明该地区的经济、教育、环境等各方面是均衡发展的,因而能够满足该地区居民多样化的客观物质生活需求。基于此思路,笔者将选取那些能够综合反映群体层面生活状况的指标来构建客观生活质量指标体系。在具体的指标体系构建过程中,笔者将遵循以下五条原则:

一是全面性原则。客观生活质量指标应尽可能全面反映与居民生活相关联的各个维度(如经济、教育、环境等)的内容。在每一维度的内部,选取的各个指标应该能够集中表现该维度的具体特征;在不同维度之间,每一维度的指标则应相互配合,从而形成一个有机结合的、能够反映客观生活质量整体特征的指标体系。

二是精简性原则。客观生活质量所涵盖的范围比较广泛,而能够反应其基本特征的指标也相对较多。如何从众多的数据中找出能够真实反映其特征的具体指标,成为摆在指标体系设计者面前的一大难题。在划分客观生活质量各级指标的时候就应该尽量地进行精简,把与各层次有密切联系的指标保留下来,而把一些与主题无关或关系不大的指标尽可能剔除掉;在各个维度内部进行指标设置时,还要注意指标与其所处指标级数的配合问题,不同级别的指标不应出现在同一级指标之中。

三是独立性原则。在整个指标体系中,处于同一级别的各指标之间应该尽可能地保持相互的独立性,从而能够相互配合反映整体的基本特征。如果同一级别的指标间存在着较大的相关性，不仅会导致信息的重复冗杂，在具体的统计应用中还可能产生多重共线性陷阱。因此，在设置各级指标时应该注意到同级指标间的具体关系，尽量保持指标间的相互独立性。

四是可比性原则。这里所说的可比性既包括对于同一时间段内不同地区生活质量状况的横向对比，也包括对同一地区、不同时间段的历时性纵向对比。因此，在具体的指标设制过程中，应该充分考虑到所选取的指标是不是已经剔除了某一区域所独有的不具代表性的指标，同时应保证所选指标在不同时间、不同区域的统计口径保持一致，进而使针对客观生活质量状况的横向与纵向比较成为可能。

五是可操作性原则。所选取的各级指标，应该对其在概念上予以明确的界定，将其内涵表述完整，使这套指标体系的使用者能够明白不同指标所指代的确切含义，同时也使得阅读基于该指标体系的研究成果的读者能够易于理解。另外，在指标设置时还应该考虑到数据获得以及数据量化的难易程度，尽量选取那些能够通过查阅已有的年鉴资料或调查资料而获取的数据指标，同时还要注意尽量不要让那些难以量化的指标进入到指标体系之中。

二、指标的选取与说明

通过借鉴既有相关研究成果，笔者发现一般使用那些能够反映经济社会发展阶段性特征的指标来测量客观生活质量水平，主要包含经济、教育、环境、卫生状况等类别的指标(Estes, 2005; Lee, 2003; Li & Wang, 2013)。同时，本研究还将借鉴"可持续发展理论"的核心思想，认为良好的客观生活质量体现于经济、社会与环境三个维度的协调发展。基于上述思路，笔者设计了一个包含经济、社会、环境这三个一级指标，以及经济总量与居民收入水平、公共服务、教育与医疗资源、医疗技术水平、科技与通信、生态环境、生产与生活污染这七个二级指标的客观生活质量概念框架(如图3-1所示)。

第二节 客观生活质量指标体系的建立

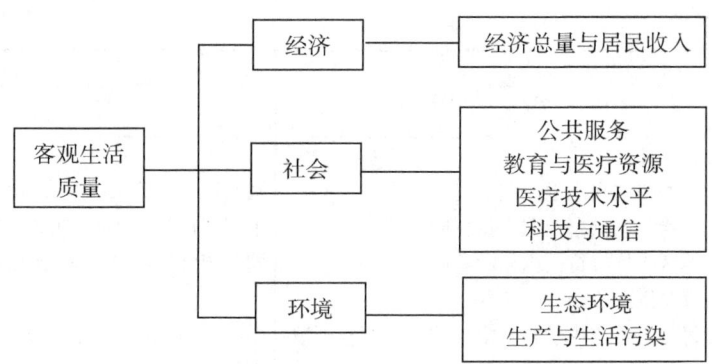

图 3-1 湖北居民客观生活质量概念框架图

表 3-1 则进一步显示了包含 19 个三级测量指标的客观生活质量指标体系，并对这些测量指标的数据来源进行了说明。为了便于接下来的统计分析，笔者共搜集整理了湖北省 17 个市(州)从 2008 年至 2012 年这五年的指标数据，这些数据主要来源于《湖北统计年鉴》、《中国城市统计年鉴》、《湖北卫生年鉴》以及《湖北环境质量报告》。[①] 个别缺失数据采用了平均值法进行补全。

表 3-1　　　　　湖北居民客观生活质量指标体系

一级指标	二级与三级指标	数据来源
经济	经济总量与居民收入	
	人均地区生产总值(元)	湖北统计年鉴(2009—2013)
	人均全社会固定资产投资额(元)	湖北统计年鉴(2009—2013)
	人均社会消费品零售额(元)	湖北统计年鉴(2009—2013)
	城镇居民人均可支配收入	湖北统计年鉴(2009—2013)
	农村居民年人均纯收入	湖北统计年鉴(2009—2013)

---

① 在《中国城市统计年鉴》中缺少湖北恩施州和神农架林区的相关数据。通过"恩施州统计信息网"以及"神农架林区统计信息网"，可以分别搜索到包含 2008 年至 2012 年数据的电子版《恩施州统计年鉴》与《神农架林区统计年鉴》，进而可以查询这两个地区的相关统计数据。

续表

一级指标	二级与三级指标	数据来源
社会	公共服务	
	人均财政支出额(元)	湖北统计年鉴(2009—2013)
	人均公共图书馆藏书量(册)	中国城市统计年鉴(2009—2013)
	地区人均接待国内旅游者收入(元)	湖北统计年鉴(2009—2013)
	教育与医疗资源	
	每百名普通中学在校学生拥有专职教师数	中国城市统计年鉴(2009—2013)
	每千人口卫生技术人员数	中国城市统计年鉴(2009—2013)
	每千人口卫生床位数	中国城市统计年鉴(2009—2013)
	医疗技术水平	
	孕产妇死亡率(逆指标)	湖北卫生年鉴(2009—2013)
	科技与通信	
	人均高新技术产业增加值(元)	湖北统计年鉴(2009—2013)
	万人发明专利拥有量(件/万人)	湖北统计年鉴(2009—2013)
	每百人互联网宽带接入用户数	中国城市统计年鉴(2009—2013)
环境	生态环境	
	生态环境状况指数	湖北环境质量报告(2009—2013)
	植被覆盖指数	湖北环境质量报告(2009—2013)
	生产与生活污染	
	环境污染(质量)指数	湖北环境质量报告(2009—2013)
	工业 SO_2 排放量(逆指标)	中国城市统计年鉴(2009—2013)

另外，还需进一步说明的是，本书构建的指标体系中并没有包含其他学者在研究全国居民客观生活质量时所使用的部分指标，主要是基尼系数(反映收入分配不平等状况)、恩格尔系数(反映家庭消费结构状况)、预期寿命[①](反映健康状况)以及养老、医疗、失业保险覆盖率(反映社会保障状况)等，这是由于这些指标省一级的数据相对比较容易获得(一般在《中国统计年鉴》中可以直接查得各省相关数据)，而在

---

① 居民平均预期寿命的官方数据一般在每十年一次的人口普查后公布一次，并不是每年都公布，且一般公布的是省一级的数据，因此湖北各个市(州)的预期寿命数据存在缺失，故没有引入该指标。

市(州)一级(尤其是县级市)的数据存在着较多缺失，因而不满足可比性的要求。下面将对这19个指标的具体含义①予以说明：

人均地区生产总值：地区生产总值指的是按照市场价格计算的一个地区所有常住单位在一定时间段内的生产活动的最终成果。笔者将年鉴中的该项指标值除以该地区的常住人口②数，从而得到该指标的人均统计数字。

人均全社会固定资产投资额：全社会固定资产投资额指的是以货币表现的建造和购置固定资产活动的工作量，它是反映一个地区固定资产投资规模、速度、比例关系和使用方向的综合性指标。笔者将年鉴中的该项指标值除以该地区的常住人口数，从而得到该指标的人均统计数字。

人均社会消费品零售额：社会消费品零售额指批发和零售业、住宿和餐饮业以及其他行业直接售给城乡居民和社会集团的消费品零售额，能够直接反映地区居民的实际消费需求与消费能力。笔者将年鉴中的该项指标除以该地区的常住人口数，从而得到该指标的人均统计数字。

城镇居民人均可支配收入：反映居民家庭全部现金收入能用于安排家庭日常生活的那部分收入，是用以衡量城镇居民收入水平和生活水平的最重要和最常用的指标。计算公式为：(家庭总收入-交纳的所得税-个人交纳的社会保障支出-记账补贴)÷家庭人口数。

农村居民年人均纯收入：指农民的总收入扣除相应的各项费用性支出后，归农民所有的收入。这个指标主要用来测量农民实际收入水平和农民扩大再生产及改善生活的能力。与城镇居民人均可支配收入不同的一点是，农民人均纯收入除了用做生活消费，其中有相当一部分要留做追加的生产费基金，用于农民的生产和扩大再生产。

---

① 这19个指标的释义主要引自统计年鉴以及互联网文档资源中对相关指标的解释内容。
② 指全年经常在家或在家居住6个月以上，而且经济和生活与本户连成一体的人口。

人均财政支出额：财政支出也称为公共财政支出，是指在市场经济条件下，政府为提供公共产品和服务，满足社会居民共同需要而进行的财政资金的支付。笔者将年鉴中的该项指标除以该地区的常住人口数，从而得到人均统计数字。

人均公共图书馆藏书量：是指一个地区所有公共图书馆的各类藏书量的总和，能够在一定程度上反映地区公共文化服务的能力。笔者将年鉴中的该项指标除以该地区的常住人口数，从而得到人均统计数字。

地区人均接待国内旅游者收入：接待国内旅游者收入指标指的是一个地区的旅游接待部门在一定时期内通过销售旅游商品而获取的全部货币收入，用于表征一个地区旅游业总体规模和发达程度，同时还能反映出该地区旅游产品及服务对于游客的吸引力。笔者将年鉴中的该项指标除以该地区的常住人口数，从而得到该指标的人均统计数字。

每百名普通中学在校学生拥有专职教师数：该指标是用普通中学在校学生数与普通中学专职教师数这两项指标的比值计算得出，反映的是一个地区中学教育的师生比与教育资源的分布情况。值得提及的是，有些研究中会用到高校的相关数据作为评价指标，但是鉴于本研究中部分县级市并没有设立高校，为了保证可比性，故而选用了普通中学的相关统计数据。

每千人口卫生技术人员数：卫生技术人员指一个地区卫生事业机构支付工资的全部职工中现任职务为卫生技术工作的专业人员，包括中医师、西医师、中西医结合高级医师、护师、中药师、西药师、检验师、其他技师、中医士、西医士、护士、助产士、中药剂士、西药剂士、检验士、其他技士、其他中医、护理员、中药剂员、西药剂员、检验员和其他初级卫生技术人员。笔者将年鉴中的该项指标按照该地区的常住人口数进行了相应处理。

每千人口卫生床位数：一个地区医疗卫生机构所能提供的床位数总和能够反映该地区医疗资源的供给状况。笔者将年鉴中的该项指标按照该地区的常住人口数进行了相应处理。

孕产妇死亡率：指年内每 10 万名孕产妇的死亡人数。孕产妇死亡指从妊娠期至产后 42 天内，由任何妊娠或妊娠处理有关的原因导致的死亡，但不包括意外原因死亡者。本研究中已将其正向化处理。

人均高新技术产业增加值：高新技术产业是以高新技术为基础，从事一种或多种高新技术及其产品的研究、开发、生产和技术服务的企业集合，主要包括信息技术、生物技术、新材料技术三大领域。高新技术产业增加值指标能够用于反映一个地区的科技发展程度。笔者将年鉴中的该指标除以该地区的常住人口数，从而得到人均统计数字。

万人发明专利拥有量[①]：发明专利指对产品、方法或者其改进所提出的新的技术方案，是国际通行的反映拥有自主知识产权技术的核心指标。笔者将年鉴中的该项指标按照该地区的常住人口数进行了相应处理。

每百人互联网宽带接入用户数：互联网宽带接入用户数指标能够反映互联网技术在一个地区的普及程度。如今互联网已经成为居民获取知识及娱乐的重要渠道，因此该指标也能表征一个地区居民开展学习及娱乐活动的便利程度。笔者将年鉴中的该项指标按照该地区的常住人口数进行了相应处理。

生态环境状况指数[②]：用于综合反映被评价区域生态环境质量状况。

植被覆盖指数：指被评价区域内林地、草地、农田、建设用地及未

---

① 据《湖北专利统计简报》2012 年第 19 期中的介绍，"每万人口发明专利拥有量"于 2011 年 5 月被正式列入国民经济与社会发展综合考核指标体系，指标权重占 4%。

② 指标体系中的生态环境状况指数、植被覆盖指数、环境污染（质量）指数都是依据我国《生态环境状况评价技术规范（试行）》的测量标准计算的、用以综合评价生态环境状况及其变化趋势的专业化指标。本研究中的这些指标数据由湖北省环境保护厅每年对外公布的数据整理而成。还需说明的是，因遥感解译工作量大，且受其他相关部门数据收集时间所限，生态环境状况评价较其他环境要素滞后一年，例如 2013 年公布的是 2012 年的相关测评数据。

利用地五种类型的面积占被评价区域面积的比重，用于反映被评价区域植被覆盖的程度。

环境污染（质量）指数：指被评价区域内受纳污染物负荷，用于反映被评价区域整体上所承受的环境污染压力，该指标在官方计算方法中已经过正向化处理，即取值越大，表明该地区环境质量越好，同时污染压力也越小。

工业 SO_2 排放量：指在一段时间内企业在燃料燃烧和生产工艺过程中排入大气的 SO_2 总量，用来表征被评价区域中的工业生产的环境友好程度。本研究分析时已将其正向化处理。

第三节 综合评价方法

本书使用 19 个指标构建了客观生活质量指标体系，以表征湖北居民在不同领域的客观生活状况，而这也给统计分析带来了一个问题：如何分别确定这些指标的权重，并最终得出一个综合评价指数（composite index）？参考已有相关研究，笔者发现主要有两种方法来处理这个问题。第一种方法借鉴了传统的人类发展指数（HDI）分析思路，将每个指标赋予相同的权重，以表明每个指标对于民众生活而言具有相同的重要性。目前已有一些学者基于 HDI 的传统思路，定量分析了我国各个地区的人类发展差异性（Yang & Hu，2008）。另一种确定权重的方法则采取归纳（inductive）的思维，通过多元统计方法（multivariate statistical methods）从数据本身获得信息，进而确定指标权重。这类多元统计方法主要有主成分分析法或者回归法（Lee，2003）。值得指出的是，有的学者也尝试对传统 HDI 指数的等权重法进行改进，而采用主成分分析法来考察我国不同地区的人类发展状况（Lai，2003；杨永恒等，2005）。客观地说，这两种处理思路各有利弊：等权重法优点在于比较利于理解和操作，缺点是确定权重时过于主观，从而可能导致与实际情况的偏差；而通过多元统计方法确定的权重则是基于数据本身的客观分析结果,避免了人为主观因素的干扰,但其缺点是运用了相对复杂的统计运算,导致结果较难理解(Lee,2003)。在本研究中,笔者将使用多元统计分析来确定指标权重,而一般常用到的有主成分分析法以及因子分析法。下面将先对这两种方法的联系与区别进行简单介绍,然后再详细陈述本研究所用到的主成分分析法及其具体操作步骤。

在多元统计分析中,主成分法与因子分析法都是常用的数据降维及综合评价方法。这二者之间既相互联系,又有着明显的区别。由于在某些数据处理软件(如 SPSS)中并没有单独的主成分分析程序,而是将主成分分析嵌入于因子分析过程中,作为因子分析提取公因子的一种方法。因此,一些研究者在并没有深入了解这两种方法原理的前提下就会将这两种方法等同处理。鉴于此,笔者有必要先对上述两种方法的联系与区别进行简单介绍。从相互联系的角度看,主成分分析与因子分析都可以在尽量不丢失数据信息的前提下,通过提取主成分或公因子来达到简化原有数据的目的。通常因子分析是默认采用主成分法提取公因子,在这种情况下,主成分系数 u_{ij} 以及因子载荷数 a_{ij} 可以看做是第 i 个变量 X_i 在第 j 个主成分或公因子 F_j 上的权重(其中 u_{ij} 与 a_{ij} 之间相差特征根平方差的倍数,下文将介绍具体计算过程)。这是二者的主要联系。另一方面,从相互区别角度而言,主成分本身是无法旋转的,而因子分析过程可以使用不同的因子旋转方法。此外,在计算得分方面,主成分及其综合得分不能通过 SPSS 程序直接得到,需要自己计算。而对于因子分析,SPSS 可以直接输出因子得分(王文博、陈秀芝,2006)。本研究将主要采用主成分分析法来探析湖北各市(州)客观生活质量的分布差异,下面将对主成分法的基本原理与操作步骤予以进一步说明。

一、主成分法原理与分析步骤

主成分分析是将给定的一组相关变量通过线性变换,从而转变为另一组不相关的变量,这些新变量按照方差递减的顺序排列。而在这种数学变换后，变量的总方差是不变的，第一个变量具有最大的方差，称之为第一主成分，第二个变量的方差次大，称之为第二主成分，以此类推，K 个变量就有 K 个主成分。这些主成分都是原有变量的线性组合，并且彼此之间保持相互独立。通过选取前几个对方差解释力较大的主成分来代替原有变量，就能在最大程度保证信息完整性的前提下对原有的变量进行降维处理(Rao，1964；郭志刚，2006：95-98)。

全局主成分分析法则是对传统主成分分析法的一种拓展，能够针对多个时间段的多个变量进行统计分析。结合本书的研究，笔者需要统计湖北省内 17 个市(州)($n=17$)的数据资料，并选用了 19 个具体的统计指标($p=19$)来评价这 17 个地区的客观生活质量水平，同时对于每个指标都整理了 2008—2012 这 5 年的数据($T=5$)。每一年的数据都能够组成一张 $n \times p$ 的数据表，而 T 年的数据便有 T 张这样的数据表。将这 t 张数据表从上至下按顺序排在一起，就构成了一个 $Tn \times p$ 的时序全局数据表，可表示为：

$$X = (X^1, X^2, X^3, \cdots, X^t)'_{Tn \times p} = (X_{ij})_{Tn \times p}$$
$$(i=1, 2, \cdots, n; j=1, 2, \cdots p; t=1, 2, \cdots, T)$$

在所构建的数据矩阵中，每一行都可被视为一个样品，于是便有总共 Tn 个样品。之后便可对这个 $Tn \times p$ 全局数据表进行传统的主成分分析。接下来的分析步骤陈述如下：

(1)将逆向数据正向化。在本书选取的 19 个指标中，工业 SO_2 排放量和孕产妇死亡率是逆向指标，即数值越小越好的指标，先应对其进行正向化，具体方法是：用该指标中的最大值减去现有指标值，再用得到的新值取代原有指标值。这么处理后原有指标的最大值变为零，原有最小值转变为最大值，从而使正向化后的指标取值越大越好。

(2)对所有数据进行标准化处理。这是为了消除因所有变量数据量纲不一致而对后续统计分析的干扰。标准化公式为：

$$X'_{ij} = \frac{X_{ij} - \mu_j}{\sigma_j}$$

其中，X_{ij}表示第i个地区第j个指标值，μ_j表示第j个指标的均值，σ_j表示第j个指标的标准差。

(3) 计算协方差矩阵。为了后面陈述方便，我们记标准化后的数据依然是：

$$X = (X_{ij}^t)_{Tn \times p}$$

全局变量 $X_j = (X_{1j}^1, \cdots X_{nj}^1, \cdots X_{1j}^2, \cdots X_{nj}^2, \cdots X_{1j}^T, \cdots X_{nj}^T)$

全局重心 $g = \sum_{t=1}^{T} \sum_{i=1}^{n} q_i^t e_i^t$，$q_i^t$ 是 t 时间样本点 e_i^t 的权重，满足：

$$\sum_{t=1}^{T} \sum_{i=1}^{n} q_i^t = 1, \quad \sum_{i=1}^{n} q_i^t = \frac{1}{T}$$

全局协方差 $S_{jk} = \text{cov}(X_j, X_k) = \sum_{t=1}^{T} \sum_{i=1}^{n} q_i^t (X_{ij}^t - \mu_j)(X_{ik}^t - \mu_k)$

进一步得到全局协方差矩阵 $V = (S_{jk})_{p \times p} = \sum_{t=1}^{T} \sum_{i=1}^{n} q_i^t (e_i^t - g)(e_i^t - g)'$

因为此前已将数据进行标准化处理，此处的全局协方差矩阵也是变量的相关系数矩阵。

(4) 计算相关系数矩阵的特征值，得到 $\lambda_1 \geq \lambda_2 \geq \cdots \geq \lambda_p \geq 0$，特征值对应的特征向量则满足标准正交的要求。

(5) 以特征根大于 1 为标准提取出 m 个主成分 $F_1, F_2, \cdots, F_m$；

$$\text{前 } m \text{ 个主成分累计方差贡献率} = \frac{\sum_{j=1}^{m} \lambda_j}{\sum_{j=1}^{p} \lambda_j}$$

(6) 通过因子分析过程求得第 i 个变量 X_i 在第 j 个公因子 F_j 上的因子载荷数 a_{ij}，然后通过因子载荷数除以对应特征根取值的平方根，得到主成分系数 u_{ij}，u_{ij} 与 a_{ij} 满足：

$$u_{ij} = \frac{a_{ij}}{\sqrt{\lambda_j}}$$

(7) 第 k 个主成分得分 $F_k = \sum_{j=1}^{p} (u_{ij} \times X_{ij})$；然后计算所提取的每个

主成分解释的方差占前 m 个主成分累计解释方差的比例,并以此作为该主成分的权重,记为 $\omega_k = (\omega_1, \omega_2, \cdots, \omega_m)$,那么客观生活质量综合得分表达式为:

$$F = \sum_{k=1}^{m} \omega_k F_k$$

通过上面这个计算公式,就可以得出各个地区不同年份的客观生活质量水平得分,而得分数值越高则表示客观生活质量水平越好(Wang & Xu, 2014;刘根荣,2014)。

二、主成分法初步分析结果

表3-2 显示了针对本研究的数据所进行的 KMO 与 Bartlett 球体检验结果,以判断这些样本数据是否适合做主成分分析。表中的 KMO 抽样适当性量度值为 0.832,这表明所有变量之间的偏相关系数平方和远小于简单相关系数的平方和,各指标变量之间相似因素比较多,同时巴特利特球体检验结果也拒绝了相关矩阵是单位阵的原假设,因此本研究的数据适合做主成分分析(郭志刚,2006:93)。

表 3-2 **KMO 和 Bartlett's 检验**

KMO 抽样适当性量度值		0.832
Bartlett's 球体检验	近似卡方值	2017.312
	Sig.	.000

根据表 3-3 中的分析结果,我们发现特征根大于 1 的主成分共提取出了四个,而这四个主成分累计方差贡献率达到了 80.477%,说明提取的主成分能够保留原始数据的大部分信息,因此将使用这四个主成分来进行接下来的分析。

表 3-3　　　　　　　　　特征值与累计方差贡献率

主成分	Initial Eigenvalues			Extraction Sums of Squared Loadings		
	Total	% of Variance	Cumulative %	Total	% of Variance	Cumulative %
1	9.060	47.686	47.686	9.060	47.686	47.686
2	3.345	17.607	65.294	3.345	17.607	65.294
3	1.751	9.218	74.512	1.751	9.218	74.512
4	1.133	5.965	80.477	1.133	5.965	80.477
5	0.809	4.257	84.734			
6	0.699	3.677	88.411			
7	0.521	2.744	91.155			
8	0.396	2.084	93.239			
9	0.368	1.939	95.177			
10	0.247	1.298	96.475			
11	0.194	1.022	97.497			
12	0.147	0.775	98.273			
13	0.093	0.487	98.760			
14	0.058	0.308	99.068			
15	0.055	0.287	99.355			
16	0.042	0.224	99.578			
17	0.034	0.177	99.755			
18	0.028	0.149	99.905			
19	0.018	0.095	100			

表 3-4 则是依照前述步骤计算得到的主成分系数矩阵，在此基础上便可分别计算出各个主成分的得分值以及综合得分值（F1，F2，F3，F4 分别代表四个主成分得分）：

$F1 = X1 * 0.314 + X2 * 0.313 + X3 * 0.311 + X4 * 0.310 + X5 * 0.307 + X6 * 0.299 + X7 * 0.273 + X8 * 0.258 + X9 * 0.243 + X10 * 0.227 - X11 *$

0.224−X12*0.170−X13*0.064−X14*0.089+X15*0.100+X16*0.132+X17*0.172+X18*0.157+X19*0.043.

F2=−X1*0.106−X2*0.049+X3*0.057+X4*0.062−X5*0.071−X6*0.065+X7*0.031+X8*0.121−X9*0.209+X10*0.109+X11*0.083+X12*0.168+X13*0.449+X14*0.440+X15*0.424+X16*0.413+X17*0.284+X18*0.100−X19*0.166

F3=X1*0.042−X2*0.018+X3*0.064−X4*0.003−X5*0.118+X6*0.052+X7*0.024−X8*0.230+X9*0.281−X10*0.338+X11*0.295+X12*0.215−X13*0.324−X14*0.260+X15*0.307+X16*0.229−X17*0.004+X18*0.428−X19*0.308

F4=−X1*0.011+X2*0.055+X3*0.074+X4*0.008−X5*0.092+X6*0.161−X7*0.162+X8*0.203+X9*0.207+X10*0.094+X11*0.261+X12*0.412+X13*0.099+X14*0.218−X15*0.213+X16*0.009−X17*0.266+X18*0.363+X19*0.544

综合得分 F=(47.686F1+17.607F2+9.218F3+5.965F4)÷(47.686+17.607+9.218+5.965)

表3-4　　　　　　　　　主成分系数矩阵

	主成分			
	F1	F2	F3	F4
人均社会消费品零售额(X1)	0.314	−0.106	0.042	−0.011
人均地区生产总值(X2)	0.313	−0.049	−0.018	0.055
人均固定资产投资总额(X3)	0.311	0.057	0.064	0.074
每百人互联网宽带接入用户数(X4)	0.310	0.062	−0.003	0.008
人均高新技术产业增加值(X5)	0.307	−0.071	−0.118	−0.092
城镇居民人均可支配收入(X6)	0.299	−0.065	0.052	0.161
万人发明专利拥有量(X7)	0.273	0.031	0.024	−0.162

续表

	主成分			
	F1	F2	F3	F4
每千人口卫生床位数(X8)	0.258	0.121	-0.230	0.203
农村居民人均纯收入(X9)	0.243	-0.209	0.281	0.207
每千人口卫生技术人员数(X10)	0.227	0.109	-0.338	0.094
工业 SO_2 排放量(X11)	-0.224	0.083	0.295	0.261
环境污染(质量)指数(X12)	-0.170	0.168	0.215	0.412
生态环境状况指数(X13)	-0.064	0.449	-0.324	0.099
植被覆盖指数(X14)	-0.089	0.440	-0.260	0.218
地区人均接待国内旅游者收入(X15)	0.100	0.424	0.307	-0.213
人均财政支出额(X16)	0.132	0.413	0.229	0.009
人均公共图书馆藏书量(X17)	0.172	0.284	-0.004	-0.266
每百名普通中学在校学生拥有专职教师数(X18)	0.157	0.100	0.428	0.363
孕产妇死亡率(X19)	0.043	-0.166	-0.308	0.544

通过观察表3-4中每个主成分中的主成分系数绝对值大小，可以了解四个主成分的主要涵义。具体而言，第一主成分F1主要是指经济水平以及科技与通信发展情况，第二主成分F2主要是指公共服务与生态环境状况，第三主成分F3主要是指教育与医疗资源状况，第四主成分F4主要是指医疗技术水平以及污染状况。

第四节　基于主成分法的湖北居民客观生活质量变迁趋势分析(2008—2012)

在上一节中，笔者在借鉴相关研究基础上构建了包含19个指标的湖北居民客观生活质量指标体系，并运用主成分分析法对所整理的2008—2012年湖北17个市(州)的统计数据进行了初步处理，从而得到了各地区在不同客观生活质量子维度(主成分)上的得分以及综合得分数据。下面将基于这些分析数据，对五年来湖北各个市(州)客观生活质量的变迁趋势进行实证分析，进而对湖北客观生活质量水平在不同地区的空间分布状况予以系统描绘。

一、客观生活质量整体变迁趋势分析

表3-5总结了湖北17个市(州)居民客观生活质量综合得分与排名的相关数据。从纵向发展趋势方面看，17个市(州)各自的客观生活质量指数都在攀升，这一定程度上说明在武汉城市圈建设以及中部崛起战略的促进因素作用下，湖北各地区居民的客观生活质量水平都在稳步提升。再来关注各个地区在同年度的相对排名情况，可以发现武汉和宜昌两个城市一直稳居排名的前两位，而这与它们分别作为省域中心与副中心城市的地位是相匹配的。而另一方面，恩施州、天门及黄冈则一直处于客观生活质量指数排名的末三位(除了黄冈市在2010年排在倒数第四位以外)，这也在一定程度上表明这三个地区的发展势头相对迟缓，难以赶上省内其他地区的发展步伐。此外，十堰、荆门、潜江、随州、咸宁、荆州和仙桃这七市的排名变化幅度不大，一直占据着全省第7至13的位置，其中十堰市的客观生活质量排名则最为稳定，一直保持在全省第7。还有一个值得留意的地区便是有着"华中屋脊"之称的神农架林区，尽管该地人口不足8万人，经济建设方面表现也并不突出，但由于其拥有得天独厚的生态环境资源(包括一个国家森林公园、一个国家地质公园以及一个国家湿地公园)，生产与生活污染也较少，从而使得居住于该林区的居民客观生活质量水平高于经济更为发达的省内其他城市。

第四节 基于主成分法的湖北居民客观生活质量变迁趋势分析(2008—2012)

表3-5 湖北17个市(州)居民客观生活质量综合得分与排序(2008—2012)

排序	市(州) 2008	得分	市(州) 2009	得分	市(州) 2010	得分	市(州) 2011	得分	市(州) 2012	得分
1	武汉2008	2.6265	武汉2009	3.7046	武汉2010	4.5887	武汉2011	6.1511	武汉2012	7.859
2	宜昌2008	-0.6099	宜昌2009	0.1208	宜昌2010	0.9903	宜昌2011	1.987	宜昌2012	3.1307
3	鄂州2008	-0.7861	鄂州2009	-0.0964	鄂州2010	0.9342	神农架2011	1.5792	鄂州2012	2.5608
4	黄石2008	-0.8191	神农架2009	-0.3277	神农架2010	0.7189	鄂州2011	1.4425	神农架2012	2.3534
5	襄阳2008	-1.1504	黄石2009	-0.3471	黄石2010	0.282	黄石2011	1.2152	黄石2012	2.0708
6	神农架2008	-1.1798	襄阳2009	-0.6583	襄阳2010	0.0887	襄阳2011	0.9076	襄阳2012	1.7885
7	十堰2008	-1.2057	十堰2009	-0.6685	十堰2010	-0.1063	十堰2011	0.5258	十堰2012	1.5027
8	荆门2008	-1.3263	荆门2009	-0.7606	荆门2010	-0.205	荆门2011	0.4792	咸宁2012	1.3374
9	潜江2008	-1.5449	潜江2009	-0.9197	咸宁2010	-0.2858	咸宁2011	0.3819	荆门2012	1.3122
10	随州2008	-1.6466	随州2009	-1.1137	潜江2010	-0.3817	潜江2011	0.3303	孝感2012	1.1506
11	咸宁2008	-1.8944	咸宁2009	-1.4001	随州2010	-0.4594	随州2011	0.1604	随州2012	1.1439
12	荆州2008	-1.9576	仙桃2009	-1.5231	仙桃2010	-0.8587	仙桃2011	0.0428	潜江2012	0.8296
13	仙桃2008	-2.1077	荆州2009	-1.5884	荆州2010	-1.0589	荆州2011	-0.4251	仙桃2012	0.7819
14	孝感2008	-2.1202	孝感2009	-1.6342	黄冈2010	-1.2984	孝感2011	-0.8064	荆州2012	0.3832
15	天门2008	-2.3664	黄冈2009	-1.9896	孝感2010	-1.4342	黄冈2011	-0.9646	天门2012	-0.3165
16	黄冈2008	-2.3687	天门2009	-2.0168	恩施州2010	-1.5578	恩施州2011	-1.0057	恩施州2012	-0.3294
17	恩施州2008	-2.5238	恩施州2009	-2.1688	天门2010	-1.7053	天门2011	-1.081	黄冈2012	-0.3611

注：综合得分为负值表明该样本客观生活质量水平在所有年份和地区构成的总体样本平均水平之下。

表 3-6　　　客观生活质量各主成分及综合得分的
均值与标准差（2008—2012）

主成分	2008		2009		2010		2011		2012	
	Mean	SD	Mean	SD	Mean	SD	Mean	SD	Mean	SD
F1	-1.9704	2.1374	-1.1679	2.3604	-0.2077	2.5076	0.9951	2.8494	2.3508	3.2315
F2	-0.2982	1.3509	-0.1652	1.5042	0.1138	1.7686	0.0457	2.0859	0.3039	2.3999
F3	-0.6183	0.9727	-0.2993	0.8320	-0.0120	1.2070	0.1233	1.1007	0.8063	1.9185
F4	-0.6498	0.8424	-0.3370	0.8160	-0.0446	0.8333	0.3844	0.7427	0.6470	1.4708
F	-1.3518	1.1847	-0.7875	1.3505	-0.1029	1.4740	0.6424	1.7025	1.5999	1.9010

注：Mean 是各主成分及综合得分均值；SD 是各主成分及综合得分标准差；得分为负值表明在所有样本平均水平之下。

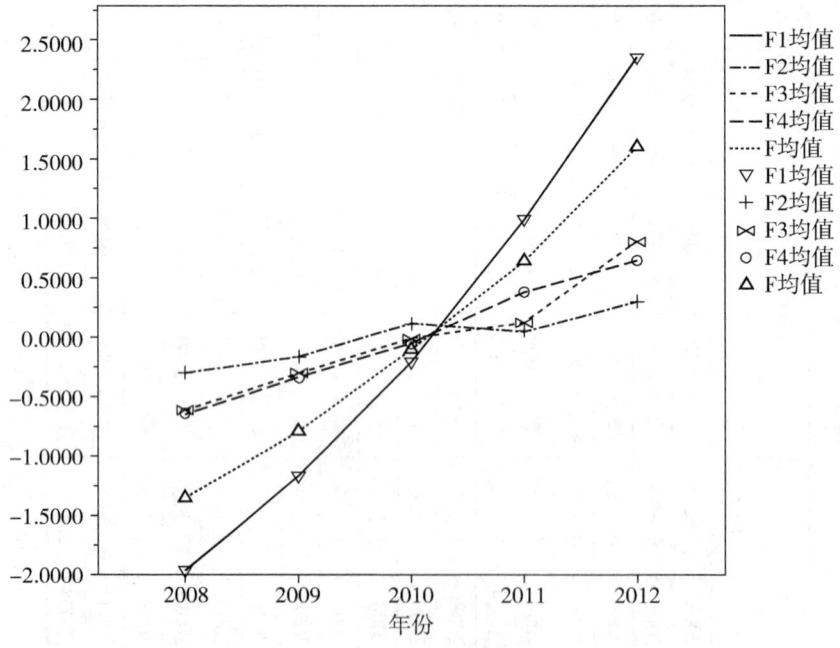

图 3-2　各主成分与综合得分变化趋势（2008—2012）

表 3-6 以及图 3-2 则显示了全省客观生活质量平均得分在 2008 年至

2012年间的波动态势。从综合得分指数变化来看，平均而言全省居民客观生活质量状况呈现稳步提升趋势，得分均值从2008年的-1.3518逐步增长到2012年的1.5999。与此同时，四个客观生活质量子维度（主成分）的得分均值同样表现为上升趋势，具体而言：（1）F1（主要是指经济水平以及科技与通信发展情况）的均值变化在四个主成分当中是最剧烈的，其均值从2008年的-1.9704快速增长到2012年的2.3508，而且其变动速率（以曲线斜率为表征）也表现出不断增加的趋势，这表明五年间湖北在经济建设及科技通信发展方面取得了显著的成就；（2）F2（主要是指公共服务与生态环境状况）从整体来看也是在不断改进，均值得分从2008年的-0.2982上涨到2012年的0.3039，但是也应该注意到2010年出现了下降情况，这表明湖北省的公共服务与生态环境状况整体上呈现出波动性改进；（3）F3（主要是指教育与医疗资源状况）的均值变化则表现为从2008年至2010年间快速增长，然后在2010—2011年之间增长速度放缓，随后的2012年又呈现出快速增长；（4）F4（主要是指医疗技术水平以及污染状况）的均值得分在2008—2012年这五年间呈现出平缓均匀的增长趋势，这说明从全省范围看，医疗技术水平在稳定改进，而生活与生产污染情况也在逐渐向着资源节约与环境友好的"两型"方向发展。

从表3-6中还可以看出不同主成分及综合得分的标准差变化情况，这能反映出省内17个市（州）生活质量得分的离散趋势。从综合得分F的标准差来看，其数值从2008年的1.1847逐步增加到2012年的1.9010，这说明湖北省内不同地区的客观生活质量差距在不断拉大，区域发展不均衡趋势明显。而四个主成分的标准差也基本表现出与客观生活质量总指数相似的变化，具体而言：（1）在经济水平以及科技与通信发展方面，各地区在2008年基期的差距就较大，标准差达到了2.1374，随后进一步扩大到2013年的3.2315，这表明湖北在该领域的发展非常不均衡，各市（州）之间的差距正在不断拉大；（2）在公共服务与生态环境状况方面，省内各地区间的差距尽管没有经济水平及科技通讯领域那么明显,但是差距拉大的趋势也不容忽视;(3)教育与医疗资源状况得分标准差在2008年只是0.9727,而到了2012年则增加到1.9185;(4)相对而言,全省各地区在医疗技术水平以及污染状况维度的差距相对较小,但是在该维度差距扩大的趋势同样需要引起重视。综合而言,尽管湖北省各市(州)客观生活质量总得分与分领域得分在稳定增加,但是各地区发展的速度并不同步,由此可以看出整体上湖北各地居民的客观生活质量相对差异依然显著。

二、客观生活质量空间分布特征分析

从之前的分析中,我们可以初步看出湖北各地居民的客观生活质量表现出明显的区域差异性。为了更为清晰地了解这种区域分布异质性,笔者将湖北17个市(州)按照地理位置划分为三个区域,即东部地区、中部地区和西部地区。东部地区包括武汉、黄冈、鄂州、黄石和咸宁,中部地区包括随州、荆门、孝感、天门、潜江、仙桃和荆州,西部地区包括十堰、襄阳、神农架、宜昌和恩施州。

表3-7及图3-3显示了2008年至2012年湖北省东、中、西三个区域的客观生活质量总得分的均值状况。从这些数据信息中我们首先能得出这样一个结论:将湖北东部、中部、西部三个区域分开来看,在所统计的五年时间内,每一个区域居民的客观生活质量状况都在不断改善,而这个趋势则与全省的平均变化趋势是一致的。然而,当我们将各区域放在一起进行比较后又可以发现,湖北东部地区客观生活质量得分整体上远远超过中部和西部地区;而西部地区居民的客观生活质量则处于全省中间水平;相比之下,湖北中部地区的客观生活质量状况始终处于全省平均水平之下,并且与东部发展较好地区的差距正在不断拉大,东、中部间客观生活质量综合得分均值的差距从2008年的1.2187扩大到2012年的1.9384。而这一现象则表明,尽管全省各个地区的客观生活质量水平从绝对值角度看是在提升的,但是在提升的速度方面湖北中部地区依然落后于东部和西部地区。

第四节 基于主成分法的湖北居民客观生活质量变迁趋势分析(2008—2012)

表 3-7 湖北全省及分区域客观生活质量综合得分均值(2008—2012)

区域	客观生活质量综合得分均值					
	2008	2009	2010	2011	2012	累计增长
湖北东部	-0.6484	-0.0257	0.8441	1.6370	2.6934	3.3418
湖北中部	-1.8671	-1.3652	-0.8719	-0.1857	0.7550	2.6221
湖北西部	-1.3339	-0.7405	0.0268	0.8070	1.6892	3.0231
湖北全省	-1.3518	-0.7875	-0.1029	0.6424	1.5999	2.9517

注:"累计增长"是用2012年得分均值减去2008年得分均值而得到;得分为负值表明在所有样本平均水平之下。

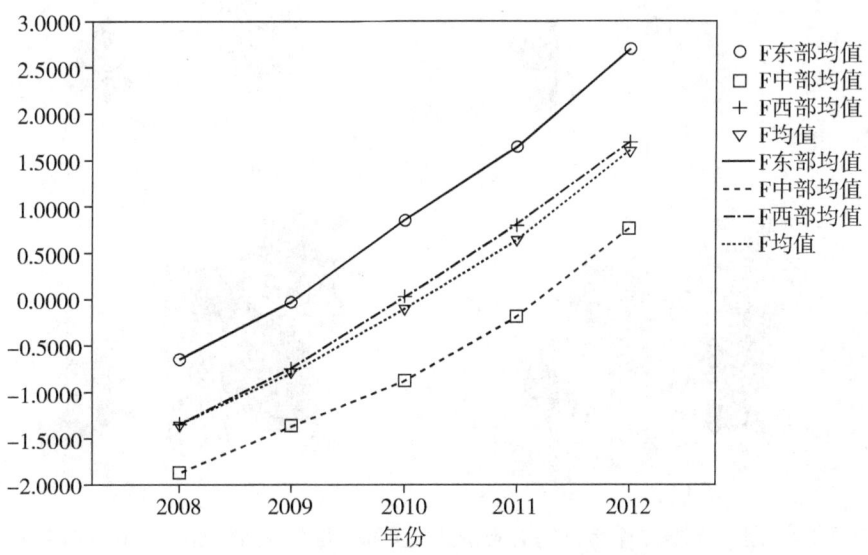

图 3-3 湖北全省及分区域客观生活质量综合得分变化趋势(2008—2012)

图 3-4 进一步显示了湖北全省 17 个市(州)客观生活质量综合得分的空间分布状况。通过观察,我们不难发现,作为湖北省会所在地的武汉市,其客观生活质量得分远远超过省内其他城市,而且这种趋势在为期五年的序列统计中始终存在,这说明武汉城市圈建设启动之后,武汉"一城独大"的局面不仅没有消失,反而越发凸显。

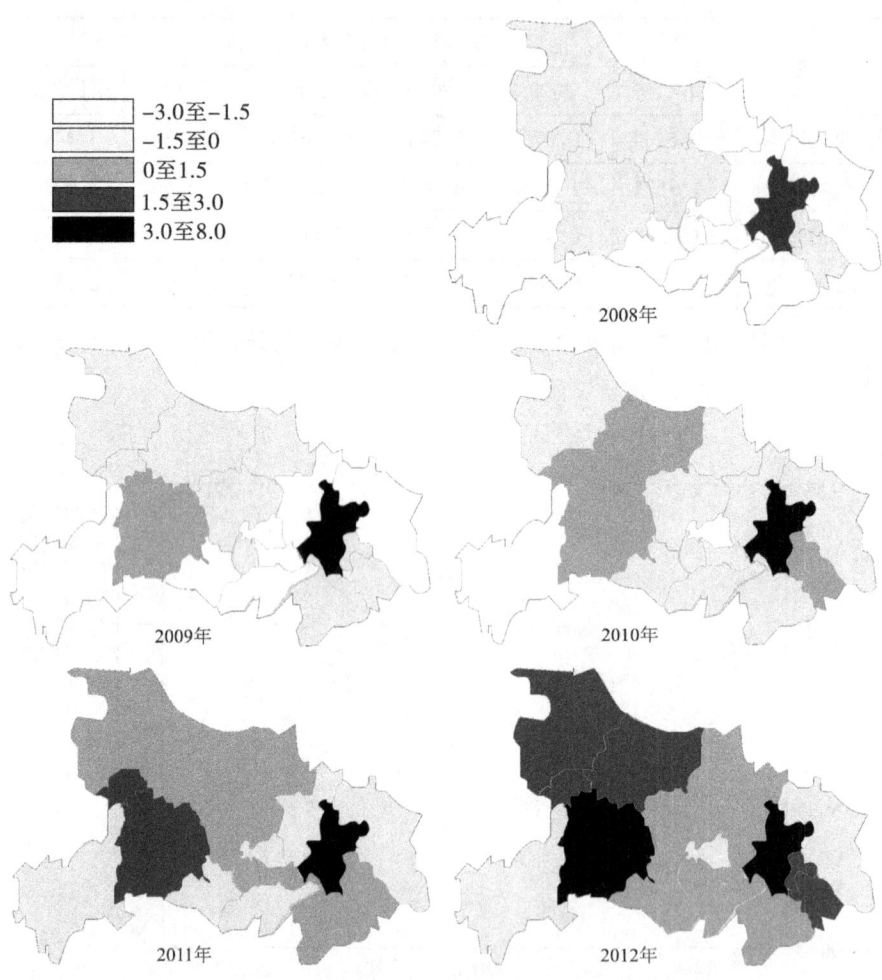

图 3-4 湖北全省 17 个市(州)客观生活质量综合得分空间分布图(2008—2012)

其次，作为省域副中心城市的宜昌市尽管发展较武汉而言稍显逊色，但该市客观生活质量水平也已经逐渐与除武汉以外的其他城市拉开了差距，尤其到了 2012 年，其客观生活质量的得分已经增长到与武汉处于同一个区段，尤其可以看出，湖北东部以武汉为中心、西部以宜昌为中心的"双发展极"形态已经逐步显现；此外，进一步分析武汉与宜昌周边城市生活质量变迁趋势可以看出，在武汉和宜昌的区域联动发展作用下，省内各市（州）的客观生活质量状况在五年间都有了一定的提升。

最后，图3-4中的信息还显示，湖北中部地区城市的客观生活质量状况与东西部整体上呈现较大差距，而这个结果和之前的分析是一致的。尤其是以天门为代表的湖北中部腹地，其客观生活质量状况明显落后于其周边的荆门、随州、孝感、潜江、仙桃和荆州等市。由此可以得出这样一个结论：湖北要真正发展为"中部崛起战略支点"就必须实现全省均衡发展，而均衡发展的关键则在于湖北"中部"的崛起。

第五节 湖北居民客观生活质量均衡发展的政策建议

在上一节中，笔者基于主成分法的统计结果，对湖北17个市（州）居民客观生活质量状况进行了实证分析，重点关注从2007年底"武汉城市圈"规划获批后五年间的客观生活质量变迁趋势。结果显示，从绝对数量上来看全省17个市（州）客观生活质量状况都在不断改善，但是提升的速度却不尽相同；湖北东部地区明显领先于中部和西部地区，而中部地区客观生活质量状况则明显居于全省平均水平之下。此外，客观生活质量不同维度的发展并不均衡，经济水平以及科技与通信领域的发展突出，相比之下其他领域的发展则相对缓慢。从上述分析中，笔者发现当前湖北存在着发展不均衡的问题，省内不同区域、不同领域间客观生活质量水平差异较大，而这显然不利于实现"五个湖北"的建设目标。

客观生活质量是对一个地区经济与社会发展状况的综合表征，而在本研究中，笔者将之操作化为经济总量与居民收入水平、公共服务、教育与医疗资源、医疗技术水平、科技与通信、生态环境以及生产与生活污染等七个具体维度。正因如此，笔者在前文中所揭示的湖北客观生活质量不均衡发展问题，归根结底是上述各个领域协调发展过程中出现了问题。这些问题突出表现在：湖北各地区在经济与科技领域的发展差距正在拉大，同时在教育资源、公共服务及生态环境领域的发展相对迟缓。鉴于此，接下来将针对上述突出问题提出对策性政策建议，以期为全面提升湖北居民客观生活质量提供借鉴。

首先，进一步深化收入分配与科技创新体制改革，促进省内不同地区经济与科技的均衡发展。相对于少年及老年群体而言，中青年群体占据了湖北人口比例的一大部分，是经济及科技活动的主要参与者；如果这部分群体对生活现状不满意，将直接影响到生产、分配、交换、消费等各个层面的经济与社会运行，进而影响到整个经济社会的快速发展。但现阶段是中青年人不满情绪发泄的高发期，他们通过微博、论坛等新媒体表达着自己生活的艰辛。要想提升中青年群体的生活质量，并以此激发新的发展活力，当务之急是要处理好收入分配问题与科技创新激励问题。具体而言：一是要尽快改革收入分配制度，扩大居民收入在初次分配中的比重，同时要制定科技创新奖励制度，提高科技工作者的创新热情。当前经济发展面临内需不足与创新不足的不利局面，而解决内需不足的关键在于提高居民的购买力，解决创新不足的关键则在于创建有效的激励制度。中青年群体也是主要的消费群体，也是科技创新的主要参与者与推动者，只有切实提高这一群体的收入水平、将科技成果同经济奖励直接挂钩，才能为湖北经济社会发展注入新的动力。二是要通过有效的政策积极调节各级政府间、高收入者与中低收入者、企业与劳动者的关系。湖北各地方政府利用公共权力一味增加地方性财政收入，缩减了城乡居民的利益空间；"扩中、提低"的政策缺位导致中低收入者增加收入的机会减少；由于法制不健全、工会作用不明显等原因致使工人的工资水平长期处于低水平状态（马晓河，2010）。因此，要制定长效政策来调节上述三种关系，使承担实际劳动的中青年群体收入明显增长，客观生活质量明显提高。三是要积极改善中青年劳动者的工作生活环境，同时建立科技成果转化的中介平台，为科技创新推动经济发展提供良好的外部环境。中青年人是创新驱动经济的生力军，他们创新意识强、接受新知识的速度快，能够为经济进步提供先进的智力资源。而现在的主要问题并不是某一地区留不住高科技人才，而是某一地区的生活与工作环境吸引不了高科技人才；并不是创新成果数量不足，而是创新成果得到企业、社会承认的机会不足。毋庸置疑，社会环境因素会在很大程度上影响中青年劳动者的工作与研发热情，影响他们的工作满意度。因此，相关政府职能部门应该加大力度改善劳动者的生活与工作环境质量；此外，还要努力营造科研与生产互补互动的研发环境，为科研成果转化过程降低风险、减小成本、提升效率，让各个地区中青年科技工作者都能切实感受到创新性劳动所带来的收入的上升与生活质量的提高。

其次，进一步深化教育体制改革，促进教育资源在省内不同地区的均衡分配。具体而言，可以从以下三个方面着手进行相关改革：第一，要进一步完善湖北的教育培养制度，明确职业教育与科学教育各自所承担的功能，分两条线分别培养这两类不同的人才。例如，现在正在探索职业教育与大学教育、专业硕士与科学硕士协同发展的路线，但目前选择职业技术学院的考生几乎都是高考成绩不理想而难以进入大学学习的学生，专业硕士的来源有很大一部分是由达不到科学硕士分数线的考生调剂而来的，这就在社会上造成"职业教育不如大学教育、专业硕士不如科学硕士"的错觉，阻碍了湖北以职业就业为取向的教育发展，因此应抓紧为这两大类教育分别制定培养制度、明确各自的培养功能。第二，要进一步加大对湖北欠发达地区与城市边远地区教育政策倾斜力度，缩小在湖北各地区间以及城市内部的教育分层，促进教育的平衡发展。目前广泛施行的免费师范生政策以及大学生支教政策就收到了较好的效果，这为提高经济落后地区学生的受教育质量起到积极的作用。第三，要切实改善湖北经济落后地区的校园环境、师资配备与教学条件，让不同地区的学生能够在高质量的教育环境中学习成长。不可否认，现在有的中学校园建得比大学校园还大，而有的中小学却在漏雨、小黑板、坏桌椅的环境中继续授课。这种教育环境的差异对于学生而言是不公平的，应该加大对落后地区校舍升级改造的力度，提升这些地区教育资源质量。应清楚认识到，居民的受教育程度关系到全省人口质量与人才储备，会直接影响到今后的经济社会发展。因此，加快教育体制改革的步伐，改善教育资源的分配现状，这对于实现湖北跨越式发展意义重大。

然后，在公共服务领域，应该适当加大对养老保障服务的改革力度，以缓解老龄化给湖北各地区带来的现实问题，同时帮助改善快速增长的老年群体的客观生活质量。据"六普"数据显示，湖北0~14岁少儿人口由2000年的1357.1万减少到2010年796.4万，而60岁及以上老年人口则由2000年的565万增加到2010年797.4万，同期老年人占总人口的比例则由10%上升到13.93%。[①] 从数据中可以意识到，人口老龄化将是21世纪的湖北需要始终面对的一个重要省情，也是经济建设过程中所不容忽视的一个重要方面。经济的发展也要体现在老年人客观生活质量提高上面，为此应该从以下三个层面着手深化养老保障体制改革：第一，完善"社会福利社会化"的制度体系，以社区居家养老产业的发展推动经济进一步发展。发展社区居家养老产业化，一方面可以在养老市场中引入竞争机制，另一方面可以克服政府失灵的缺陷，避免政府投资养老事业造成的无效率和资源浪费。故而应努力探索政府与民间机构合作办养老的制度模式，这既有利于在全社会创造出对于养老投资的信心，有效刺激投资需求的增长，还能鼓励开拓多元化的养老渠道，减轻政府养老金不足的经济压力。第二，政府要通过优惠政策鼓励民间资本进入养老市场，增加与养老有关的人力、物力、财力、智力等要素的有效供给量。应该花大力气培养一批具有专业知识背景的老年社会工作人员，优化养老服务业的人才结构；在老年人生活的社区附近，应该建立一批与老年人的需求相适应的基础生活设施，比如社区老年活动中心等，同时要加大对这些设施的内部管理，提高设施的使用效率；要鼓励各高校、研究机构组织一些对老年人的实证调查，从调查中了解老年

---

① 数据引自《湖北人口老龄化现状、趋势与对策》，湖北民政厅网站（http://www.hbmzt.gov.cn/xxgk/gzyj/201306/t20130619_157846.shtml）。

人的真实需求，为养老产业化发展和提高老年人生活质量提供有效的智力支持。第三，要改善老年人所在社区的生活环境，增加社区内的老年服务设施，促进老年人在社区内消费。社区已渐渐成为中国老年人群主要的生活场所，也是老年群体日常活动、消费的场所，可以通过建立社区内老年活动室、老年用品购物中心等刺激养老需求的增长。总之，老年人口是社会的重要组成部分。为了让老年人能安享晚年，就需要全面动员社会上的多方资源，以帮助促进湖北老年群体晚年生活质量的提高。

最后，可以尝试建立覆盖湖北全省的企业组织环保水平评估机构，构建企业环保枢纽式评估体系，以此来提升生态环境与污染治理水平，进而帮助改善该领域的客观生活质量状况。评估机构的建设是开展客观环境影响评估的重要基础，没有相应的评估机构则难以衡量企业生产对环境的外部性影响。尝试对企业厂房建设到产品生产流通的整个环节进行有效监控，设计诸如建设材料环保性、污染气体排放量、产品本身对环境危害度等综合指标，来科学全面地评价一个企业的绿色化水平，同时依据评价结果给予一定的税务奖励或惩罚，进而积极引导企业积极进行转型升级，在企业间营造一种追求可持续性企业发展的良性竞争氛围。应该认识到，这类评估是一项系统性强、涉及面广的工程，它不仅包含对企业基础条件的评价，也包括诸如企业自身的环保能力建设以及社会公众对企业环保形象的评价等，涉及不同的部门与领域，所以建立专业的评估机构可提高评估效率和准确性。另外，对于评估机构的监督又是另一个重要的方面。在建立评估机构的同时也需要实施相应的立法、审计监督，不管对于政府部门、企业组织本身，还是对于专业的评估机构，都要形成完善的立法和财务审计的程序，这样相互形成制衡关系，使企业环保水平评估机构更加透明化、阳光化以及科学化。政府部门应该赋予该评估机构一定的职权，能够调阅不同企业的必要数据资料以方便评估的开展。应以专业的评估机构为枢纽，指导和执行各地区企业的相关评估工作，最终将可横向、纵向比较的评估结果进行汇总。这么做既能帮助企业发现自身存在的问题并及时整改,同时也为政府部门的监管提供了具体的评判标准。

改革始终是社会发展与进步的重要推动力。武汉城市圈"两型社会"建设本身就是一个涉及多个领域改革的系统工程,是在改革开放的新时期党中央赋予湖北省的一项光荣使命。以此为契机来促进湖北省均衡全面发展,过程之中必然会遇到各种发展阻碍。因此,湖北需要继续深入贯彻落实科学发展观,根据建设资源节约型和环境友好型社会的核心要求,致力于走出一条有别于传统工业化、城市化发展的新路,为推进全国体制改革进程、建设社会主义和谐社会发挥示范和带头作用。同时,笔者相信,只要湖北坚持将提高全民生活质量作为指导经济社会建设的最高原则,合理运用三十多年改革开放过程中所积累的丰富经验,"科学把握发展规律,主动适应环境变化,有效化解各种矛盾",就一定能够跨越"不均衡发展陷阱",进而实现全省居民客观生活质量的全面提升。

小　　结

本章主要探讨了 2007 年底武汉城市圈"两型社会"规划方案获批后,湖北居民客观生活质量究竟发生了怎样的变化?为了回答这个问题,笔者借鉴"可持续发展理论"的核心思想,认为良好的客观生活质量体现于经济、社会与环境三个维度的协调发展,并进一步设计了一个包含经济、社会、环境这三个一级指标,以及经济总量与居民收入水平、公共服务、教育与医疗资源、医疗技术水平、科技与通信、生态环境、生产与生活污染这七个二级指标,以及 19 个三级测量指标的客观生活质量指标体系,继而使用主成分法对 2008 年至 2012 年间湖北居民客观生活质量状况进行了横向与纵向考量。主要结论包括:

第一,从纵向发展趋势方面看,2008 年至 2012 年间湖北 17 个市(州)各自的客观生活质量指数都在攀升,这一定程度上说明在武汉城市圈建设以及中部崛起战略等宏观政策的支持下，湖北各地区居民的客观生活质量水平都在稳步提升。尤其是在经济水平以及科技与通信领域的发展尤为突出，相比之下其他领域的发展则相对缓慢。

第二，通过横向比较后发现，湖北省不同市（州）的发展速度并不同步，由此可以看出整体上湖北各地居民的客观生活质量相对差异依然显著。尤以省会武汉市为例，其客观生活质量得分远远超过省内其他城市；而且伴随着武汉城市圈"两型社会"建设向纵深推进，武汉"一城独大"的局面不仅没有消失，反而越发凸显。同时，作为省域副中心城市的宜昌发展势头也比较强劲，逐渐促成湖北东部以武汉为中心、西部以宜昌为中心的"双发展极"形态。

第三，从空间分布结构分析，以天门为代表的湖北中部腹地，其客观生活质量状况明显落后于其周边城市。鉴于此，笔者认为湖北若要真正成为"中部崛起战略支点"，接下来应该着力提升湖北中部地区的综合实力，通过"湖北中部"的崛起来带动全省均衡发展。

最后，针对统计分析中反映出的突出问题，进一步提出了旨在帮助湖北实现客观生活质量均衡发展的政策建议，以助力湖北跨越"不均衡发展陷阱"。

第四章 湖北居民主观生活质量实证分析

　　生活质量需要从客观与主观两个维度予以综合表征。在本书的绪论部分，笔者曾指出居民客观物质条件与主观生活幸福感（满意度）构成了生活质量的一体两面；而只有这两个层面都得到改善，才能真正体现出民众生活质量的进步。上一章中，笔者通过自己所构建的客观生活质量指标体系，对湖北居民 2008 年至 2012 年五年间的客观生活质量变迁趋势进行了统计分析，从而较为全面地反映了现阶段湖北居民的客观生活质量状况。然而，作为一项完整的生活质量研究而言，只从客观维度对湖北居民的生活质量进行论述显然是不够的，还需要从个体层面出发，对湖北居民的主观生活质量状况进行描述性分析，同时探清影响主观生活质量的因素及其作用路径。

　　之前的分析指出，当前湖北不同市（州）之间客观生活质量水平存在着区域分布差异。已有研究表明，客观物质条件与居民的主观感受并非必然高度一致（Cummins，2000），因而即使对于发展相对较好的城市而言，客观物质水平较高也并不一定会给当地居民带来较高的主观生活质量。因此，接下来有必要针对湖北居民现阶段主观生活质量状况予以深入分析。本章中，笔者将运用 2003 年至 2012 年间在湖北地区开展的多项社会调查资料，来描绘十年间湖北居民的主观生活质量平均变化趋势；同时，还将基于 2010 年的截面调查数据，针对湖北居民主观生活质量的影响因素进行多元统计分析。笔者认为，通过将主观与客观层面的生活质量评价结合起来，就能够在一定程度上反映出湖北居民生活质量水平,并能为进一步开展以改善湖北民生为目标的理论与政策研究提供翔实的经验材料。

第一节　湖北居民主观生活质量的描述性分析

一、数据来源与分析方法

主观生活质量在一定程度上可以指代个体对于自己整个生活状态(life-as-a-whole)的主体感知(Veenhoven 1984:22-24),或者说是人们日常生活中所能实际感受到的或所能承担的生活质量,能够体现人们需求的满足程度(崔丹、王培刚,2010)。而主观幸福感(Subjective Well-Being,SWB)、快乐感(happiness)及生活满意度(life Satisfaction)则是与主观生活质量的测量紧密相关的三个概念。有学者曾指出主观幸福感通常被认为是个体对于整体生活的持续性满意程度,在这个意义上其与"生活满意度"(life satisfaction)和"快乐感"(happiness)是近义词,在很多时候可以互换使用,因此并未明确指明这些概念之间的差别(Veenhoven,2012)。另有学者基于美国心理学派对幸福的测量传统,将主观生活质量的相关研究定义为"美国模式的生活质量",主要通过对居民个体层面的主观指标进行评价,而"使用的最重要的主观幸福感指标实际上就是对满意和幸福的测量"(Noll,1996;拉普勒,2012:6)。综合相关学者的观点,笔者认为主观幸福感、快乐感和生活满意度这三种指标均是对主观生活质量整体状况的量化评价,在实际操作中可不做明确区分。

在本章的分析中,笔者将参考"世界价值观研究(World Value Studies)"及"欧洲晴雨表调查(Euro-barometer Surveys)"这两项国际调查中对主观生活质量的测量方式,即:"将所有事情考虑在内,你觉得现在有多么幸福?"(该问题用在"World Value Studies"问卷中),备选项为:非常幸福,比较幸福,不太幸福,根本不幸福;"你对现在的生活满意程度如何？"(该问题用于"Euro-barometer Surveys"问卷中)，备选项为：非常满意，比较满意，不太满意，根本不满意(Veenhoven，2012：67)。具体而言，下文将综合运用中国综合社会调查(China General Social Survey，CGSS)[①]2003年、2005年、2006年、2008年和2010年，以及中国家庭追踪调查(China Family Panel Study，CFPS)[②]2012年在湖北地区的调查资料，同时使用历次问卷调查中与主观生活质量相关的数据来对2003年至2012年这十年间湖北居民主观生活质量变迁状况进行实证分析。

表4-1和表4-2分别列出了上述历年问卷调查中针对受访者幸福感/快乐程度/生活满意度的具体问题以及各项调查的样本特征资料。从表4-2中，我们可以了解到历次调查中湖北地区样本在性别、年龄、居住地区类型、教育程度、婚姻状况等五个人口学变量上的分布状况。这些描述性统计数据表明，上述历次调查均涉及城市和农村样本，这有利于我们进行城乡居民主观生活质量的比较分析；而且在其他变量上也有较为合理的分布，这显示出CGSS和CFPS作为两项具有代表性的全国范围大规模调查，其湖北区域的子样本也应能在一定程度上较好地反映湖北居民相关特征。从这个意义上说，尽管这六次调查在湖北地区的样本量并不是太多(最少240个样本，最多619个样本)，难以用于推论湖北地区居民的总体特征，但鉴于其较严格的抽样方法和较高的数据收集质量，因此将之用于描述湖北居民主观生活质量变迁还是具有一定的可行性与合理性。

---

① 本书使用数据部分来自中国国家社会科学基金资助之《中国综合社会调查(CGSS)》项目。该调查由中国人民大学社会学系与香港科技大学社会科学部执行，项目主持人为李路路教授，边燕杰教授。笔者感谢上述机构及其人员提供数据协助，本书内容由作者自行负责。

② CFPS由北京大学中国社会科学调查中心(ISSS)实施，旨在通过跟踪收集个体、家庭、社区三个层次的数据，反映中国社会、经济、人口、教育和健康的变迁，为学术研究和公共政策分析提供数据基础。笔者在此感谢上述机构所提供的数据协助。

表 4-1　历年问卷调查中与主观生活质量相关问题汇总

调查问卷中与主观生活质量相关的问题	调查年份
I3. 总体而言，您对自己所过的生活的感觉怎么样？ 非常不幸福——1；不幸福——2；一般——3；幸福——4；非常幸福——5	CGSS 2003
E3. 总体而言，您对自己所过的生活的感觉是怎么样的呢？您感觉您的生活是：（单选） 非常不幸福——1；不幸福——2；一般——3；幸福——4；非常幸福——5	CGSS 2005
E49. 总体而言，您对自己所过的生活的感觉是怎么样的呢？您感觉您的生活是：（单选） 非常不幸福——1；不幸福——2；一般——3；幸福——4；非常幸福——5	CGSS 2006
D3. 整体来说，您觉得您快不快乐？ 很不快乐——1；不太快乐——2；普通——3；还算快乐——4；很快乐——5 （说明：备选项在原问卷基础上进行了反转编码）	CGSS 2008
A36. 总的来说，您认为您的生活是否幸福？ 很不幸福——1；比较不幸福——2；居于幸福与不幸福之间——3；比较幸福——4；完全幸福——5	CGSS 2010
N1201 就下面的问题，请您根据自己的情况打分，"1"分最低，"5"分最高。 N12012 您对自己生活的满意程度？ 很不满意——1——2——3——4——5——>非常满意	CFPS 2012

严格来说，若要全面深入地分析湖北地区居民主观生活质量的变迁状况，一个理想的方法是采用针对同类人群、同样抽样方式以及使用相同测量工具的纵贯式(longitudinal)调查。然而，目前并没有专门针对湖北居民主观生活质量的此类调查。另一个思路是在一次调查中，请受访者回忆若干年前的主观生活质量(以幸福感/满意度等指标为表征)和接受调查时相比的变化情况，也就是采用回溯式的调查方式，但这类调查受到受访者年龄效应(因年龄的增长造成态度的改变)或者历史效应(某一历史时期所发生的事件对态度产生影响)的干扰，同时还可能受到受访者记忆偏差的影响(德沃斯，2008：99)。而本研究中，通过梳理并

分析在不同时间点上所进行的多次截面调查数据,则可以在某种程度上帮助规避回朔式调查带来的偏差效应,进而提高针对主观生活质量趋势分析的可信性与可靠性。如前所述,本书拟采用的六次湖北地区调查都是对过去十年间不同年份的居民主观生活质量的横断(cross-sectional)抽样,而将这些相关调查整合到一起进行数据分析,就能在一定程度上展现湖北居民主观生活质量状况的变迁趋势。

表 4-2　　历次调查中湖北地区样本特征(单位:%)

变量		CGSS2003	CGSS2005	CGSS2006	CGSS2008	CGSS2010	CFPS2012
性别	男	47.9	45.6	45.0	42.5	47.5	49.1
	女	52.1	54.4	55.0	57.5	52.5	50.9
年龄	39岁及以下	40.0	34.8	36.5	41.3	25.7	33.4
	40至59岁	47.1	47.5	50.8	50.8	52.2	43.3
	60岁及以上	12.9	17.7	12.7	7.9	22.1	23.3
居住地区	城市	66.7	49.7	50.0	75.0	58.2	66.4
	农村	33.3	50.3	50.0	25.0	41.8	33.6
教育程度	小学及以下	17.1	42.6	41.7	24.2	42.2	44.2
	初、高中或中专	60.4	49.1	53.8	63.3	52.5	44.9
	大专及以上	22.5	8.3	4.5	12.5	5.3	10.9
婚姻状况	已婚有配偶	88.3	85.5	89.6	82.5	84.5	81.4
	其他婚姻状况	11.7	14.5	10.4	17.5	15.5	18.6
湖北地区调查样本量N		240	491	480	240	619	485

注:根据历次调查数据库中样本的"省国标码"来确定样本来自湖北地区;

CGSS2003居住地区分类:"城市"指的是"直辖市/省会城市的市区"和"地级市市区","农村"指的是"县城城区"和"集镇";其他年份的样本居住地区是按国家统计局城乡分类标准划分;

婚姻状况:"已婚有配偶"主要是指初次结婚且与配偶一起居住;"其他婚姻状况"是指未婚、同居、离婚、丧偶等情形。

这种分析思路其实是借鉴了格拉斯(Glass)、特温格(Twenge)以及侯家伟等学者所使用的元分析(meta-analysis)方法(参见 Glass, 1976;Twenge, 1997a、1997b;侯佳伟等, 2014),即将多项相互独立但具有共同目标的调查按照时间顺序进行连贯合并分析,并以此来考察湖北居民主观生活质量的均值随时间推移而显现出的变化规律。

在本节的具体分析过程中,笔者一方面会将上述六项调查所反映的湖北居民主观生活质量得分状况整合起来以描述整体的变化趋势,另一方面还将考察不同人口学特征(性别、年龄、居住地区、教育程度、婚姻状况)对均值的影响。对于后一方面的分析,笔者将使用单因素方差分析(one-way ANOVA)方法来探明不同特征人群的主观生活质量均值是否具有显著差异。

二、湖北居民主观生活质量变迁趋势分析(2003—2012)

图 4-1 显示了湖北居民主观生活质量得分均值的变化趋势。从图中数据我们可以直观地看出,湖北居民的生活幸福感/满意度得分在历次

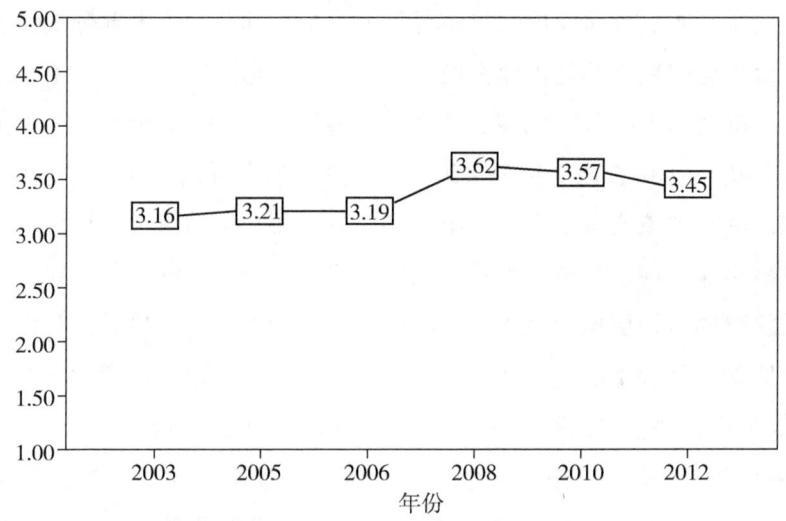

图 4-1 湖北居民主观生活质量均值变化(2003—2012)

调查中均处于"一般"或"普通"水平(即3分)之上,同时低于"幸福"水平(即4分),这表明大部分受访者对个人生活状态的主观感受居于幸福与不幸福之间;换言之,大部分居民对于整体生活的评价既不是很好,也不是很坏,而是处于一种"不好不坏"的中间状态。而进一步观察各个年份的调查数据,则可以得出这样一个结论:2003年至2012年这十年间,湖北居民的主观生活质量得分是波动上升的。具体而言,主观生活质量得分均值从2003年的3.16分提升至2012年的3.45分,而其间的2006年和2010年这两次调查的得分均值则分别在上一次调查基础上有所下降。由此可见,伴随着湖北经济社会的快速发展,整体而言湖北居民的主观生活质量状况是趋于改善的,然而也不能忽视这种改善并非单向线性的,而是表现出一定的波动性。

图4-2则显示了在六次调查中,湖北地区受访样本主观生活质量在不同得分上的频率分布状况。首先,我们可以注意到感觉自己生活很不幸福/比较不幸福,或者对自己目前过的生活很不满意/不太满意的受访者所占比例在六次调查中均低于20%,此外在较近的2008年、2010年和2012年三次调查中,上述比例则进一步降至15%以下,这说明对生活状况有着明显负面评价的受访者只占较少一部分,绝大部分受访者对于生活状况的感知都是正面积极的。其次,在这六次调查中,主观生活质量评价处于中间状态的受访者所占比例有明显下降趋势,2003年至2008年的三次调查该比例都接近50%(占了半个圆的大小),而在其后的三次调查中该比例则有所减小。将这一现象与上面所说的负面评价者比例缩小这一现象结合起来看,我们可以进一步认为湖北居民对于自我生活状况的感知更加明确化,且更加趋向于积极评价。最后,我们通过考察那些感受到生活比较幸福/非常幸福、比较满意/非常满意以及还算快乐/很快乐的受访者比例,可以进一步佐证上述判断:在2003至2006年的这三次调查中,对生活有明确积极评价的受访者所占比例只在35%左右,而之后的三次调查中这一比例则明显提升,分别占到所有受访者的62.92%、65.59%和45.77%。此外,在2012年的调查中有

第一节 湖北居民主观生活质量的描述性分析

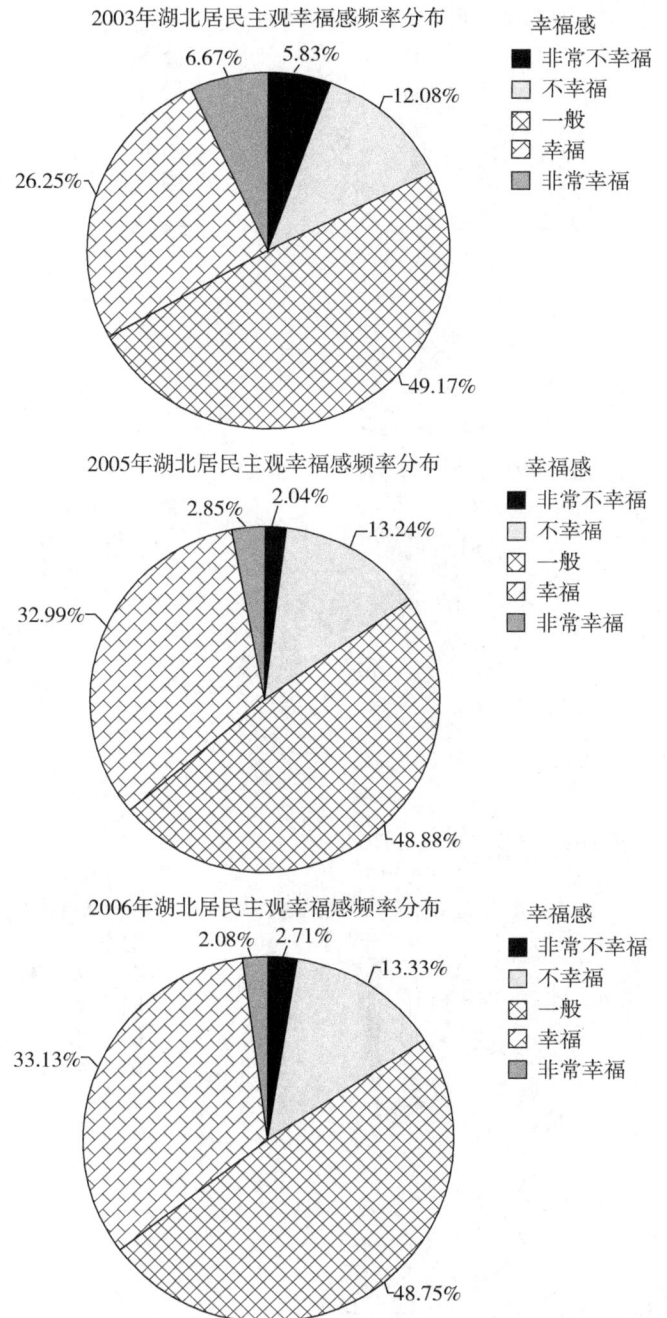

图 4-2(a) 历年湖北居民主观生活质量状况频率分布(2003—2012)

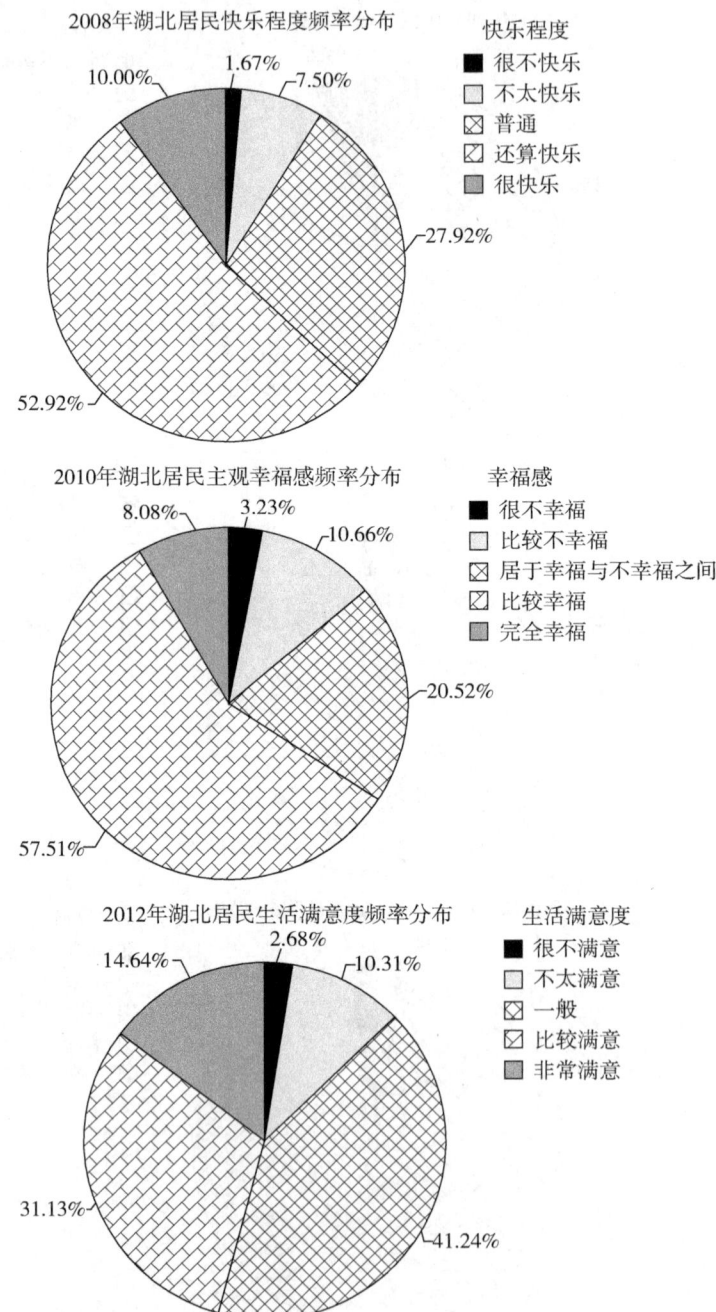

图 4-2(b) 历年湖北居民主观生活质量状况频率分布(2003—2012)

积极评价的受访者比例较 2008 年和 2010 年的两次调查有所减少，这也表明湖北居民整体的主观生活质量是处于波动状态的，而这一结论与之前对主观生活质量整体均值的分析保持一致。

三、不同类别湖北居民主观生活质量差异分析

接下来，笔者将使用单因素方差分析法来考察具有不同人口学特征的湖北居民在主观生活质量上是否存在显著差异，并以此来初步判断影响湖北居民主观生活质量的相关因素。

（一）性别

表 4-3 显示了历次调查中男性与女性居民主观生活质量得分均值以及单因素方差分析结果。从表中数据可以看出，在六次调查中有四个样本（2003 年、2005 年、2008 年和 2012 年）女性自我报告的主观生活质量状况好于男性，有两个样本（2006 年和 2010 年）则是男性好于女性。而显著性分析表明，只有 2008 年的分析样本中女性居民的主观生活质量得分显著高于男性（$p<0.05$），其他五个样本中男性和女性的均值差异均不具有统计学意义上的显著性。综合上述两个发现，笔者认为女性相对于男性而言更有可能对生活具有更为积极的评价。

表 4-3　男性与女性居民主观生活质量得分均值的差异性分析

	2003	2005	2006	2008	2010	2012
男性	3.06	3.19	3.22	3.47	3.59	3.38
女性	3.25	3.24	3.16	3.73	3.54	3.51
方差齐性检验	通过	通过	通过	通过	未通过	通过
Sig.	0.119	0.495	0.420	0.016*	0.489	0.116

注：$+p<0.10$；* $p<0.05$；** $p<0.01$；*** $p<0.001$

(二)年龄

表4-4显示了历次调查中青少年、中年以及老年群体主观生活质量得分均值以及单因素方差分析结果。在六个调查样本中,2005年、2006年和2008年这三个样本不同年龄段居民的主观生活质量得分均值有显著差异($p<0.05$),且这三个样本都通过了方差齐次性检验。因此,笔者重点分析这三个样本所反映出的年龄特征。具体而言,39岁及以下的青少年群体主观生活质量平均水平显著高于其他人群;中年群体的主观生活质量状况在2005年和2006年的两次调查中要好于老年人,而在2008年的调查中则比老年群体主观生活质量水平低。通过比较不同年龄别群体主观生活质量水平差异,笔者认为青少年群体相较于中年和老年人群而言更有可能对生活状态产生积极评价。

表4-4 分年龄段居民主观生活质量得分均值的差异性分析

	2003	2005	2006	2008	2010	2012
39岁及以下	3.29	3.35	3.33	3.81	3.57	3.35
40岁至59岁	3.06	3.13	3.09	3.50	3.53	3.35
60岁及以上	3.10	3.18	3.15	3.42	3.64	3.77
方差齐性检验	通过	通过	通过	通过	通过	未通过
Sig.	0.189	0.021*	0.011*	0.012*	0.469	0.000***

注:+$p<0.10$; * $p<0.05$;** $p<0.01$;*** $p<0.001$

(三)城市与农村

表4-5显示了湖北城乡居民主观生活质量得分均值的差异性分析结果。统计数据表明,这六次的调查样本中没有一个样本能够同时通过方差齐次性检验以及显著性检验,因此可以得出结论:居住地区差异并非影响湖北居民主观生活质量水平的重要因素。此外,观察六次调查的数

据还可以发现,有的年份调查中居住在城市的受访者主观生活质量水平高于农村受访者,而在其他年份的调查中上述关系呈现相反的状况,这也能进一步说明城乡居民的主观生活质量并不表现出一致的差异性。

表4-5　　城乡居民主观生活质量得分均值的差异性分析

	2003	2005	2006	2008	2010	2012
城市	3.13	3.22	3.23	3.71	3.56	3.44
农村	3.23	3.21	3.14	3.37	3.57	3.45
方差齐性检验	通过	未通过	通过	未通过	未通过	通过
Sig.	0.433	0.834	0.184	0.006**	0.960	0.914

注:+$p<0.10$; * $p<0.05$; **$p<0.01$; ***$p<0.001$

(四)教育程度

表4-6显示了具有不同教育程度的湖北居民主观生活质量得分均值的差异性分析结果。在六个年份的样本中,2003、2005和2006年的三个样本同时通过了方差齐性检验和显著性检验,因此将主要通过分析这三个样本的分布特征来判断教育程度是否对主观生活质量产生影响。统计数据表明,随着文化程度的提升,居民的主观生活质量水平也呈现出上升趋势,这显示出教育程度和主观生活质量之间具有正相关的关系。而观察2008年和2010年这两年的样本数据,虽然没有通过方差齐性检验,但是主观生活质量均值在三类教育程度上的分布与上面的描述相符,这也可以进一步佐证之前的初步结论。还需指出,虽然2012年的样本数据不支持这一结论,但2012年的样本并未通过方差齐性检验,因此2012年的数据特征并不具有足够的可靠性。而综合其他五个年份的调查数据,笔者认为在不考虑其他因素影响下,教育程度与湖北居民主观生活质量呈现出正相关关系。

表 4-6　不同教育程度居民主观生活质量得分均值的差异性分析

	2003	2005	2006	2008	2010	2012
小学及以下	2.95	3.09	2.97	3.28	3.48	3.64
初高中、中专	3.07	3.29	3.34	3.62	3.60	3.34
大专及以上	3.56	3.41	3.36	4.30	3.91	3.08
方差齐性检验	通过	通过	通过	未通过	未通过	未通过
Sig.	0.001**	0.007**	0.000***	0.000***	0.019*	0.000***

注：+p<0.10；* p<0.05；**p<0.01；***p<0.001

（五）婚姻状况

表 4-7 显示了具有不同婚姻状况的湖北居民主观生活质量得分均值的差异性分析结果。六个年份的样本数据中，2008 年和 2012 年的样本中已婚有配偶的居民主观生活质量得分均值略低于具有其他婚姻状况的居民（分别低 0.02 和 0.01），但这两个样本并未同时通过方差齐性检验和显著性检验。其他四次调查的数据则一致显示已婚有配偶的居民较之于其他婚姻状况居民更有可能具有较高的主观生活质量得分。此外，支持上述结论的 2003 年和 2006 年这两个样本均同时通过方差齐性检验与显著性检验（p<0.1），因此笔者认为婚姻状况会对居民主观生活质量产生明显影响，而已婚且配偶在身边的居民相对于其他群体而言会具有更高的主观生活质量水平。

表 4-7　不同婚姻状况居民主观生活质量得分均值的差异性分析

	2003	2005	2006	2008	2010	2012
已婚有配偶	3.20	3.23	3.21	3.62	3.62	3.45
其他婚姻状况	2.86	3.13	2.96	3.64	3.27	3.46
方差齐性检验	通过	通过	通过	通过	未通过	通过
Sig.	0.068+	0.312	0.033*	0.850	0.000***	0.929

注：+p<0.10；* p<9.05；**p<0.01；***p<0.001

通过上述针对湖北居民主观生活质量的描述性分析，笔者发现伴随着湖北经济社会的快速发展，整体而言湖北居民的主观生活质量状况是趋于改善的，然而这种改善并非单向线性，而是表现出一定的波动性。接着运用单因素方差分析法，考察了性别、年龄、居住地域、教育程度和婚姻状况等五个人口学变量是否对主观生活质量水平产生影响。统计数据显示，性别、年龄、教育程度和婚姻状况这四个因素可能对主观生活质量具有显著影响，女性、受教育程度较高、已婚有配偶，同时年龄在四十岁以下的青少年群体相较于其他类别居民而言更有可能拥有较高的主观生活质量。然而，这一结论仅仅是通过单因素方差分析得出的初步判断，并没有控制其他因素的影响。因此，在下一节中，还将进一步使用多元分析方法深入探析湖北居民主观生活质量的影响因素。

第二节　湖北居民主观幸福感影响因素分析

国家"十二五"规划纲要明确指出：坚持民生优先，完善就业、收入分配、社会保障、医疗卫生、住房等保障和改善民生的制度安排，推进基本公共服务均等化，努力使发展成果惠及全体人民。当前，湖北省已经围绕国家"十二五"规划要求制定了一系列与民生相关的政策，而这些政策措施的出台都指向同一个核心目标：全面切实提升湖北居民的主观生活幸福感，进而实现"幸福湖北"的发展目标。为了促进这一发展目标的实现，就有必要系统探究湖北居民主观幸福感的影响因素，同时根据实证分析结果进一步制定更具实效的民生政策。

值得指出的是，现有相关研究成果存在如下不足：一是以湖北居民主观幸福感为研究对象的成果相对较少，而这并不利于掌握湖北居民主观幸福感的现状，进而有针对性地开展以建设"幸福湖北"为目标的政策改革；二是就已有相关研究的分析理路而言，对于主观幸福感的影响因素划分表现出一定的随意性，缺乏理论框架支撑，使该领域研究成果呈现散状分布，难以进行比较性分析。基于此认识，本节中笔者将试图构建分析湖北居民幸福感影响因素的理论框架,通过实证分析来进一步丰富该领域研究成果。具体而言,笔者将首先借鉴美国学者Anderson提出的健康行为模型(Health Behavioral Model)构建理论框架,并提出相应研究假设;然后,以该理论框架为指导,运用中国综合社会调查(CGSS)2010年在湖北地区的调查数据,对前述研究假设进行统计分析,探究影响湖北居民主观幸福感的具体因素;最后,对分析结果进行总结,在此基础上讨论提升湖北居民主观幸福感的政策路径。

一、主观幸福感影响因素分析框架

本研究以Anderson提出的健康行为模型为基础,尝试性地构建了一个分析湖北居民主观幸福感影响因素的理论框架。该框架包含以下几个要素:(1)环境与个体特征(Contextual and individual characteristics)维度,包括诱因性(Predisposing)因素(如性别、年龄、文化程度等人口学因素),赋能性(Enabling)因素(如医疗及养老保险等因素),需求性(Need)因素(如对休闲娱乐活动的需求等因素);(2)健康行为(Health behaviors)维度(如日常体育锻炼习惯等);(3)效果(Outcomes)维度(如湖北居民自我报告的主观幸福感等)。

选用该模型作为本研究的理论框架,有以下四方面原因:其一,该模型自20世纪60年代首次提出以来,先后进行了多次修正,不断改进,在美国及欧洲等国广泛应用于健康研究、医学社会学和公共卫生领域,用于测量与人们健康相关的决定因素(Anderson,2008);其二,将主观幸福感水平作为一种衡量健康结果(Health outcome)的指标是合理的,因为主观幸福感是个体对其整体生活状况的综合判断(Veenhoven,1984:1-10),能够在一定程度上反映其自我感知到的健康状态;其三,该模型将可能影响健康状态的多种因素纳入同一个相对成熟、简练的分析框架内,将对接下来的实证分析起到导引性作用,同时这一尝试对于进一步构建本土化的相关理论框架具有参考价值;其四,已有学者运用该模型进行相关研究并获得了实证资料的检验,如伯恩霍特(Baernholdt)等人以该模型为理论框架，使用"2005—2006年美国国家健康和营养监测调查数据库"进行了统计分析，考察了环境及个体特征因素、健康行为因素对美国人生活质量的影响(Baernholdt et al., 2012)。

图4-3显示了本研究的理论框架图，而该图中所包含的可能影响因素与西方学者相关研究结果一致。例如，巴比时等人(Babitsch et al., 2012)系统回顾了1998年至2011年间发表的、明确使用了Anderson健康行为模型为理论框架的实证分析论文，结果发现：(1)较多论文使用了性别、年龄、婚姻状况、教育水平和种族作为诱因性影响因素；(2)收入水平、健康保险、支持与照顾、社会经济地位等因素也常被作为赋能性影响因素；(3)较多研究将自我评估/感知(self-reported/perceived)的健康状况作为表征健康需求的因素。而下文还将针对本研究的各项假设，回顾以我国居民为研究对象的相关研究成果，并以此作为使用该理论框架的经验依据。由此可见，该理论框架本身能够得到既有实证调查

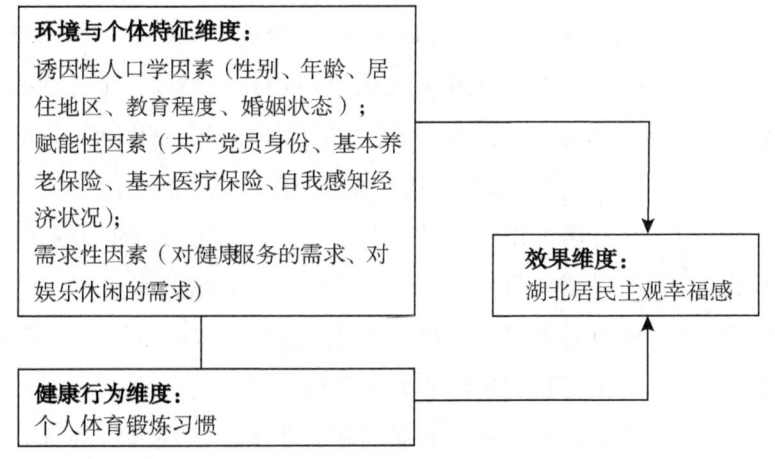

（注：该理论框架在Anderson健康行为模型基础上进行了适当调整。原始模型在环境及个体特征维度中包括有健康组织和社区特征等因素，同时连接上述三个维度的箭头是双向的，以表示相互之间具有反馈作用。然而，本研究主要关注的是个体层次因素对于湖北居民主观幸福感的单向影响，因此图4-3中的箭头是单向的。）

图4-3 湖北居民主观幸福感影响因素理论框架

的证据支持，因此图中所包含的可能影响因素是有针对性选取的，从而避免了影响因素选取的随意性。

基于上述理论框架，接下来将分别针对诱因性人口学因素、赋能性因素、需求性因素和健康行为因素等四类可能的影响因素，同时结合现有以我国人口为研究对象的相关实证分析结果，提出对应的研究假设。

(一) 诱因性人口学因素

本研究将诱因性人口学因素具体化为五个人口学变量，即性别、年龄、居住地区、教育程度和婚姻状况。既有实证研究结果显示出主观幸福感与这五类变量相关：(1) 我国男性相对于女性而言会自我报告更低水平的主观幸福感(Wang & VanderWeele, 2011; Zhao, 2012)；(2) 对我国城市人口的分析结果表明年龄和主观幸福感之间呈现 U 字形关系，即以 46 岁为拐点，在 46 岁以后随着年龄的增加主观幸福感也随之增加(Liu & Shang, 2012)；(3) 居住在我国城市的老年人相对于居住在农村的老年人而言具有更高的生活满意度得分(Li et al., 2008)；(4) 教育水平与我国人口主观幸福感之间呈现出正相关关系(Li et al., 2008)；(5) 在我国城市，已婚居民会自我报告更高的主观幸福感水平(Wang & VanderWeele, 2011)。与这些相关研究结果相一致，本研究提出以下假设：

假设 a-1：女性居民相较于男性而言会具有更高的主观幸福感；

假设 a-2：居民年龄与主观幸福感之间呈现 U 形关系；

假设 a-3：城市居民相较于农村居民而言会具有更高的主观幸福感；

假设 a-4：受教育程度越高的居民会具有更高的主观幸福感；

假设 a-5：已婚且配偶健在的居民相较于其他居民而言会具有更高的主观幸福感。

(二) 赋能性因素

本研究中的赋能性影响因素有共产党员身份、基本养老保险、基本医疗保险及自我感知的经济状况。现有相关研究表明：(1) 在我国，共产党员身份所带来的优越感会帮助产生更高主观幸福感(Wang & Vander Weele，2011；Zhao，2012)；(2)具有经济保障(如养老保险、医疗保险等)的人会产生更高的主观幸福感(Li et al.，2008)；(3)现有社会经济地位对于我国人口幸福感评分有显著影响(Zhao，2012)，此外我国城市居民的主观幸福感与所预期的未来经济地位之间呈现出显著的正相关关系(Liu & Shang，2012)。基于这些前期研究结果，本研究提出以下假设：

假设 b-1：有共产党员身份的居民会具有更高的主观幸福感；

假设 b-2：有基本养老保险的居民会具有更高的主观幸福感；

假设 b-3：有基本医疗保险的居民会具有更高的主观幸福感；

假设 b-4：自我感知经济状况越好的居民会具有更高的主观幸福感。

(三)需求性因素

本研究将需求性因素划分为两个方面：一是居民对健康服务的需求，以自我评估的健康状况为表征，自我评估健康状况越高则指向居民对健康服务需求越低(因为一般而言，个人在感到健康状况不好时才会更加需要健康服务)；二是居民对娱乐休闲的需求，以参与各类娱乐休闲活动的频率为表征，频率越高则指向居民对娱乐休闲需求越强烈。相关研究结果表明，居民的健康状况以及娱乐方式会对主观幸福感产生明显影响(唐丹等，2006；李莫訨等，2011)。参考上述发现，本研究提出以下假设：

假设 c-1：对健康服务需求越低的居民(即自我评估健康状况越好的居民)会具有更高的主观幸福感；

假设 c-2：对娱乐休闲需求越高的居民(即参与娱乐休闲活动频率越高的居民)会具有更高的主观幸福感。

(四)健康行为因素

日常锻炼等健康的行为习惯能够帮助改善健康状况和生活满意度(Anderson，2008)。一项以扬州市居民为调查对象的研究表明，更多地

参与体育锻炼能够帮助减少孤独感,进而显著提升主观幸福感(陈爱国等,2010)。参考该项研究结果,笔者提出以下研究假设:

假设 d-1:参与体育锻炼越频繁的居民会具有更高的主观幸福感。

二、分析变量的操作化

本节使用的统计资料来自 2010 年中国综合社会调查(CGSS 2010)在湖北地区的调查数据。依据 CGSS 官方提供的抽样说明,可以了解到该项调查"采用多阶分层概率抽样设计,其调查点覆盖了中国大陆所有省级行政单位。在全国一共抽取了 100 个县(区),加上北京、上海、天津、广州、深圳 5 个大城市,作为初级抽样单元。其中在每个抽中的县(区),随机抽取 4 个居委会或村委会,在每个居委会或村委会又计划调查 25 个家庭,在每个抽取的家庭,随机抽取一人进行访问";"在抽取初级抽样单元(县区)和二级抽样单元(村委会和居委会),利用人口统计资料进行纸上作业;而在村委会和居委会中抽取要调查的家庭时,则采用地图法进行实地抽样;在家庭中调查个人时,利用 KISH 表进行实地抽样。"鉴于本研究关注的是湖北地区,故而从该数据库中按照省国标编码筛选出湖北地区受访者作为分析对象,最终获得 619 个样本用以进行统计分析。

因变量及其操作化:

本研究关注的因变量为湖北居民的主观幸福感。CGSS 2010 中有一项调查问题为:"A36. 总的来说,您认为您的生活是否幸福?",备选项为"很不幸福——1;比较不幸福——2;居于幸福与不幸福之间——3;比较幸福——4;完全幸福——5"。在所有分析样本中(N = 619),选择"很不幸福"、"比较不幸福"以及"居于幸福与不幸福之间"的受访者占 34.4%,而选择"比较幸福"和"完全幸福"的受访者则占 65.6%,为了更好地区分幸福感的强弱与否,本研究把回答"完全幸福"和"比较幸福"的受访者归为一类,即认为他们具有"较强主观幸福感",重编码为"1";把选择其余选项的受访者归为一类,即认为他们具有"较弱主观幸福感",重编码为"0"。

自变量及其操作化:

诱因性人口学变量。年龄变量除了引入原数据以外,还加入了"年龄平方×100"变量以考察年龄与主观幸福感的非线性关系。性别、居住地区、教育程度和婚姻状况分别进行了重编码,具体为:性别(1=男性,0=女性);居住地区(1=城市,0=农村);原问卷中将教育程度细分为13类,本研究则对其重编码为三类,即将"没有受过正规教育"、"私塾"及"小学"定义为"小学及以下"教育程度,将"初中"、"职业高中"、"普通高中"、"中专"、"技校"定义为"初高中与中专技校"教育程度,将"大学专科(成人高等教育)"、"大学专科(正规高等教育)"、"大学本科(成人高等教育)"、"大学本科(正规高等教育)"及"研究生及以上"定义为"大专及以上"教育程度,并分别进行了0-1虚拟变量编码,选取"小学及以下"教育程度为参照组;婚姻状况(1=已婚有配偶,0=其他婚姻状况),其中"其他婚姻状况"包括从未结过婚、同居、分居、离婚、丧偶等情形。

赋能性变量。本研究的赋能性因素主要包含共产党员身份、基本养老保险、基本医疗保险及自我感知的经济状况。具体而言,本研究对"共产党员身份"、"基本养老保险"、"基本医疗保险"三个变量进行了0~1重编码,"1"分别表示"是共产党员"、"有基本养老保险"、"有基本医疗保险",而"0"则分别对应于"不是共产党员"、"没有基本养老保险"、"没有基本医疗保险"。

对于自我感知的经济状况,本研究使用了原问卷中这道题目:"A64. 您家的家庭经济状况在当地属于哪一档?"备选项为:远低于平均水平-1,低于平均水平-2,平均水平-3,高于平均水平-4,远高于平均水平-5。笔者将"高于平均水平"及"远高于平均水平"归为一类,重命名为"自感经济状况高于平均水平",同时将"平均水平"、"低于平均水平"分别作为一类,重命名为"自感经济状况等于平均水平"、"自感经济状况稍低于平均水平",并对上述三类分别进行0-1虚拟变量编码,选取"远低于平均水平"为参照组。

需求性变量。如前所述，本研究包含的需求性因素有两个：一是对健康服务的需求，以湖北居民自我评估的健康现状为表征，健康现状越差表示需要更多的健康服务；二是对娱乐休闲的需求，以居民参与娱乐休闲活动的频率为表征，参与频率越高表示对于娱乐休闲的需求越强烈。健康服务需求变量使用了CGSS 2010问卷中关于"个人健康状况"的自我评价这一问题，备选项为"1-很不健康、2-比较不健康、3-一般、4-比较健康、5-很健康"。笔者将"比较健康"和"很健康"两个选项分别进行0-1虚拟变量编码，将余下的三个选项一并视为参照组。

娱乐休闲需求变量使用了问卷中的这个问题："A30. 过去一年，您是否经常在空闲时间从事以下活动？"本研究选取了以下11类活动：看电视或者看碟，出去看电影，逛街，读书，参加文化活动（比如听音乐会，看演出和展览），与不住在一起的亲戚聚会，与朋友聚会，在家听音乐，观看体育比赛，做手工（比如刺绣），上网。将对这11类活动频率的回答重编码为"1=从不"、"2=一年数次或更少"、"3=一月数次"、"4=一周数次"、"5=每天"，然后将这11类活动频率赋值相加然后除以11，得到一个新变量"平均娱乐休闲活动频率"，活动频率越高对应于娱乐休闲需求越强。这个新变量可能的取值范围是1至5，取值大于或等于3定义为"高娱乐休闲需求"，取值大于等于2且小于3则定义为"中等娱乐休闲需求"，将这两类分别进行0-1虚拟变量编码，并将取值小于2的"低娱乐休闲需求"样本作为参照组。

健康行为变量。根据Anderson的描述，健康行为是指有助于维持和促进个人健康状态的个人健康实践（Anderson，2008）。本研究将健康行为操作化为参加体育锻炼频率。CGSS 2010问卷中有一个问题涉及"参加体育锻炼"的频率，将备选项重编码为"1=从不"、"2=一年数次或更少"、"3=一月数次"、"4=一周数次"、"5=每天"，将取值为4和5的样本归为"高频率体育锻炼"一类，将取值为2和3的样本归为"低频率体育锻炼"，对这两个变量进行0-1虚拟变量编码，并将取值为1

的"从不参加体育锻炼"样本作为参照组。

表4-8给出了本研究涉及的主要变量在进行数据处理后的统计描述。

表4-8　　　　　主要变量的描述性统计（N=619）

变量	变量取值	均值	标准差
主观幸福感	较强主观幸福感=1 较弱主观幸福感=0	0.6559	0.4755
诱因性人口学变量			
性别	男性=1；女性=0	0.4750	0.4998
年龄	取值范围：18至88	48.9047	13.8766
居住地区	城市=1；农村=0	0.5816	0.4937
教育程度（参照组：小学及以下程度为）	初高中及中专程度（0，1）	0.5250	0.4998
	大专及以上程度（0，1）	0.0533	0.2248
婚姻状况	已婚有配偶=1；其他情况=0	0.8449	0.3623
赋能性变量			
共产党员身份	是=1；不是=0	0.0937	0.2917
基本养老保险	有=1；没有=0	0.3360	0.4727
基本医疗保险	有=1；没有=0	0.8659	0.3410
自感经济状况（参照组：远低于平均水平）	高于平均水平（0，1）	0.0695	0.2545
	等于平均水平（0，1）	0.4927	0.5004
	稍低于平均水平（0，1）	0.3344	0.4722
需求性变量			
健康服务需求 （自我评估的健康状况）	取值范围：1至5	3.3200	1.0860
娱乐休闲需求 （平均娱乐休闲活动频率）	取值范围：1至3.73	1.9796	0.4907
健康行为变量			
体育锻炼频率	取值范围：1至5	1.8250	1.2748

三、主观幸福感影响因素的 Logistic 回归分析

本节拟采用Logistic回归模型来考察湖北居民主观幸福感影响因素。

Logistic 模型又被称为对数比率回归，是对多元线性回归的进一步发展，能够处理因变量为二分定类变量时的回归问题。与基于一般最小二乘法（OLS）或加权最小二乘法（WLS）的传统线性概率模型（linear probability model）相比，它至少有两个方面的优势：第一，线性概率模型的因变量取值范围不能控制在 0 和 1 之间，这与概率值应大于 0 而小于 1 的限制不相符，而 Logistic 模型通过构造概率函数"$p = 1/[1+\exp(-\sum B_i X_i)]$"有效解决了这一问题；第二，在线性概率模型中，自变量的边际作用只是一个常数 B，无法有效反映边际效用递减规律，而在对数比率回归模型中自变量对因变量的作用不再是简单的线性关系，使得模型与实际情况更为相符（郭志刚，2006：177-181）。

在进行 Logistic 回归分析时，采用的是 SPSS 统计软件中的二分类对数比率回归（Binary Logistic regression）。首先，将"主观幸福感"作为模型将要考察的反应变量，该变量以"较强主观幸福感"（$Y=1$）和"较弱主观幸福感"（$Y=0$）的二分变量形式表示；其次，设定用以解释因变量的各种特征因素，包含诱因性人口学变量、赋能性变量、需求性变量和健康行为变量等四个维度，用"$x_1, x_2, \cdots, x_n$"分别表示。如果用 p_i 表示幸福感较强的概率，$1-p_i$ 表示幸福感较弱的概率，那么：

$$p_i = F(y) = F\left(\beta_0 + \sum_{j=1}^{n}\beta_j x_{ij}\right) = 1 \Big/ \left\{1 + \exp\left[\left(-\beta_0 + \sum_{j=1}^{n}\beta_j x_{ij}\right)\right]\right\}$$

最后，将 $p_i/(1-p_i)$ 进行对数转换，则各因素对因变量的影响通过以下模型估计出来：

$$Ln\left(\frac{p_i}{1-p_i}\right) = \beta_0 + \sum_{j=1}^{n}\beta_j x_{ij}$$

另外，在具体分析操作中，诱因性人口学变量在以往研究中通常被视为控制变量，因此将这一维度变量放入模型 1 中作为基准模型；随后在基准模型 1 基础上，分别放入赋能性变量、需求性变量和健康行为变量，构成模型 2、模型 3 及模型 4，这么做是为了考察在其他维度变量加入基准模型后所解释掉的因变量方差的变化；最后，将四个维度的自变量全部放入模型 5 中，考察模型整体的解释力。

表 4-9 显示了本研究所考察的统计模型分析结果。模型 1 仅包含了

被视为控制变量的诱因性人口学变量,结果发现:湖北居民的年龄每增加1岁,认为自己有较强生活幸福感的优势比减少8.9%,同时年龄的平方项也对幸福感有影响,但是鉴于回归系数趋近于0,笔者认为年龄对生活幸福感的非线性影响并不显著,因此年龄与幸福感之间呈现U形关系的假设a-2并未得到有力支持。其次,与小学及以下文化程度的人相比,初、高中文化程度以及大专及以上文化程度的人有较强生活幸福感的优势比分别增加43.1%、366.6%。此外,已婚有配偶陪伴的人和其他情况的人相比,有较强生活幸福感的优势比上升了154.9%。模型1的结果虽然显示出文化程度和婚姻状况对于湖北居民的生活幸福感有显著影响(假设a-4、a-5在此获得了支持),但基准模型仅解释了因变量变异的6.8%,因此还需要引入其他自变量对基准模型进行改进。

(一)赋能性因素对主观幸福感的影响

在基准模型1基础上继续引入赋能性变量,构成了模型2。模型2中,政治背景以及自评家庭经济状况对湖北居民主观幸福感有显著影响。具体来说,是中共党员的受访者相较于非中共党员,其有较强主观幸福感的可能性将要高出113.7%。对于自评家庭经济状况变量,与感觉"远低于平均水平"这一类别相比,认为自己家庭经济状况"高于平均水平"的人有较强主观幸福感的发生概率高出16倍之多,而认为自己家庭经济状况"等于"或"稍低于平均水平"的人感到较强主观幸福感的可能性则分别高出291.1%和104.2%。可见,对于自己家庭经济状况有越好评价的人,越有可能产生更强的主观幸福感。这些发现支持了假设b-1和b-4。然而,之前预计的基本养老保险、基本医疗保险因素没有对湖北居民主观幸福感产生统计学意义上的显著影响。

将模型2与模型1作比较可以发现,之前在模型1中有显著影响的教育程度变量失去了原有的显著性,而婚姻状况变量虽然保持有显著影响,但其影响力有所下降(优势比由2.549降为2.035),这说明赋能性变量的引入抵消了诱因性人口学变量的影响。此外,模型2对于湖北居民主观幸福感的解释力相较于模型1而言有明显提高(Nagelkerke R^2从6.8%上升至16.1%)。

表 4-9　湖北居民主观幸福感的 Logistic 回归分析（较强主观幸福感＝1）

自变量		模型 1 B (SE)	模型 1 Exp(B) (95% CI)	模型 2 B (SE)	模型 2 Exp(B) (95% CI)	模型 3 B (SE)	模型 3 Exp(B) (95% CI)	模型 4 B (SE)	模型 4 Exp(B) (95% CI)	模型 5 B (SE)	模型 5 Exp(B) (95% CI)
诱因性人口学变量											
性别（参照组：女性）		-0.089 (0.178)	0.915 (0.646-1.296)	-0.118 (0.186)	0.889 (0.617-1.280)	-0.161 (0.184)	0.851 (0.593-1.221)	-0.098 (0.178)	0.907 (0.640-1.286)	-0.174 (0.191)	0.840 (0.577-1.222)
年龄		-0.093* (0.041)	0.911 (0.841-0.987)	-0.084+ (0.043)	0.919 (0.845-1.000)	-0.055 (0.043)	0.947 (0.870-1.031)	-0.098* (0.041)	0.907 (0.836-0.983)	-0.062 (0.046)	0.940 (0.859-1.028)
年龄平方*100		0.000** (0.000)	1.000 (1.000-1.000)	0.000* (0.000)	1.000 (1.000-1.000)	0.000* (0.000)	1.000 (1.000-1.000)	0.000** (0.000)	1.000 (1.000-1.000)	0.000+ (0.000)	1.000 (1.000-1.000)
居住地区（参照组：农村）		-0.254 (0.184)	0.775 (0.541-1.111)	-0.225 (0.195)	0.798 (0.544-1.171)	-0.483* (0.198)	0.617 (0.419-0.909)	-0.297 (0.188)	0.743 (0.515-1.074)	-0.418* (0.210)	0.659 (0.436-0.994)
教育程度（参照组：小学及以下）	初高中及中专	0.358+ (0.202)	1.431 (0.963-2.127)	0.182 (0.215)	1.199 (0.788-1.826)	0.118 (0.213)	1.125 (0.741-1.707)	0.332 (0.204)	1.394 (0.934-2.081)	-0.007 (0.225)	0.993 (0.639-1.543)
	大专及以上	1.540** (0.535)	4.666 (1.635-13.314)	0.449 (0.630)	1.566 (0.456-5.383)	0.895 (0.574)	2.446 (0.794-7.536)	1.478** (0.540)	4.382 (1.520-12.635)	0.164 (0.669)	1.178 (0.318-4.373)
婚姻状况（参照组：其他婚姻状况）		0.936*** (0.252)	2.549 (1.556-4.175)	0.710** (0.266)	2.035 (1.208-3.427)	0.838** (0.259)	2.311 (1.390-3.843)	0.932*** (0.252)	2.540 (1.549-4.164)	0.664* (0.274)	1.943 (1.135-3.324)
赋能性变量											
共产党员身份（参照组：不是共产党员）				0.760+ (0.429)	2.137 (0.922-4.953)					0.730+ (0.436)	2.075 (0.884-4.874)
基本医疗保险（参照组：没有基本医疗保险）				0.194 (0.268)	1.214 (0.718-2.053)					0.160 (0.277)	1.173 (0.682-2.018)
基本养老保险（参照组：没有基本养老保险）				0.088 (0.204)	1.092 (0.732-1.630)					0.012 (0.212)	1.012 (0.668-1.535)

续表

自变量		模型1 B(SE)	模型1 Exp(B)(95%CI)	模型2 B(SE)	模型2 Exp(B)(95%CI)	模型3 B(SE)	模型3 Exp(B)(95%CI)	模型4 B(SE)	模型4 Exp(B)(95%CI)	模型5 B(SE)	模型5 Exp(B)(95%CI)
自我感知经济状况(参照组:远低于平均水平)	高于平均水平			2.836***(0.667)	17.041(4.606-63.044)					2.624***(0.677)	13.793(3.661-51.963)
	等于平均水平			1.364***(0.302)	3.911(2.165-7.064)					1.148***(0.312)	3.151(1.710-5.804)
	稍低于平均水平			0.714*(0.306)	2.042(1.121-3.719)					0.677*(0.316)	1.968(1.059-3.654)
需求性变量											
健康服务需求(自评健康状况)	比较健康					0.860***(0.205)	2.363(1.582-3.530)			0.776***(0.213)	2.173(1.430-3.301)
	很健康					1.404***(0.336)	4.072(2.106-7.875)			1.167***(0.344)	3.211(1.635-6.308)
娱乐休闲需求(平均娱乐休闲活动频率)	高娱乐休闲需求					0.669(0.547)	1.951(0.667-5.706)			0.311(0.608)	1.365(0.415-4.492)
	中等娱乐休闲需求					0.627**(0.221)	1.872(1.214-2.888)			0.554*(0.242)	1.741(1.083-2.797)
健康行为变量											
体育锻炼频率(参照组:从不锻炼)	高体育锻炼频率							0.420(0.297)	1.522(0.851-2.723)	0.053(0.329)	1.055(0.553-2.011)
	低体育锻炼频率							-0.174(0.209)	0.840(0.558-1.265)	-0.280(0.230)	0.756(0.482-1.187)
-2 Log likelihood(-2LL)		765.698		720.035		725.472		762.146		691.604	
Nagelkerke R^2		0.068		0.161		0.151		0.075		0.216	

注:1. +$p<0.10$; *$p<0.05$; **$p<0.01$; ***$p<0.001$(双边检验);Nagelkerke R^2是将当前模型和只包含截距项的模型予以对比,计算出-2LL的改善程度。

2. 系数B是Logit(P)的回归系数,SE表示回归系数的标准误(standard error);Exp(B)被称为优势比或发生比率(Odds ratio);95% CI是优势比的95%置信区间。

(二)需求性因素对主观幸福感的影响

模型3在模型1的基础上引入了需求性变量,用以考察需求性因素对湖北居民主观幸福感的影响。统计结果显示,健康服务需求低的人(即自我评估健康状况好的人)相较于健康服务需求高的人(即自我评估健康状况不太好的人),前者比后者具有较强的主观幸福感的发生概率高出一倍以上(自评"比较健康"和"很健康"这两个虚拟变量对应的优势比分别是2.363、4.072);中等程度娱乐休闲需求的人比起低娱乐休闲需求的人而言,前者拥有较强主观幸福感的发生概率高出87.2%,而高娱乐休闲需求者的主观幸福感则并不显著多于低娱乐休闲需求者,这一发现说明适度的娱乐休闲能够明显增强居民主观幸福感。前述分析结果部分支持了假设c-1和c-2。此外,将模型3与模型1作比较后发现,需求性变量的引入提高了模型的解释力,使Nagelkerke R^2 从6.8%增加到15.1%。

(三)健康行为因素对主观幸福感的影响

模型4在基准模型1基础上引入了体育锻炼频率这一变量,以考察湖北居民的健康行为对主观幸福感的影响情况。结果显示,体育锻炼行为对湖北居民的主观幸福感强弱并没有产生统计学意义上的显著性影响,更频繁地参加体育锻炼并不能明显增加主观幸福感。这一结果否定了假设d-1。此外,引入体育锻炼频率变量的模型4只比基准模型1的解释力提升了0.7%(Nagelkerke R^2 由6.8%上升到7.5%),这也进一步显示出体育锻炼频率变量对于解释湖北居民主观幸福感变异的贡献有限。

最后,把诱因性人口学变量、赋能性变量、需求性变量和健康行为变量全部引入模型中,从而构成了完整模型5。从模型5中可以看到,模型2中赋能性变量所显示出的影响模式在模型5中依然存在:共产党员的政治面貌以及自我感知的家庭经济状况均对湖北居民主观幸福感有显著影响。对于模型5中的需求性因素,健康服务需求(自我评估的健康状况)和娱乐休闲需求(娱乐休闲活动频率)的影响依然具有显著性。

而模型4中体育锻炼频率对湖北居民主观幸福感的不显著影响则继续保持到了模型5中。另外,虽然诱因性人口学变量在本研究中主要被视为控制变量,但应注意到婚姻状况这一变量在所有五个模型中都表现出显著性,这体现出已婚有配偶陪伴的人比起其他婚姻状况的人而言,更有可能拥有较强主观幸福感。总体而言,模型5解释了因变量变异的21.6%,在一定程度上说明了本研究所构建模型的合理性。

(四)分析总结与政策推论

本节的研究基于美国学者Anderson提出的健康行为模型,尝试构建了湖北居民主观幸福感影响因素的理论分析框架,在此基础上利用"2010年中国综合社会调查"(CGSS 2010)数据资料,对湖北居民主观幸福感的影响因素进行了实证分析。研究发现,湖北居民的主观幸福感主要受到赋能性因素、需求性因素影响,主要结论如下:第一,在赋能性因素中,是中共党员、自我感知的家庭经济状况越好的人更有可能产生较强的主观幸福感;第二,在需求性因素中,有较低健康服务需求的人(自我评估健康状况较好的人)以及有适度娱乐休闲需求的人更有可能产生较强的主观幸福感。而健康行为因素并不能对湖北居民主观幸福感产生预期的显著影响。值得指出的是,虽然本研究将诱因性人口学因素视为控制变量,但分析发现婚姻状况变量的影响不容忽视,已婚有配偶陪伴的居民更有可能产生较强的主观幸福感。此外,赋能性因素中通常被认为有重要作用的经济保障因素(有无养老保险与医疗保险)则对湖北居民主观幸福感没有产生明显影响。

进一步分析研究结果,可以看出婚姻状况、自我感知的家庭经济状况以及对健康服务的需求三类变量对于湖北居民的主观幸福感影响特别明显(对应变量的优势比值相对较大)。对于婚姻因素的影响,本研究的结论则与一些西方学者关于婚姻与生活幸福感的关系研究相一致(参见Glenn,1975;Mastekaasa,1995)。如果从社会学的视角分析,可以将婚姻视为一种包含着经济、情感和潜在生育等内容的独特社会关系,同时直接促成了作为个人活动结果的家庭的产生，并由此对家庭乃至社会的和谐度产生重要影响(李友梅等，2008：16)。而在中国传统文化语境中，完整的婚姻才被认为是生活和睦的状态，而以和为贵的思想则根深蒂固地存在于普通居民观念之中；人们不太愿意生活出现大的波动，希望能够保持家庭完整的状态，从而为居民的日常生活提供稳定和睦的微观人际环境，而这也在一定程度上增加了居民的主观幸福感。

对于感知的家庭经济状况因素，研究结果表明当居民对自家的经济状况有积极评价，即认为现在的经济状况好于社会平均水平，那么他们的主观幸福感则会相对更加强烈，这可以从两个方面来理解。其一，根据嵌入性理论(Granovetter，1985)，人的思想与行动是嵌入在真实的、正在运作的社会关系系统之中，感觉自家的经济状况好于周围人的平均水平意味着个人在所处的关系系统中处于优势地位，这种优越感对于提升人的幸福感有积极作用。此处顺便指出，我国当前的政治环境也决定了共产党员的身份可以在一定程度上给人带来优越感，这也帮助解释了表4-9中为什么共产党员会具有更高的主观幸福感。其二，上述结论一定程度上验证了多重差异理论(multiple discrepancies theory)(Sirgy et al.，2006)。依据该理论，当我们将自己家的经济状况和社会上的其他家庭作比较，得到的差异若是改善性质的，则会增加对自家经济状况的满意感，进而增加对生活的主观幸福感。还有西方学者研究发现，对于自身境遇状况的正面感受本身要比这一感受的真实与否更重要，这意味着当人们很确定地认为经济状况好于社会平均水平时，这种积极的自信感本身也促进了居民主观幸福感的提升(Diener et al.，1999)。由此还可以推断，湖北居民自我感知的经济状况比起实际的经济状况而言可能更为重要。

健康服务需求因素对于主观幸福感的显著影响则凸显了健康的身体对于普通居民的重要性。如果居民自我评估的健康状况越好，其对于健康服务的需求会相对越低，那么拥有较强幸福感的可能性也会相对更高。这一点再次显示出"健康是福"的道理，同时也是幸福感的重要来源。前文指出的体育锻炼行为因素对主观幸福感影响效果不大，这一点或许可以通过健康服务需求路径来帮助解释。经常参加健身或体育锻炼的人更有可能对自身健康状况有正向评估,也更有可能通过平时加强锻炼来减少对健康服务的依赖,进而帮助提升个人幸福感水平。但这一推测还需今后更严格的实证分析予以证实。

上述结论对于提升湖北居民主观幸福感而言具有一定的政策价值。首先,为了促进人们婚姻关系的和谐化,政府可以在人们所生活的社区等地进一步宣传"家和文化",建立家庭矛盾调解中心,帮助维系夫妻之间的良性互动,减少离婚等婚姻变故的可能性;其次,越来越完善的收入分配体制能够从制度层面进一步促进居民产生更为积极的家庭经济状况认知,因此,政府仍需深入进行收入分配体制改革,在物质和精神上为湖北居民提供更为全面的保障,尤其要对没有配偶陪伴的人予以特别关注,使他们能切实感受到个人经济状况的改善,进而提高他们的主观幸福感;再次,鉴于良好的健康状况和适度参加娱乐休闲活动能够有效提升居民的主观幸福感,政府部门可以在人们生活的社区建造社区健身及娱乐中心,鼓励居民适度参加休闲娱乐活动,减少对健康服务的过度依赖,帮助维持并提高人们的健康状况,从而促使人们感觉生活更加幸福;最后,研究发现基本养老保险和基本医疗保险因素与湖北居民主观幸福感之间不存在显著关系,因此单纯提高社会养老或医疗保险覆盖率等改革措施并不能保证人们过上幸福的生活,而养老及医疗体制改革的着眼点和落脚点还应更多关注于如何切实提升普通民众的主观幸福感。

第三节 "伊斯特林悖论"与湖北居民生活满意度

现阶段,切实提升普通民众的生活满意度①已经成为各级地方政府

---

① 生活满意度(life satisfaction)、主观幸福感(subjective well-being)和快乐感(happiness)都是对个人主观生活质量的测量指标。维黑文曾指出"主观幸福感"通常被认为是个体对于整体生活的持续性满意程度,在这个意义上其与"生活满意度"和"快乐感"是近义词,在很多时候可以互换使用(Veenhoven,2012)。本书将参照这一观点,将相关文献中的生活满意度、主观幸福感和快乐感视为同一类概念。

衡量治理绩效的重要标准(张成福,2016)。民众的主观感受之所以越来越受到重视,主要有以下三方面原因:其一是源于发展理念的转变,人们普遍认识到发展经济的最终目的并非谋求财富的最大化,而是为了获得内心的幸福(Krugman,1998),也因此越来越多的国家(如英国、法国、不丹)将民众的满意度水平作为衡量社会进步的指示器(Helliwell & Huang,2008);其二是由于满意度测量的合理性得到众多经验研究的支持,分析显示个体满意度不仅具有时间上的稳定性(Chamberlain & Zika,1992),受访者自评满意度还与他人对受访者的满意度评价有显著的正向关联(Diener,et al.,2013),而且对于不同国家的居民而言,满意度的决定因素亦表现出一定的同质性(Di Tella & MacCulloch,2008),这些证据表明满意度测量在差异化时空条件下具有较高的信度及效度;其三是得益于神经医学领域的进展,证实了人的积极情绪是与额叶前部大脑皮层的左侧活动相关,而消极情绪则与对应的右侧大脑活动相关(Davidson,2000),类似的发现使得对人的主观感受进行经验研讨存在可靠的科学依据。由此,生活满意度相关研究的可行性与科学性业已获得学界与政界的广泛认可,同时以国民幸福看待发展的新发展观也逐渐成为全球性共识(Helliwell,2006;周绍杰、胡鞍钢,2012)。

一、生活满意度研究中的"伊斯特林悖论"问题

综观国内外主观生活质量方面的研究,不难发现越来越多的学者开始关注民众生活满意度的制约因素,而经济状况则是被讨论最多的一类因素。从经济理性视角出发,经济状况的改善应该能够有效促进居民主观福利的提高;但我国转型期的社会现实是,尽管宏观层面的国民收入及微观层面的个人收入均实现了持续性提升,这些经济成就却并不必然指向更高的居民满意度水平(Brockmann et al.,2009;Easterlin et al.,2012)。这似乎印证了美国经济学家理查德·伊斯特林早在20世纪70年代提出的"伊斯特林悖论":在一个国家内,高收入者的幸福感平均会高于低收入者,但若从群体层面考察,国家的经济增长与国民幸福感

之间并无必然关联(Easterlin, 1974)。

那么,应该如何看待我国出现的"伊斯特林悖论"现象呢?欲理解客观经济条件与居民主观福利之间脱节甚至倒挂这个事实,首先要明确宏观的经济水平之所以能够影响个体生活满意度,正是由于外部经济环境为个体评估自身的生活状况提供了天然的参照标准(Zhou & Xie, 2016)。然而,不同研究围绕这一参照标准的解释结果存在争议,例如:一种观点认为,优越的外部环境为个人提供了更好的生活条件,同时也促使个人对未来的生活充满积极的期望,因而经济环境与生活满意度之间呈现正向相关(Hagerty & Veenhoven, 2003;Stevenson & Wolfers, 2008);另一种观点认为,经济环境越好,居住于其中的个体就更有可能感到自己不如同一环境中的其他人,这种相对剥夺感(Relative Deprivation)则会对生活满意度产生明显的负向作用(Brockmann et al., 2009)。可见,经济因素影响生活满意度的机制不是单一的,故而有必要进一步探讨生活满意度决定模式的多重可能路径。

如果要系统考察不同类型经济因素对生活满意度的影响效应,除了需要宏观的区域统计年鉴资料外,微观的问卷调查数据也必不可少。但囿于微观数据的可获得性,相关论文更多是基于不同国家之间或者一国之内不同省域之间的居民满意度比较(可能因为公开数据库中国家或省一级的样本量才足够用于统计分析),而这么处理实际上是将居民用作参照标准的外部环境范围界定在国家或者省域层面。例如,目前针对我国的相关研究大多选用中国社会状况综合调查(CGSS)、中国家庭追踪调查(CFPS)、中国家庭收入调查(CHIP)以及中国民生指数主观调查(SSCLI)等公开的大规模数据库来分析省级经济状况对居民主观感受的影响(Li & Raine, 2014;Zhou & Yu, 2017;周绍杰等,2015)。虽然这类调查的总样本量很大,但具体抽取的单个区县不仅样本量少,且样本分布较为零散(如一座城市中仅抽取一个样本区县),显然难以用于分析特定地域内相邻各区县经济发展对当地居民的差异化影响。实际上,普通民众对于这种国家或省域层次的结构性不平等(structural inequality)状况并不敏感(谢宇,2010),甚至视其为合理、正当的社会事实(Stolte,1983),而且以基尼系数为表征的宏观经济不平等也并没有导致我国经济欠发达地区居民的强烈不满及"社会火山"的爆发(怀默廷,2009)。由此可以推断,民众或许更加在意自身所处的、更小范围内(如城市内诸行政辖区)的经济发展水平,并以此作为感知宏观经济环境的主要途径,进而对其福利感受施加影响。遗憾的是,目前尚未发现国内学者讨论过城市内相邻辖区经济发展与居民满意度的关系,同时鲜有研究比较了宏观与微观经济因素的相对重要性。

通过对既有文献的梳理,本研究旨在进一步勾勒出经济因素影响生活满意度的综合性分析框架。具体而言,本节先提出一个理论基点,即将"生活满意度"视作涂尔干意义上的一种社会事实,因而除了个人对自身经济状况的感知因素外,它也会不可避免地受到个体所处经济环境与社会结构的形塑。在此基础上,引出三个具体研究问题:第一,更小范围的城市内辖区经济发展如何影响当地居民的生活满意度?第二,在生活满意度的经济决定模式中,辖区经济发展、社会经济地位以及个人对经济状况的心理认知这三类经济因素究竟孰轻孰重?第三,不同经济因素对于生活满意度的影响是否存在群体间异质性?

二、文献回顾与研究假设

在《美国人的生活质量:感知、评价与满意度》中,坎贝尔等人(Campbell et al.,1976:231)指出生活满意度反映了"个人所感知到的愿望(aspiration)与实现(achievement)之间的差距",它不仅由物质性条件所决定,且与个人针对客观条件的主观感受相关联。此后的研究基本延续了坎贝尔的思路,即认为生活满意度是通过比较理想与现实的生活状态,从而形成的个人对整体生活水平的主观、综合性评价(Diener,2000;Veenhoven,2012)。当前,经济学、社会学和心理学领域围绕生活满意度影响因素议题开展了大量实证研究,但不同学科的理解视角存在较大差异。具体来说,经济学家一般将生活满意度等同于效用

(utility),由此对生活满意度影响因素的探讨也就类似于构建效用函数的过程,其中地区 GDP、宏观税负、政府质量等常被当做个人效用的决定性变量(陈刚、李树,2012;田国强、杨立岩,2006;谢舜等,2012;Oswald & Powdthavee,2008)。而在社会学家看来,生活满意度是社会建构的产物,会受到社会经济地位等结构性因素的制约(边燕杰、肖阳,2014;Yuan,2016)。心理学家则倾向于将生活满意度视为积极情绪与消极情绪的组合,同时鉴于外部环境因素的解释方差有限(约15%),于是会更多地关注个体内在的人格或心理特质(外向性、情绪稳定性、向上/向下比较等)对于满意度水平的影响效果(Diener et al.,1999)。本书主要关注不同维度的经济因素对生活满意度的影响机制,在实际分析中则涉及区域经济发展指标(如地区 GDP)、社会经济地位指标(如绝对收入)和心理比较指标(如相对收入),因而需要综合借鉴上述诸学科的前期实证发现。以下将分别基于经济投射论、社会失范论和心理比较论三种理论视角,来系统回顾与本研究有关的文献并提出相应的研究假设(三条解释路径如图4-4所示)。

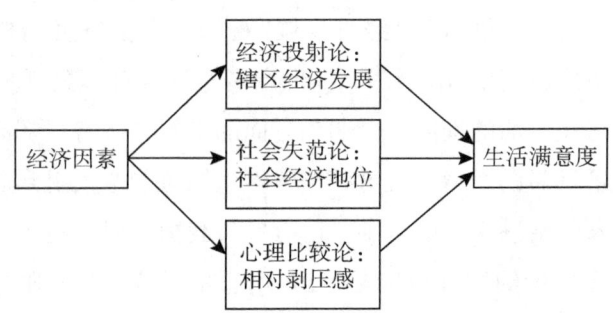

图 4-4 经济因素影响生活满意度的三重路径

(一)经济投射论:辖区经济发展对生活满意度的影响

奥尔波特(Allport,1979:133)在研究偏见(prejudice)成因时提出

了"投射（projection）"理论，指出人们通常会借助于可见的差异化特征来对抽象的、不确定的事物展开认知性判断（如依据种族、性别等外显特征来形成对他者的偏见），这被称做"围绕可见线索的态度凝缩（condensation of attitudes around visible cues）"现象。我们认为，奥尔波特的观点对于考察生活满意度这一认知性判断的形成同样有着借鉴意义：个人能通过日常经历以及社交媒介等途径直观地了解居住地区的经济发展状况（包括教育、医疗保障等公共资源供给，通信、交通等社会基础设施建设，以及国民经济就业环境等），而这种对于外显经济特征的印象则可能会投射到对于自身生活好与坏的主观认知上来（李路路、石磊，2017）。从最为直接的利己主义观点看，人们的主观认知是由其自我利益所决定。因此，对于所处经济环境较好的社会群体，出于避免既得利益受损的考虑，会倾向于维持当前生活状态并对现实生活表示更为满意；相反，对于那些所处经济环境较差的社会群体，则更有可能通过对现实生活的不满来表达改善外部经济环境的诉求。在此，我们拟借用奥尔波特的理论，将宏观区域经济发展在居民心理上的正向投射效应称为"经济投射（Economic Projection）"。

主流的可持续发展观将"经济发展"视为一个多维度的概念，既指代绝对的经济成就（如 GDP 水平），也意指经济与环境的适应度以及经济成就惠及居民生活的程度。上述三方面的宏观经济特征都能构成居民感知区域经济发展的线索，且这种整体性认知可能会投射到居民心理层面并作为判断生活满意度的基础。已有针对我国的研究指出：一定时期内，国民幸福指标的增长可能是 GDP 增长的结果（刘军强等，2012）；而高能耗的生产与消费模式必然会带来区域环境质量的恶化，进而对居民生活满意度产生显著的负作用（曹大宇，2011）；作为一项重要的收入再分配政策，宏观税负水平同样会对居民的主观幸福感产生影响，高税负意味着居民收入在社会财富中的份额减少，从而抑制了居民消费能力及生活质量的提升（谢舜等，2012）。基于对"经济投射效应"以及"经济发展"的理解，本书提出如下研究假设：

假设 1-a：城市辖区 GDP 水平越高，当地居民的生活满意度越高；

假设 1-b：城市辖区单位 GDP 能耗越高，当地居民的生活满意度越低；

假设 1-c：城市辖区宏观税负水平越高，当地居民的生活满意度越低。

(二)社会失范论：社会经济地位对生活满意度的影响

涂尔干(2000：328-332)指出，快速的社会变迁致使社会分工的内容及形式发生显著转变，但与之相适应的制度标准尚未建立起来，从而导致居于其中的民众由于不适应而出现一系列的精神病态(压抑感、无助感、生活不满意等)，他将这种社会现象概括为"失范(anomie)"状态。毋庸置疑，当前飞机、高铁与市内轨道交通的普及促使居民的空间流动变得愈加频繁，互联网与多媒体技术的发展也迫使居民沉浸于信息过载的困境之中，而虚拟、共享经济等城市新业态的出现又引发了新的职业分化与社会竞争的加剧。由于我国城市地区出现了上述社会生活方式的剧烈变迁，因而不可避免地存在着较大的失范风险。

尽管城市中每一位居民都暴露在失范风险之中，但风险分配规律表明，风险本身是依附在阶层模式之上："(收入、权力和教育上的)财富可以购买安全和免除风险的特权"；"处理、避免或补偿风险的可能性和能力，在不同职业和不同教育程度的阶层之间或许也是不平等地分配的"(贝克，2004：36-37)。由此可见，个体的社会经济地位(以收入、教育程度和职业为表征)能够在一定程度上调节失范的负面效应。已有实证分析亦证实，高收入、高教育程度以及高职业声望的人与参照组相比，通常会自我报告更高的生活满意度或幸福感(Clark et al.，2010；Diener et al.，1997；Wang & VanderWeele，2011)，这可能是因为他们所处的社会结构位置相对有利，掌握更多的资源去积极应对潜在的失范风险，从而更少地受到社会结构性变迁所引发的负面情绪困扰(Fried，1982)。基于以上理论及经验资料，我们拟提出如下研究假设：

假设 2-a：居民的收入水平越高，其生活满意度越高；

假设 2-b：居民的教育程度越高，其生活满意度越高；

假设 2-c：居民的职业声望越高，其生活满意度越高。

(三)心理比较论：相对剥夺感对生活满意度的影响

人们在评估自身生活状况时，不仅会考虑个人客观的经济处境，还会与其他人的经济处境加以比较：当与经济条件比自己好的人比较(向上比较)时，就会减弱其生活满意度；而若与经济条件比自己差的人比较(向下比较)，则会增强其生活满意度(Kelly, 1968：199-206)。因此，除了绝对的经济条件外，这种经过心理比较后形成的经济上的"相对剥夺感"也可能对个体的主观福利有显著影响(王湘红，2012)。

在评估心理比较对主观福利的影响效应时，目前学者主要采用以下两种操作化的方式。一种方式是将社会人口学特征上相似的其他人视为参照群体，例如法尔博和施罗德的研究把与受访者居住于同一地区的邻居视为参照群体，结果显示在控制了其他因素后，参照群体的平均收入对于个体生活满意度有负向作用(Firebaugh & Schroeder, 2009)。另一种界定方式是基于相对社会经济地位特征，即将自己与周围其他人加以比较，如果认为自身的地位更低，那么这种比较后的心理劣势会显著降低生活满意度(Wang & VanderWeele, 2011)。本书拟参考以上两种分析思路，提出与相对剥夺感有关的两条假设：

假设 3-a：与参照群体平均收入相比，居民个人收入相对越低，其生活满意度越低；

假设 3-b：与周围人相比，居民自评社会经济地位越低，其生活满意度越低。

(四)户籍隔离、体制庇护与生活满意度的群际差异

城市居民是一个异质性程度很高的社会群体，不同类型居民所处的经济环境、社会结构位置以及对相对收入差距的感知会存在明显差异。

其中，因户籍制形成的农业户口与非农户口群体之分，以及由单位制引致的体制内工作与体制外工作群体之别，有必要给予特别关注。蔡昉等（2001）考察了我国户籍制度与劳动力市场关系后发现，尽管农业户口已不再成为进城务工的准入性障碍，但地方政府在制定相关政策时更加注重于保护本地城市户口居民的就业权利。在分工体系中，农业户口居民也更有可能从事技术含量低、危险性高的体力劳动，在优质职业获得及晋升过程中处于不利地位（吴晓刚、张卓妮，2014）。此外，我国目前仍然保持了国有部门（体制内）与非国有部门（体制外）并存的劳动力市场结构，前者在工资福利、权益保障以及生活关怀等多个维度具有明显优势（蔡昉，1998；李路路，2013；吴愈晓等，2015）；单位类型对收入的影响在市场化改革后也没有完全消失，而是依然存续（Xie & Wu，2008；徐鹏、周长城，2015）。概言之，户口或单位类型不同的居民会拥有差异化的资源要素，这就可能造成对各类经济因素的敏感和重视程度产生分异。基于此，提出如下研究假设：

假设4-a：辖区经济发展、社会经济地位和相对剥夺感对于生活满意度的影响，在农业户口与非农户口群体间存在差异化的效应规模；

假设4-b：辖区经济发展、社会经济地位和相对剥夺感对于生活满意度的影响，在体制内工作与体制外工作群体间存在差异化的效应规模。

三、数据、变量与分析策略

（一）数据来源

在本节研究中，微观层次的数据来自武汉大学社会调查研究中心于2014年开展的武汉市社会状况综合调查。该调查由伊利诺伊州立大学林曾教授牵头组织，是国内为数不多针对特定城市开展的大规模问卷调查。项目组通过与武汉大学遥感信息工程学院合作，引入GIS支持下的空间抽样技术抽取了武汉市2000户受访家庭，同时运用KISH选择表来确定家庭户中的具体受访对象。调查问卷涉及九大方面内容,即:住户成员情况,个人工作状况,家庭经济情况,武汉人城市认同与两型社会建设,幸福感及生活满意度,信任与社会支持问题,社会心态与社会行为,宗教、教育与文化,居住空间调查。此次调查获取的样本覆盖了全市13个行政辖区(江岸区、江汉区、硚口区、汉阳区、武昌区、青山区、洪山区、东西湖区、汉南区、蔡甸区、江夏区、黄陂区、新洲区)、32个街道办事处,共回收问卷1858份(林曾、王晓磊,2016)。本书在数据分析中剔除了关键变量(主要是收入、生活满意度)上有缺失的个案,最终得到1471个有效样本。此外,本书还整理了《武汉统计年鉴2014》中各辖区2013年的经济数据,借此来考察宏观经济因素对居民生活满意度的影响效应。

(二)变量操作化与统计描述

1. 因变量设置及其操作化。本研究的因变量为武汉居民的"生活满意度",在测量时使用了国际上认可度较高的"生活满意度量表(Satisfaction With Life Scale)"。该量表有五个问题,要求受访者在"非常不同意=1"、"不同意=2"、"不太同意=3"、"比较同意=4"、"同意=5"、"非常同意=6"之中进行选择。这五个问题是:总的来说,我的生活和我的理想很接近;我的生活状况非常好;我对我的生活感到满意;我已经得到了我在生活中想得到的重要东西;即使生活可以从头再来,我也没有什么想要改变的(Diener et al., 1985)。该量表在本次调查中的Cronbach's Alpha系数为0.845。

2. 自变量设置及其操作化。本研究的核心自变量是三类经济因素:(1)辖区经济发展因素,使用武汉市13个行政辖区2013年的人均GDP(分区GDP/分区户籍人口数)、宏观税负(分区财政收入/分区GDP)、单位GDP能耗(吨标准煤/万元)三个指标衡量,并在统计模型中取了自然对数,以体现宏观经济因素的边际效应递减趋势(谢舜等,2012);(2)社会经济地位因素,采用个人年收入(取自然对数)、教育年限、职业类型三个指标表征,其中职业类型按照受访者自己对所从事工作的性质判断,分为较高技术要求的工作(职业声望较高)和较低技术要求的工作(职业声望较低)两大类,选择后者为参照组;(3)相对剥夺感因素,使用以下两个指标测量:第一个是受访者自评社会经济地位,使用问卷中的题目"您认为您的社会经济地位在本地大体属于下列哪个层次"来测量,将答案重编码为三个备选项"上或中上"、"中等"、"中下或下",并选择"中下或下"为参照组设置虚拟变量;第二个指标则参考了法尔博和施罗德(Firebaugh & Schroeder,2009)的思路,设计了"相对收入比"这个变量,它等于个人年收入(X_{ij})与同街道居民收入的中位数(X_j)之比,由于$kX_{ij}/kX_j = X_{ij}/X_j$($i$代表个案编号,$j$代表街道编号,$k$是与不同地区居住成本有关的调节系数),因而这种比值形式就将不同地区居住成本的差异性考虑了进来,该比值越大,意味着个人收入水平在同街道居民中处于相对有利位置。此外,本书还参照了已有相关研究的做法,设置了性别、年龄、户口、单位类型(党政机关、国有企事业单位、社会团体及居/村委会定义为"体制内单位",其他为"体制外单位")、婚姻状况、政治面貌、社会保障状况等控制变量。表4-10显示了本研究所涉及变量的描述性统计结果。

表4-10　　主要变量的描述性统计(N=1471)

变量	变量说明	均值(标准差)
生活满意度	生活满意度量表五项之和(5~30)	18.09(4.71)
性别	男性=1;女性=0	0.50
年龄	调查时(2014年)的年龄	47.03(13.96)
户口	农业户口=1;非农户口=0	0.45
单位类型	体制内单位=1;体制外单位=0	0.19
婚姻状况	在婚=1;非在婚=0	0.82
共产党员身份	是=1;不是=0	0.17
社会保障状况	同时有养老和医疗保险=1;其他=0	0.69

续表

变量	变量说明	均值(标准差)
个人年收入	个人2013年总收入(元)	39747.17(74483.18)
教育年限	未上过学=0；小学=6；初中=9；高中/中专=12；大专=15；本科=16；研究生=19	10.81(3.95)
职业类型	较高技术要求=1；较低技术要求=0	0.16
自评社会经济地位	上或中上=1；不是=0	0.06
	中等=1；不是=0	0.47
	中下或下=1；不是=0	0.47
相对收入比	个人年收入/同街道居民收入中位数	1.44(2.53)
人均GDP	各辖区2013年人均GDP(万元)	9.06(3.85)
宏观税负	各辖区2013年财政收入占GDP比重	0.15(0.04)
单位GDP能耗	各辖区2013年能耗(吨标准煤/万元)	0.72(0.60)

(三)模型设定与分析策略

本研究的因变量"生活满意度"是一个定距层次变量，一般运用OLS回归模型来分析它的可能制约因素。但是，考虑到城市内不同街道的经济社会背景会有较大差距，特别是远城区和中心城区的街道发展差异不容忽视，故而拟采用基于最大似然法估计的分层混合效应建模(Multilevel Mixed-Effects Modeling)：第一层是受访个案层次，第二层则是街道层次(本调查提供了受访者所在街道信息)，个案层次模型的截距会随着街道的不同而发生相应的变化(即纳入了随机截距效应)。与前文提出的研究问题相对应，接下来的分析步骤为：(1)运用分步引入变量的分层混合效应模型估计三类经济因素对生活满意度的影响；(2)基于分层混合效应模型的结果，引入海斯(Heise，1972)提出的集束系数(Sheaf Coefficients)来比较三类潜变量经济因素对生活满意度的相对

第三节 "伊斯特林悖论"与湖北居民生活满意度

效应规模大小;(3)以农业户口和非农户口、体制内和体制外单位为分组标准,对样本进行分组,由于分组后在街道层次的分层效应不再显著,不适宜继续使用分层模型,因而换用稳健回归(Robust Regression)方法进行分样本分析(与常规 OLS 回归相比,稳健回归在遇到非正态残差等非理想化数据时会更有效率);(4)在分组的稳健回归模型基础上,继续进行系数集束化处理,以便于发现三类经济因素相对影响效应的群际差异。本书将使用 STATA14.0 进行数据分析,所涉及的统计模型及分析策略具体介绍如下:

$$y_{ij}=\beta_0+\beta_m x_{mij}+\beta_n x_{nij}+\beta_p x_{pij}+\beta_q x_{qij}+\mu_{0j}+\varepsilon_{ij} \quad (1)$$

方程(1)表示在考虑了居住街道(j)因素后,第 i 个受访者的生活满意度(y_{ij})是如何受到不同经济因素的影响。其中,x_{mij} 表示一组辖区经济发展因素,x_{nij} 表示一组社会经济地位因素,x_{pij} 表示一组相对剥夺感因素,x_{qij} 为一组控制因素,β_m、β_n、β_p、β_q 是上述各因素的估计系数,随机截距 μ_{0j} 则反映了受访者生活满意度水平在不同街道之间呈现出的异质性。

为了进一步探究不同经济因素的相对效应规模,在模型(1)基础上引入集束系数技术。我们假设存在三个分别指示辖区经济发展、社会经济地位和相对剥夺感的潜在集束变量 η_1、η_2、η_3,其与三组经济因素 x_{mij}、x_{nij}、x_{pij} 对应关系为:

$$\eta_1=c_1+z_m x_{mij} \quad (2)$$

$$\eta_2=c_2+z_n x_{nij} \quad (3)$$

$$\eta_3=c_3+z_p x_{pij} \quad (4)$$

于是,方程(1)可以改写成以下替代形式:

$$y_{ij}=\beta_0+\lambda_1\eta_1+\lambda_2\eta_2+\lambda_3\eta_3+\beta_q x_{qij}+\mu_{0j}+\varepsilon_{ij} \quad (5)$$

上面各式中,方程(5)是在方程(1)拟合完成后运用迭代法形成的等价模型,m、n、p、q 角标则用于指示四组自变量中的不同测量指标,z_m、z_n、z_p 为事后估计的三套参数,λ_1、λ_2、λ_3 是对应于集束变量 η_1、η_2、η_3 的相互可比的集束系数。

在进行了分层混合模型及相应的集束系数分析之后,继续考察经济因素对生活满意度影响的群体差异性。如前所述,分别构建以农业户口居民、非农户口居民、体制内单位居民和体制外单位居民为分析子样本的四个稳健回归模型(模型设定与常规 OLS 回归类似,因此不展开介绍),并再次使用集束系数法来系统比较各类经济因素的相对作用效果是否存在明显的群际差异。

四、统计分析结果

(一)经济因素对生活满意度的影响效应分析

表 4-11 报告了经济因素影响居民生活满意度的回归模型分析结果。数据显示,四个模型中随机截距的标准差均显著区别于零,且似然比分析结果证实含随机截距的模型相较于只有固定效应的线性回归模型而言有明显改进($p<0.05$),这说明居民生活满意度水平确实会随着所居住街道的不同而变动。此外,各模型也都通过了整体卡方检验,显示出所纳入的自变量对于因变量均有统计学意义上的解释力。

在具体分析中,我们使用了分步引入变量的思路,模型 1 至模型 3 是在控制变量基础上,分别考察辖区经济发展、社会经济地位和相对剥夺感三类经济因素的影响效应,模型 4 则是包含所有考察变量的完整模型。模型 1 显示,如果城市辖区的人均 GDP 越高、单位 GDP 能耗及宏观税负水平越低,那么居于其中的居民的生活满意度则会倾向于越高,由此假设 1-a、1-b 和 1-c 得以证实。

在模型 2 中,当其他因素不变的情况下,城市居民的个人年收入对其生活满意度有显著正向影响(系数为 0.260,$p<0.05$);同时,与低技术要求的职业相比,有较高技术要求的职业从业者也会有更高的生活满意度(系数为 0.996,$p<0.01$)。上述结果支持了假设 2-a 和 2-c。然而,反映人力资本的教育年限因素不仅对因变量没有明显影响,且回归系数为负数,这说明城市居民的生活满意度对受教育程度并不敏感,假设

2-b 受到了驳斥。

从模型 3 中看到，两个相对剥夺感变量的影响效果均与研究预期相一致：个人的相对收入比越大（说明个人收入在同街道居民中处于更有利位置），其生活满意度越高；与周围居民相比，居民自评社会经济地位更高，那么也会在 99%统计水平上表现出更高的生活满意度。因此，假设 3-a 和 3-b 都得到了数据支持。

最后，通过观察包含所有变量的模型 4，可以发现：在辖区经济发展变量组中，三个指标的影响效果和模型 1 相比并没有显著变化；而在社会经济地位变量组中，个人年收入和职业因素的影响系数值及其显著性水平均有明显下降，表明控制了另两类经济因素后，个体的社会经济地位对于生活满意度的作用效应受到了较大限制；在相对剥夺感变量组中，相对收入比指标对生活满意度的影响同样受到了其他经济因素的干扰，但自评社会经济地位的影响效力则基本未被制约。综上，我们认为三类经济因素中，个体社会经济地位对于生活满意度的预测效果最不稳定，会因控制了其他经济因素而发生实质性改变。

此外，四个模型中控制变量的估计效应基本与已有研究相一致，例如，女性、年长、已婚、有中共党员身份的居民会表现出更高水平的生活满意度。但是，在经济因素存在的条件下，社会保障、户口性质和工作单位类型三个控制变量没有对生活满意度产生显著影响。

表 4-11　　估计居民生活满意度的两层混合效应模型

	模型 1	模型 2	模型 3	模型 4
辖区经济发展				
人均 GDP（对数）	0.793** (0.415)			0.834** (0.395)
单位 GDP 能耗（对数）	−0.405* (0.241)			−0.410* (0.229)

续表

	模型1	模型2	模型3	模型4
宏观税负(对数)	-1.707*** (0.627)			-1.381** (0.602)
社会经济地位				
个人年收入(对数)		0.260** (0.134)		0.029 (0.149)
教育年限		-0.016 (0.043)		-0.025 (0.042)
职业类型(较低技术要求=0)		0.996*** (0.373)		0.649* (0.367)
相对剥夺感				
相对收入比			0.077* (0.047)	0.059 (0.054)
自评社会经济地位(中下或下为参照)				
上或中上			2.967*** (0.493)	2.946*** (0.493)
中等			2.268*** (0.242)	2.213*** (0.244)
控制变量				
性别(女性=0)	-0.923*** (0.239)	-1.087*** (0.247)	-0.812*** (0.234)	-0.853*** (0.241)
年龄	0.041*** (0.009)	0.050*** (0.011)	0.049*** (0.009)	0.052*** (0.011)
已婚(未婚=0)	1.380*** (0.323)	1.290*** (0.327)	1.123*** (0.313)	1.043*** (0.318)
中共党员(不是=0)	1.014*** (0.337)	0.906*** (0.348)	0.770** (0.326)	0.795** (0.336)
社会保障(没有=0)	0.361 (0.269)	0.329 (0.269)	0.160 (0.260)	0.157 (0.260)

续表

	模型 1	模型 2	模型 3	模型 4
户口性质(非农户口=0)	0.290 (0.279)	0.466 (0.297)	0.447* (0.263)	0.387 (0.290)
体制内工作(体制外工作=0)	0.248 (0.332)	-0.099 (0.349)	0.150 (0.321)	0.038 (0.339)
常数项	9.707*** (1.907)	12.070*** (1.538)	13.428*** (0.551)	8.678*** (2.429)
随机截距标准差	0.499** (0.176)	0.733*** (0.166)	0.638*** (0.160)	0.456*** (0.173)
样本量	1471	1471	1471	1471

注：括号内是标准误；*表示 $p<0.1$，**表示 $p<0.05$，***表示 $p<0.01$。

(二)三类经济因素影响生活满意度的相对效应比较

以上分析结果虽然证实了三类经济因素确实能在不同程度上制约居民的生活满意度水平，但无法判断哪一类因素的影响效应更大，对提升居民满意度而言更有实效。表 4-12 则基于集束系数方法，估算了作为潜变量的三类经济因素对生活满意度的相对效应规模大小，估计策略可参见 Buis(2009)的介绍。具体结果如下表 3 所示。

表 4-12　　三类经济因素影响生活满意度的效应规模比较

	因变量：生活满意度	
	集束系数值(标准误)	95%置信区间
辖区经济发展潜变量 (人均 GDP、单位 GDP 能耗、宏观税负)	0.405*** (0.136)	[0.138, 0.671]
社会经济地位潜变量 (年收入、教育年限、职业类型)	0.229 (0.130)	[-0.025, 0.484]

续表

	因变量：生活满意度	
	集束系数值(标准误)	95%置信区间
相对剥夺感潜变量 (相对收入比、自评社会经济地位)	1.190*** (0.122)	[0.951, 1.428]
控制变量	已控制	

注：***表示 $p<0.01$。

从表4-12的估计数值中，我们可以判断出三类经济因素整体上都能对生活满意度产生显著影响，但相对作用效果差异较大。具体来说，相对剥夺感的集束系数最大，达到1.190，分别是社会经济地位和辖区经济发展集束系数值的5.197倍和2.938倍。显然，在生活满意度的经济决定模式中，三类经济因素的影响效力排序为：相对剥夺感>辖区经济发展>社会经济地位。

(三)经济因素影响生活满意度的群际差异特征

与前文思路一致，本研究还将继续探索经济因素对生活满意度的影响力是否在不同群体之间呈现出异质性。具体做法是，划分出农业户口居民、非农户口居民、体制内单位居民和体制外单位居民四个分析子样本，并相应地建立四个稳健回归模型来看户籍性质和单位类型在生活满意度的决定模式中所发挥的作用。表4-13的结果表明，不同经济因素对生活满意度的影响存在较大的群际差异，具体反映出以下两个方面的影响规律：

第一，在四个子样本中，相对剥夺感(自评社会经济地位)因素均对生活满意度有稳定的显著影响；相反，社会经济地位因素则在子样本中依旧表现出整体上的弱影响力，这与全样本的分析结论相一致。

第二，辖区经济发展因素在非农户口样本之外的三个子样本中均有明显的影响效应。这一方面显示出该因素对生活满意度的作用还比较稳定；另一方面，也说明辖区经济发展对满意度的促进作用存在户籍选择规律，农业户口居民(以"进城务工人员"为主体)的满意度感知对所处宏观经济环境更为敏感，而城市户口居民的满意度水平则没有受其过多影响。

表 4-13　经济因素影响生活满意度的分样本稳健回归模型

	农业户口样本	非农户口样本	体制内单位样本	体制外单位样本
辖区经济发展				
人均 GDP(对数)	1.400***	0.517	1.039	0.979***
	(0.522)	(0.463)	(0.859)	(0.371)
单位 GDP 能耗(对数)	−0.744**	−0.304	−1.582***	−0.245
	(0.307)	(0.262)	(0.485)	(0.214)
宏观税负(对数)	−2.186***	−0.973	−2.884*	−1.358**
	(0.769)	(0.745)	(1.496)	(0.559)
社会经济地位				
个人年收入(对数)	0.008	−0.014	−1.015	0.125
	(0.203)	(0.251)	(0.688)	(0.155)
教育年限	0.033	−0.066	−0.146	0.024
	(0.063)	(0.064)	(0.122)	(0.046)
职业类型(较低技术要求=0)	0.891	0.369	0.844	1.022**
	(0.638)	(0.483)	(0.707)	(0.482)
相对剥夺感				
相对收入比	0.088	0.029	−0.104	0.049
	(0.080)	(0.080)	(0.326)	(0.056)
自评社会经济地位(中下或下为参照)				

续表

	农业户口样本	非农户口样本	体制内单位样本	体制外单位样本
上或中上	2.869***	3.148***	3.488***	3.185***
	(0.817)	(0.657)	(1.129)	(0.574)
中等	2.027***	2.477***	2.518***	2.306***
	(0.382)	(0.341)	(0.665)	(0.270)
控制变量				
性别(女性=0)	-0.960**	-0.776**	0.054	-1.019***
	(0.399)	(0.326)	(0.638)	(0.270)
年龄	0.078***	0.043***	-0.000	0.073***
	(0.018)	(0.014)	(0.029)	(0.012)
已婚(未婚=0)	1.320***	0.901**	0.222	1.338***
	(0.505)	(0.438)	(0.813)	(0.357)
中共党员(不是=0)	0.925	0.901**	0.706	0.996**
	(0.715)	(0.403)	(0.649)	(0.422)
社会保障(没有=0)	0.019	0.487	0.860	0.026
	(0.381)	(0.389)	(0.745)	(0.288)
户口性质(非农户口=0)			-0.149	0.687**
			(0.738)	(0.322)
体制内工作(体制外工作=0)	-0.066	0.102		
	(0.651)	(0.430)		
常数项	4.609	11.384***	19.488**	5.778**
	(3.148)	(3.465)	(8.382)	(2.423)
模型拟合F检验	7.68***	7.89***	2.50***	15.15***
样本量	658	813	280	1191

注：括号内是调整了群体层次聚集效应后的稳健标准误；* 表示 $p<0.1$，** 表示 $p<0.05$，*** 表示 $p<0.01$。

(四) 三类经济因素相对效应规模的群际差异

为了考察三类经济因素效应规模的群体差异性，本书在上述分样本稳健回归基础上，继续引入集束系数技术对各类因素的效应规模予以量化估计，结果如表 4-14 所示。

表 4-14　　　　三类经济因素效应规模的群际比较

	户籍差异		单位差异	
	农业户口	非农户口	体制内单位	体制外单位
辖区经济发展潜变量				
(人均 GDP、单位 GDP 能耗、宏观税负)	0.681*** (0.183)	0.279* (0.160)	0.994*** (0.294)	0.403*** (0.131)
社会经济地位潜变量				
(年收入、教育年限、职业类型)	0.349 (0.238)	0.205 (0.169)	0.916** (0.442)	0.394** (0.168)
相对剥夺感潜变量				
(相对收入比、自评社会经济地位)	1.131*** (0.192)	1.297*** (0.169)	1.309*** (0.329)	1.239*** (0.134)
控制变量	已控制		已控制	

注：表中报告了潜变量的集束系数及其标准误；* 表示 $p<0.1$，** 表示 $p<0.05$，*** 表示 $p<0.01$。

总体而言，三类经济因素的效应规模排序在子样本中没有发生变化，依然是相对剥夺感>辖区经济发展>社会经济地位，但在不同群体内的效应规模与全样本相比出现了较大分异。在户籍差异方面，辖区经济发展和社会经济地位对非农户口居民的影响力都很低，但在农业户口居民中，前者的影响力是后者的大约 2 倍，这再一次说明农业户口居民会更为在意宏观经济发展状况。在单位类型方面，三类因素对体制内居民的相对效应规模更为接近；相较之下，体制外居民的生活满意度更多受到相对剥夺感的制约，其影响力远大于另外两类经济因素。由此可知，相对剥夺感对生活满意度的影响优势会因居民缺乏体制庇护而表现得更为凸显。下图 4-5 将表 4-13 和表 4-14 中三种经济潜变量对于生活满意度的相对效应规模进行了归纳比较，从中可以更直观地看出不同经济因素对于生活满意度的决定效果差异，由此假设 4-a 和 4-b 得到了实证资料的有力支持。

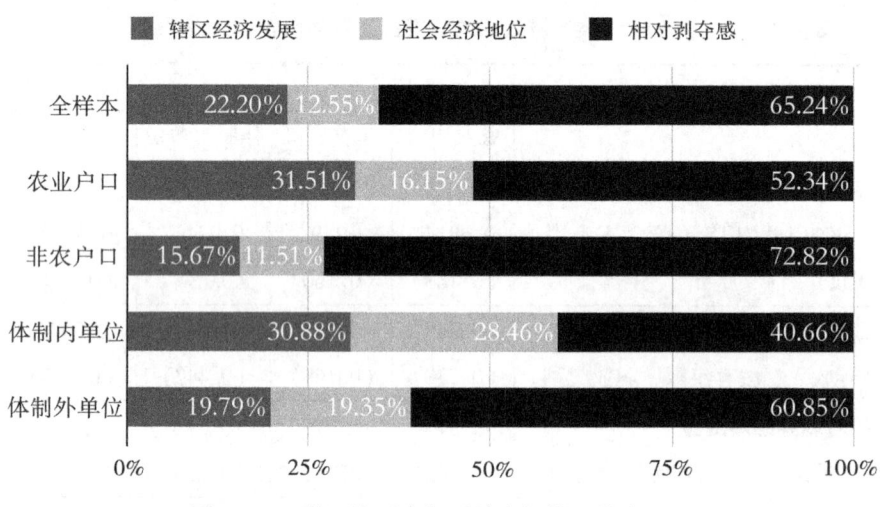

图 4-5　三类经济因素相对效应规模的综合比较

五、结论与启示

本节利用 2014 年武汉市社会状况综合调查资料，对来自全市 13 个行政辖区、32 个街道办事处的 1471 份有效居民样本进行分析，致力于重新反思"伊斯特林悖论"中涉及的经济因素与生活满意度之间的作用关系。与既有研究思路不同，本书将居民所处的宏观经济环境限定在更小范围的市内辖区层面，并首次从经济投射论、社会失范论和心理比较论的多学科视角出发，同时考察了辖区经济发展、社会经济地位和相对剥夺感对居民生活满意度的影响机制。

通过综合运用分层混合效应、稳健回归模型和集束系数技术，得到三个主要结论。首先，如果分开考察辖区经济发展、社会经济地位和相对剥夺感的作用，可以发现三者均对生活满意度产生了与已有研究基本一致的影响效应。其次，当我们将三类经济因素同时纳入回归模型后，发现社会经济地位因素对生活满意度的预测效果受到明显抑制，并通过定量比较得出了三类经济因素的影响力排序，即相对剥夺感>辖区经济发展>社会经济地位。最后，分析还发现城市居民的生活满意度决定模式存在群际差异性，农业户口居民与非农户口居民相比，前者会更为在意宏观经济发展状况，后者则主要受到相对剥夺感影响；相较于体制内居民，体制外居民则由于缺乏体制庇护而更多地受到相对剥夺感的约制。

在理论层面，本节的分析帮助厘清了不同类别的经济因素对生活满意度的相对作用限界，其结论引导我们重新反思"伊斯特林悖论"究竟是否契合我国当下的国情。本节的经验证据表明：居民的社会经济地位优化不再能稳定、显著地提升其生活满意度；相反，宏观的辖区经济发展反而能较为稳定地促进居民主观福利的改善。显然，这一结论与"伊斯特林悖论"的原始表述正好相反。对此，可以从以下两个方面加以解释。其一，正如本节开篇所述，已有相关研究一般考察省级以上层面的宏观经济状况，但个体其实更在意自己实际居住的、能真正"体验"到的辖区层面经济发展水平，故而省域甚至国家的经济水平不太可能是居民生活满意度的决定性因素。其二，从需求层次理论看，城市居民已经普遍从物质生存型需求向发展享受型需求转化，因而个体的社会经济地位等物质变量的相对重要性正在明显下降；与此同时，由社会不平等以及社会机会结构闭合所引致的"相对剥夺效应"则明显拉低了居民的主观满意度水平(李路路，朱斌，2015；李路路，石磊，2017)。在此背景之下，缺乏社会制度庇护的群体(如体制外居民)，以及文化程度相对更高、受教育启蒙效应影响的群体(如非农户口居民)，他们由于对社会不平等现状更为敏感，因而会有更大可能受制于相对剥夺感的负面影响。

在政策层面,本节的研究发现与党中央关于我国社会主要矛盾转化的精确论断相呼应。统计数据显示,当前城市中不平衡、不充分的辖区经济发展在较大程度上降低了落后地区居民的满意度水平,而这一结果也与伊斯特林修正后的观点比较一致,即从短期来看,经济发展与国民幸福感是可以同步变化的(Easterlin et al.,2010)。因此,在新时代背景下,追求美好生活的关键就在于合理、平衡、公平地发展经济:在着力提高地区 GDP 的同时,也要注意控制单位 GDP 能耗,维护好经济与环境的和谐共生关系;同时,还要适度设定宏观税负水平,减少居民的相对剥夺感,进而让发展的成果最大程度地落实到每一位居民身上。唯此,才能切实有效提升居民的生活满意度。

小　　结

在本章中,笔者一方面运用 2003 年至 2012 年间在湖北地区开展的多项社会调查资料,描绘出十年间湖北居民的主观生活质量平均变化趋势;另一方面,还对湖北居民主观生活质量的影响因素进行了统计分析。主要研究发现总结如下:

描述性分析表明,伴随着湖北经济社会的快速发展,整体而言湖北居民的主观生活质量状况是趋于改善的,然而这种改善并非单向线性,而是表现出一定的波动性。接着运用单因素方差分析法,考察了性别、年龄、居住地域、教育程度和婚姻状况等五个人口学变量是否对主观生活质量水平产生影响。统计数据显示,性别、年龄、教育程度和婚姻状况这四个因素可能对主观生活质量具有显著影响,女性、受教育程度较高、已婚有配偶,同时年龄在四十岁以下的青少年群体相较于其他类别居民而言更有可能拥有较高的主观生活质量。

然而,上述结论仅仅是通过单因素方差分析得出的初步判断,并没有控制其他因素的影响。鉴于此,笔者基于美国学者 Anderson 提出的健康行为模型,继续尝试构建了湖北居民主观幸福感影响因素的理论分析框架，并利用"2010年中国综合社会调查"数据资料，对湖北居民主观幸福感的影响因素进行了实证分析。研究发现：在赋能性因素中，是中共党员、自我感知的家庭经济状况越好的人更有可能产生较强的主观幸福感；在需求性因素中，有较低健康服务需求的人（自我评估健康状况较好的人）以及有适度娱乐休闲需求的人更有可能产生较强的主观幸福感；此外，婚姻状况这一人口学变量的影响不容忽视，已婚有配偶陪伴的居民更有可能产生较强的主观幸福感。

在分析了主观幸福感影响因素之后，继续利用2014年武汉市社会状况综合调查资料，从经济投射论、阶层结构论和心理比较论的多学科视角重新反思"伊斯特林悖论"中涉及的经济因素与生活满意度之间的关系。通过综合运用分层混合效应模型和集束系数技术，考察了市内辖区经济发展、社会经济地位和相对剥夺三类经济因素对生活满意度的影响效应，结果显示：社会经济地位对居民生活满意度的决定效果已然式微；通过定量比较，进一步确定了三类经济因素的影响力排序为"相对剥夺>辖区经济发展>社会经济地位"。以上结论对于重新审视我国的"伊斯特林悖论"现象以及帮助提升国民生活满意度具有启示意义。

还需强调的是，在上述实证分析结果中，"自我感知家庭经济状况"以及"相对剥夺感"这类心理体验性因素的影响效果尤为显著，而这些发现将引导笔者在下一章中集中探讨体验性因素对于主观生活质量的重要性问题。

第五章 经济理性与体验理性孰轻孰重：主观生活质量影响机制探析

在前面两章中，笔者分别运用统计年鉴资料及问卷调查数据，从客观与主观两个维度分析了湖北居民的生活质量变迁状况，而上述两方面的论述亦构成了当前生活质量研究领域的两类主流分析取向。客观地说，这两种取向的侧重点并不完全一致：客观生活质量研究主要关注群体层面的物质及服务供给因素，是从宏观社会结构层面来考量居民生活质量水平；而主观生活质量研究则更加重视个体层面的生活感受因素，是从微观心理层面来评价居民生活质量水平。有学者指出，正是由于这两类分析取向的关注角度差异，造成了现阶段研究中试图将客观与主观生活质量评价合二为一的尝试难以完满实现（风笑天，2007）。基于此认识，笔者在本书中并不会过多考虑如何将客观与主观生活质量指标整合于一个指标评价体系内，而是换个思考角度来深入探讨客观经济社会因素与主观生活质量的关系问题。更具体而言，针对上一章末笔者提出的研究假说，本章将集中讨论如下问题：经济社会因素的改善是否必然会提升居民的主观生活质量水平？经济社会因素与心理体验性因素对于主观生活质量而言究竟孰轻孰重？为了回答上述问题，下文将分别利用宏观与微观层面的数据进行针对性的统计分析，并对得出的结论给出相应的理论解释。

第一节　宏观经济社会因素与主观生活质量的关系

第三章曾使用宏观统计指标评价了湖北省内17个市(州)居民的客观生活质量水平,发现从纵向来看,湖北各个地区的客观生活质量状况均是趋于改善的。那么,这种宏观经济社会条件的改善是否一定指向湖北居民的幸福感/满意度的提升?以下将以经济、教育这两个民生热点领域为例,选取对应的统计指标来分析宏观经济社会因素与主观生活质量之间的关系。

一、经济因素与主观生活质量

首先来考察湖北宏观经济发展水平与居民整体生活满意度(幸福感)的关系。此处选取人均GDP指标来反映湖北的经济发展状况。依然使用上一章中所涉及的六项湖北地区调查资料,将2003、2005、2006、2008、2010和2012年的主观生活质量均值数据分别与调查年份前一年的湖北人均GDP指标相匹配,从而描绘出二者间的关系图。从图5-1中可以直观地发现,湖北居民的主观生活质量与经济发展之间的关系并不具有明显的规律性:随着人均GDP的增长,湖北居民的主观生活质量均值时而上升,时而回落。更具体地说,人均GDP从2005年的11554元增长到2007年的16386元,主观生活质量均值得分则相应地从2006年的3.19增加到2008年的3.62;而当人均GDP在2007年基础上实现翻倍,增长到2011年的34197.27元时,主观生活质量均值得分却又呈现下降趋势(降至3.45)。由此可见,宏观的经济增长并不一定带来民众平均生活满意度(幸福感)的升高。

此处的结论是通过对湖北这一特定区域纵向比较后得出的,而一些国际间的截面比较研究也能在某种程度上佐证这一观点。例如,著名的"伊斯特林悖论"就曾揭示出这样一种矛盾现象:平均而言,在一个国家内高收入者的幸福水平一般会高于低收入者;但若置于不同国家间的比较框架内，富国与穷国居民的幸福感水平并无太大差异（Easterlin，1995）。这些相关的经验证据表明：绝对的经济收入增长与人们的幸福感/满意度之间并不是必然的正相关关系。

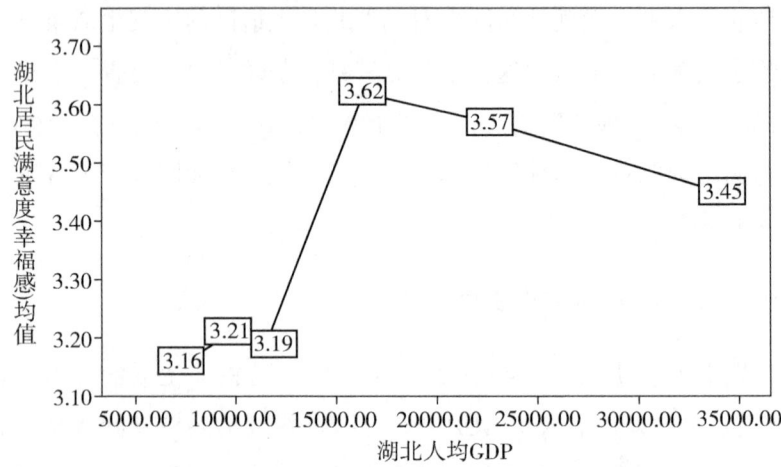

图 5-1　湖北居民满意度（幸福感）均值与调查前一年的人均 GDP

二、教育因素与主观生活质量

教育因素也被相关学者认为是能够对主观生活质量水平产生重要影响的一类社会性因素。此处为了探究湖北宏观教育水平与居民主观生活质量间的关系，将选取"每十万人口高等学校平均在校学生数"①指标来表征湖北的高等教育发展状况，并用 2003、2005、2006、2008、2010 和 2012 年调查所得的主观生活质量均值数据分别与调查年份前一年的该指标数据相匹配，从而得到反映二者间相关关系的线状图。如图 5-2 所示，尽管每十万人口高校平均在校学生数从 2002 年的 1031.42 人稳

---

①　"每十万人口高等学校平均在校学生数"是使用《湖北统计年鉴》中对应年份的高等学校在校学生数除以湖北省人口总数而得到。该指标也在《湖北省教育事业发展"十二五"规划》中被用以反映湖北教育事业发展情况。

步上升至 2011 年的 2327.71 人,从高等教育维度体现出湖北整体教育水平的进步;然而,同期的湖北居民主观生活质量水平依旧表现出无规律的波动。由此可以初步判断,我们无法用湖北地区宏观教育发达程度来有效预测该地居民平均的主观生活质量水平。

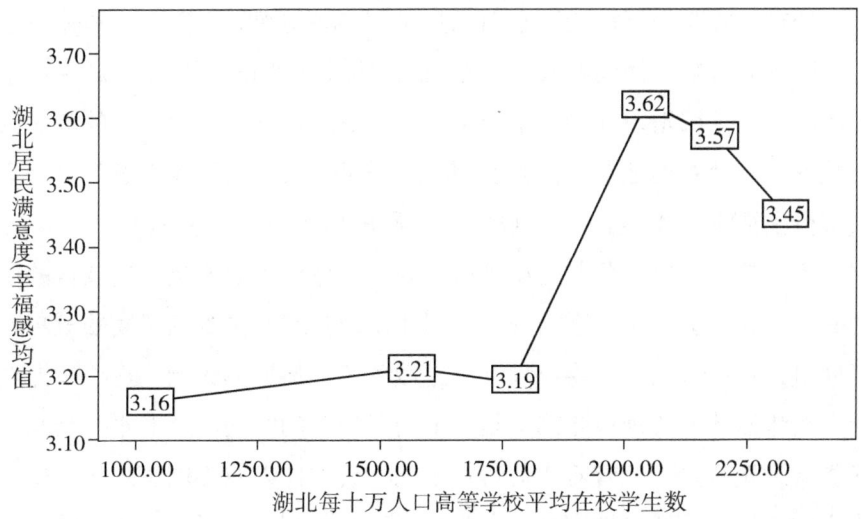

图 5-2　湖北居民满意度(幸福感)均值与调查前一年的高校平均在校学生数

笔者认为,教育水平反映的是人力资本状况,而将教育因素与主观生活质量联系起来其实也是基于人力资本对经济收入的促进作用这一理论假说;亦即人力资本积累越多,获得更多经济回报的可能性越大,而财富的增加则会促进幸福感的产生。但之前的分析已经指出宏观经济增长与幸福感之间并不是单向线性关系,因此对于图 5-2 中反映出的宏观教育发展与居民主观生活质量均值之间的关系也应在意料之中。其实,微观层面针对个体的问卷调查也同样揭示出教育因素对主观生活质量预测的不稳定性,例如:虽然有一些调查分析指出,文化程度越高的人会具有更高的生活幸福感/满意度,但是也存在调查数据与这一结论相悖(尤其是在控制了其他变量条件下,教育因素的作用效果会被削弱);

此外，还有学者发现未接受过正规教育者有可能比其他受过教育者更加幸福，从而产生所谓的"快乐奴隶"现象(王培刚、李智，2012)。总之，教育因素同经济因素一样，与主观生活质量水平之间并不存在必然的正向相关性。

通过对宏观经济、教育指标与主观生活质量之间关系的分析，笔者认为外在的客观经济社会因素对居民的平均幸福感/满意度水平并不一定产生正向影响，而能够决定幸福感/满意度水平的更有可能是内在于个体的体验性因素。在接下来的两节中，笔者将分别运用相关的截面调查数据，有针对性地考察体验性因素对居民公共生活领域满意度以及个人整体生活满意度这两类主观生活质量的影响效果。具体而言，一方面，将以湖北居民对公共生活领域的满意度评价为因变量，更具目的性地探析外在社会地位因素与内在心理体验因素对于主观满意度的影响孰轻孰重；另一方面，还将以武汉市进城务工人员群体为例，进一步探讨社会弱势群体的心理体验因素是否也会对他们的主观满意度水平具有明显影响。概言之，笔者希望通过对不同社会群体以及不同主观生活质量维度的分析，将体验性因素与主观生活质量之间的关系予以深入的经验性论证。

第二节　社会地位与生活体验：湖北居民公共生活领域满意度影响因素分析

主观生活质量是具有多维内涵的概念，既包括居民对个人整体生活状况的幸福感或满意度评价，也包括对与自身生活紧密相关的各类子领域的主观满意度评价。在上一章中，笔者已经运用实证数据资料考察了湖北居民整体生活幸福感的现状及其影响因素。而在本节中，笔者将继续集中探讨究竟是何种因素能够决定湖北居民公共生活领域满意度水平。毋庸置疑，公共生活领域的民生建设是与居民生活紧密相关的一个方面，而对该领域的主观满意度评价也构成了居民主观生活质量的重要表征

第二节 社会地位与生活体验：湖北居民公共生活领域满意度影响因素分析

之一。

过去三十多年来，中国政府虽向世界展现了持续性经济增长的发展奇迹，却也很难避免隐藏于经济建设背后的社会发展问题：贫富分化、腐败多发、过度城市化、社会公共服务短缺、就业困难、信仰缺失等（胡鞍钢，2010）。在政府与政体合二为一的关系制约下，我国的国家合法性基础往往是基于政府的经济表现、道德表现以及国防能力等全覆盖式的绩效表现（赵鼎新，2006：130）。这样一来，上述社会问题的存在严重考验着我国政府的执政能力，同时也考验着民众对于公共生活领域的满意度。已有研究表明，民众的满意度长期处于低值会增加发生激烈型群体性事件的可能性（李保臣、李德江，2013）。可幸的是，尽管全国各地偶尔会发生小规模冲突事件，但从整体而言我国社会是处于良性运行状态，即使是在发展相对落后的小城镇及农村地区也并未发生大规模社会动乱，这说明我国居民、特别是处于社会底层的居民对于公共生活领域的满意度超出了由现存社会问题所推断的预期水平。为什么现存的社会问题并没有导致民众对公共生活的严重不满？在全球化、民主化进程不断加速以及信息化技术飞速发展的今天，这一问题显然不能从意识形态角度予以简单回应，而应该将普通民众对公共生活相对满意视为一种民意的真实表达，在此基础上，进一步将上述问题的分析重心放到居民自身。而从居民自身为出发点来研究居民对公共生活领域的真实评价，这是以人为本的社会治理理念以及坚持走群众路线的执政方针的核心要求。

一定程度上，居民对公共生活领域的满意度即是居民对与自身生活相关的各类民生工作执行情况的主观评价。当前，中央已经明确强调将群众满意不满意作为衡量政府各项工作的根本标准，这更加凸显了开展公共生活领域民生工作满意度研究的重要意义。学术界在该领域的研究主要集中在以下几个方面：一是对与之相关的新公共管理理论、善治理论等进行梳理，探讨经典理论对现实的指导意义（唐兴霖、尹文嘉，2011；俞可平，2011）；二是宏观政策层面的研究，指出将民生工作满意度作为衡量政府绩效的基本原则、思路和总体方向（徐艳晴、周志忍，2014）；三是涉及民生工作的公众满意度测评模型构建（盛明科、刘贵忠，2006）；四是在实证分析层面，考察"汶川地震"等突发事件背景下当地居民对政府应急处置的满意度评价（白新文等，2009；唐兵、郭伟，2011）。通过对既有文献的梳理，笔者发现虽然与民生工作满意度相关的研究已有一些，但是鲜有以湖北居民公共生活领域满意度为研究内容的成果，而这既不利于掌握湖北居民对于各类民生工作的评价现状，也不利于有针对性地开展以建设"幸福湖北"为目标的政策改革。为了对现有研究予以必要补充，本节将以湖北居民为研究对象，首先阐述与满意度研究有关的"双因素"理论分析框架，在此基础上提出对应的研究假设；然后利用"2011年中国社会状况综合调查（CSS 2011）"①在湖北地区的调查数据，对研究假设进行实证检验，进而指出何种因素对于公共生活领域民生工作满意度的影响更为显著；最后对研究结论所反映出的理论和政策价值予以进一步探讨。

一、公共生活领域满意度影响因素分析框架

赫兹伯格（Herzberg）曾系统阐述企业环境下影响员工满意度的"双因素理论"（two-factor theory），又称"激励-保健理论"（motivation-hygiene theory），这成为满意度研究领域的经典理论。激励因素是与个体发展与成就相关、能给予人积极满意感（positive satisfaction）的因素，如责任感、个体认知等；而保健因素则是与外部条件相关，主要作用是防止给人带来不满意感（dissatisfaction），如工资、地位、工作环境等因素（参见 Herzberg，1966）。笔者认为，"双因素理论"不是只适用于对员工满意度领域，而是对于其他涉及满意度的研究也有一定的适用性。基于此，笔者将借鉴上述理论的核心思想，结合本书研究主题，把影响公共

---

① 本研究使用数据来自中国社会科学院重大项目《2011年中国社会状况综合调查》（CSS2011）。该调查由中国社会科学院社会学研究所执行，项目主持人为李培林。笔者感谢上述机构及中国社会科学院调查与数据信息中心提供数据协助，本书内容由作者自行负责。

第二节　社会地位与生活体验：湖北居民公共生活领域满意度影响因素分析

生活领域满意度的因素划分为两类：一类是内在于个体、主观性的个人生活体验，类似于"激励因素"，强调心理性因素对满意度的影响；另一类是外在于个体、客观性的个人社会地位，类似于"保健因素"，强调结构性因素对满意度的影响。本研究试图解释的核心问题是：究竟是结构性的社会地位因素还是心理性的生活体验因素，又或是二者的协同作用共同影响着湖北居民对公共生活领域的满意度。

社会地位一般被认为是反映个体阶层属性的概念，已经获得某一地位或处于某一阶层的人可能会基于自利性考虑而倾向于认同并满足于现有的体制，继而对政府的各项工作产生较高满意度。在统计操作中通常用收入、教育程度以及职业三个指标来对社会地位予以衡量（林曾，2013）。本研究将遵循上述对社会地位的操作化方法。而生活体验因素则主要反映个体对生活及周围环境的主观性评价，是个人在生活经历基础上形成的认知性心理积淀。积极的生活体验认知有可能使个体从心底对公共生活领域的民生工作感到更为满意。本研究将生活体验因素定义为对个人社会经济地位的整体性评价以及对政府和社会的认知性评价。基于以上对相关理论的理解，提出以下研究假设：

客观社会地位因素研究假设：

a-1 居民收入水平越高，越有可能产生更高的公共生活领域满意度。

a-2 居民教育水平越高，越有可能产生更高的公共生活领域满意度。

a-3 居民从事的职业声望越高，越有可能产生更高的公共生活领域满意度。

主观生活体验因素研究假设：

b-1 如果居民自我感知的社会经济地位越高，越有可能产生更高的公共生活领域满意度。

b-2 对于政府和社会现状越具有积极的认知，越有可能对公共生活领域产生更高的满意度。

二、分析变量的操作化

本节分析的数据来自"2011年中国社会状况综合调查(CSS 2011)"在湖北地区的调查数据。通过对该数据库进行筛选,从而获得379个湖北地区的调查样本。表5-1展示了湖北地区样本的地域分布状况。

表 5-1　　　　　CSS2011 湖北地区调查样本地域分布

市(州)	区(县)	样本频数	百分比
武汉市	江夏	64	16.9%
襄阳市	老河口	64	16.9%
	宜城	61	16.1%
	南漳	62	16.3%
孝感市	孝南	64	16.9%
恩施州	来凤	64	16.9%

(一)因变量及其操作化

公共生活领域满意度是指人们对具有公共性的各类民生工作执行情况的主观满意度评价(下文分析时亦简称为"民生工作满意度")。CSS 2011 问卷中有一道题为"G4 您认为现住地地方政府下列方面的工作做得好不好?",其后有11道题目从不同方面询问受访者的评价,经过反转编码后的满意度得分为:很好=4、比较好=3、不太好=2、很不好=1。鉴于政府工作涉及的方面比较多,本研究将采用因子分析法对这11个变量进行了降维处理。

表5-2显示了因子分析的结果。KMO样本测度值为0.898,Bartlett球形度检验在0.000水平上保持显著,表明这11个变量的相关系数矩阵不是单位矩阵,适于进行因子分析。通过主成分法提取公因子、同时选用正交旋转法进行旋转变换,得到三个公因子。通过分析这三个公因

子的组成变量,发现公因子 1 包括"为中低收入者提供廉租房和经济适用房"、"扩大就业、增加就业机会"、"政府信息公开、提高政府工作的透明度"、"发展经济、增加人们的收入"四个方面内容,将之命名为"经济与信息公开工作";公因子 2 包括"打击犯罪、维护社会治安"、"保护环境、治理污染"、"依法办事、执法公平"、"廉洁奉公、惩治腐败"等四个方面,将之命名为"环境与治安工作";公因子 3 则包括"提供医疗卫生服务"、"为群众提供社会保障"以及"提供义务教育"三个方面内容,将之命名为"教育、医疗与社保工作"。

表 5-2　　湖北居民公共生活领域满意度的旋转成份矩阵

公共生活领域中的各类民生工作	公因子		
	F1(经济与信息公开工作)	F2(环境与治安工作)	F3(教育、医疗与社保工作)
为中低收入者提供廉租房和经济适用房	0.794	0.139	0.136
扩大就业,增加就业机会	0.776	0.145	0.284
政府信息公开,提高政府工作的透明度	0.754	0.186	0.177
发展经济,增加人们的收入	0.717	0.172	0.246
打击犯罪,维护社会治安	0.094	0.775	0.211
保护环境,治理污染	0.141	0.732	0.216
依法办事,执法公平	0.564	0.613	0.115
廉洁奉公,惩治腐败	0.553	0.609	0.023
提供医疗卫生服务	0.123	0.061	0.821
为群众提供社会保障	0.317	0.247	0.712
提供义务教育	0.191	0.220	0.674
特征值	4.940	1.167	1.042
KMO 值	0.898		
Bartlett 球形度检验	近似卡方 = 1613.935;Sig. = 0.000		

为了进一步区分每一类工作中的满意度分布情况，将经济与信息公开工作涉及的四个变量、环境与治安工作涉及的四个变量以及教育、医疗与社保工作涉及的三个变量得分分别进行加总后取平均值，并重新编码为：平均得分 X 满足"$1 \leqslant X < 2$"为低满意度，赋值为 1；满足"$2 \leqslant X < 3$"为中等满意度，赋值为 2；满足"$3 \leqslant X < 4$"为高满意度，赋值为 3。至此，得到"经济与信息公开工作满意度"、"环境与治安工作满意度"及"教育、医疗与社保工作满意度"三个定序变量作为因变量。

（二）自变量及其操作化

控制变量及其操作化。与研究传统保持一致，笔者在模型中控制了受访者性别、年龄、居住地类型及婚姻状况等人口学变量。其中性别（男性 = 1、女性 = 2）、居住地区（城区 = 1、镇或村 = 2）和婚姻状况（已婚有配偶 = 1、其他婚姻状况 = 2）是三个定序层次变量，因笔者将使用有序回归模型进行数据分析，故而不需对它们进行虚拟变量编码。而年龄则作为定距变量处理。

社会地位变量及其操作化。本研究中，社会地位因素包含收入、教育程度和职业三个变量。收入是受访者个人 2010 年全年总收入，将之取了自然对数作为自变量，同时引入了收入自然对数的平方变量以考察收入与民生工作满意度的非线性关系；对于教育程度编码，问卷中的原始资料为"未上学 = 1、小学 = 2、初中 = 3、高中 = 4、中专 = 5、职高技校 = 6、大学专科 = 7、大学本科 = 8、研究生 = 9"，笔者将之进行再归类，重编码为"大专及以上教育程度 = 1、高中、中专或职高教育程度 = 2、初中及以下教育程度 = 3"。职业变量则在原问卷基础上进行了重编码，按工作单位分为"政府和国有企事业单位 = 1"、"其他非农工作单位 = 2"、"只务农 = 3"以及"无工作 = 4"四类，其中"政府和国有企事业单位"指的是在党政机关、人民团体、军队、社区居委会、村委会等自治组织、国有企业及国有控股企业、国有/集体事业单位工作,"其他非农工作单位"包括集体企业、私营企业、三资企业、个体工商户、协会、行会、基金会等社会团体或社会组织、民办非企业单位。

生活体验变量及其操作化。问卷中有一道题目涉及居民对个人社会经济地位的主观认知:"F7. 您认为您本人的社会经济地位在本地大体属于哪个层次?"对该题的答案进行重编码为"上或中上层次=1"、"中或中下层次=2"、"下层次=3"。

此外,问卷中的"G2. 您在多大程度上同意下列说法?"题目下有考察居民对政府和社会认知的量表,对备选项反转编码后"很同意=4、比较同意=3、不太同意=2、很不同意=1"。采用与上述民生工作满意度因子分析相同的方法,得到三个公因子。表5-3显示了因子分析结果。公因子1包括"很多老板都是靠政府官员的帮助才发财了"、"现在一心为老百姓着想的干部不多了"、"应该从有钱人那里征收更多的税来帮助穷人",将其命名为"居民对执政状况的情绪表达";越是同意对应的说法,表明居民更加敢于积极表达对执政状况的真实看法。公因子2包括"政府搞建设要拆迁居民住房,老百姓应该搬走"、"老百姓应该听从政府的,下级应该听从上级的"、"农民就应该好好种地,不要都进城来打工",命名为"居民对政府依从性";越是同意对应的说法,则表明居民对政府更加依从。公因子3包括"现在有的人挣的钱多,有的人挣的少,但这是公平的"、"在我们这个社会,工人和农民的孩子与其他人的孩子一样,都能成为有钱、有地位的人",命名为"社会公平环境感知";越是同意对应说法,表明居民更加认可社会是公平的。在得到公因子以后,通过成分得分系数矩阵中的因子得分系数计算出3个公因子的得分,进而生成3个新变量作为自变量。

表 5-3　湖北居民对政府和社会认知的旋转成份矩阵

	公因子		
	F1(居民对执政状况的情绪表达)	F2(居民对政府依从性)	F3(社会公平环境感知)
很多老板都是靠政府官员的帮助才发财了	0.794	0.059	0.006
现在一心为老百姓着想的干部不多了	0.778	-0.018	0.134
应该从有钱人那里征收更多的税来帮助穷人	0.694	0.083	0.108
政府搞建设要拆迁居民住房，老百姓应该搬走	0.014	0.790	0.081
老百姓应该听从政府的，下级应该听从上级的	0.051	0.738	0.319
农民就应该好好种地，不要都进城来打工	0.103	0.570	-0.423
现在有的人挣的钱多，有的人挣的少，但这是公平的	0.068	0.111	0.737
在我们这个社会，工人和农民的孩子与其他人的孩子一样，都能成为有钱、有地位的人	0.157	0.054	0.634
特征值	2.046	1.394	1.100
KMO 值	0.633		
Bartlett 球形度检验	近似卡方 = 301.712；Sig. = 0.000		

表 5-4 显示了上述变量在进行数据处理后的描述性统计分析结果。

第二节 社会地位与生活体验：湖北居民公共生活领域满意度影响因素分析

表 5-4　反映样本特征的描述性统计分析结果

变量		频次	有效百分比(%)/均值(标准差)
经济与信息公开工作满意度	低满意度=1	177	46.7
	中等满意度=2	144	38.0
	高满意度=3	58	15.3
环境与治安工作满意度	低满意度=1	133	35.0
	中等满意度=2	195	51.5
	高满意度=3	51	13.5
教育、医疗与社保工作满意度	低满意度=1	38	10.0
	中等满意度=2	171	45.1
	高满意度=3	170	44.9
性别	男	188	49.6
	女	191	50.4
年龄	最小值18，最大值83	379	50.3958(15.2095)
居住地区	城区	163	43.0
	镇或村	216	57.0
婚姻状况	已婚有配偶	318	83.9
	其他婚姻状况	61	16.1
收入取对数	最小值5.91，最大值11.61	309	9.1029(1.0953)
教育程度（受访者中没有研究生）	未上学	51	13.5
	小学	102	26.9
	初中	129	34.0
	高中	36	9.5
	中专	32	8.4
	职高技校	2	0.6
	大学专科	20	5.3
	大学本科	7	1.8

续表

变量		频次	有效百分比(%)/均值(标准差)
职业	政府与国有企事业单位	39	10.3
	其他非农工作	111	29.3
	只务农	101	26.6
	无工作	128	33.8
自评社会经济地位层次	上或中上层次	34	9.0
	中或中下层次	252	66.5
	下层次	93	24.5

注：表中有的样本数量加总数据不完全一致，这是由于部分样本答案缺失；"官员执政状况认知"、"居民对政府依从性"、"社会公平环境感知"三个自变量是因子分析得出的因子值，没有进行描述性分析。

三、社会地位与生活体验对公共生活领域满意度影响效果分析

如上所述，本节考察的因变量"经济与信息公开工作满意度"、"环境与治安工作满意度"及"教育、医疗与社保工作满意度"是三维定序变量，有"低满意度＝1、中等满意度＝2、高满意度＝3"三种取值。因此，将采用有序回归(ordinal regression)模型用于统计分析。有序回归模型有以下一般形式：

$$\text{link}[\gamma_j(X)] = \theta_j - [\beta_1 X_1 + \beta_2 X_2 + \cdots + \beta_m X_m]$$

从表5-4中，可以看出三个因变量的取值分布状况。"经济与信息公开工作满意度"呈现出"取值越低的可能性越大"趋势，因此链接函数(link function)选用了"Negative log-log"；"环境与治安工作满意度"呈现出"取值越高的可能性越大"趋势，因此链接函数选用了"complementary log-log"；而"教育、医疗与社保工作满意度"呈现出"较为均匀分布(取值2和3这两类频次近乎相同)"的趋势，因此链接函数选用"logit"

第二节　社会地位与生活体验：湖北居民公共生活领域满意度影响因素分析

(Chan,2005)。$\gamma_j(x)$是指因变量取值落入 j 或以下类别的累积概率，θ_j是第 j 类取值的阈值(threshold)；X_1至X_m是自变量，而β_1至β_m则对应自变量的回归系数。选用这一回归模型可以帮助避免对优势比(odds ratio)的误读(Wang & VanderWeele,2011)。

具体进行回归分析时，笔者直接将性别、年龄、居住地区和婚姻状况四个控制变量，以及反映客观社会地位与主观生活体验因素的变量同时放入有序回归模型之中，从而判断究竟是何种因素对湖北居民的民生工作满意度更有解释力。

表5-5显示了以民生工作满意度为因变量的三个有序回归统计模型分析结果。阈值(threshold)部分表示的是模型常数项/截距项的相关系数，此处不予过多关注。对于控制变量而言，分析结果显示，年龄越小、居住在城区的居民对经济与信息公开工作满意度会相对更高；城区居民会有更高的环境与治安工作满意度；已婚有配偶的居民对于教育、医疗与社保工作会更加满意。尽管作为控制变量的人口学因素在一定程度上影响着湖北居民对各项民生工作的满意度，但这些因素并不能稳健地对不同类别的民生工作满意度同时有显著影响，因此笔者认为它们不是主要的影响因素，也不是本研究关注的焦点，因此还应该进一步观察其他核心自变量对于因变量的作用效果。

(一)社会地位对公共生活领域满意度的影响

在三个模型中，收入水平对各项民生工作满意度都没有统计学意义上的明显影响，因此假设 a-1 被实证数据所否定。对于教育程度因素，有高中或中专文化程度的受访者对经济与信息公开工作满意度会显著低于初中及以下文化程度的受访者，也就是说文化程度更高可能会指向更低的民生工作满意度，与此同时，教育程度对其他两类民生工作满意度则没有显著影响，这些发现进一步否定了假设 a-2。对于职业变量，国有企事业单位以及政府部门通常被视为是具有较高职业声望的工作单位，但在这些地方工作的人并不会比无工作的人对民生工作更为满意。

此外，仅从事农业工作的居民与没有工作的居民相比，更不可能对经济与信息公开工作以及教育、医疗与社保工作感到满意；换句话说，没有工作的居民更有可能对相关民生工作感到满意。这些发现都与职业声望越高越可能对民生工作满意的假设 a-3 相悖。

对上述研究发现进行总结，可以认为，反映客观、结构性特征的社会地位因素并不能有效预测湖北居民对民生工作的满意度，高收入水平、高教育程度和高声望的职业并不能对居民的民生工作满意度水平产生预期的显著性影响。

(二)生活体验对公共生活领域满意度的影响

为了考察个人生活体验因素对各项民生工作满意度的影响，笔者将继续分析三个模型中的四类生活体验自变量的作用效果。

首先观察模型中关于被访者自我感知的社会经济地位变量。以认为自己的社会经济地位在本地处于"下层次"为参照，感知到自己社会经济地位处于"上或中上层次"的受访者，对经济与信息公开工作和教育、医疗与社保工作会具有更高的满意度水平，而这一结论具有统计学意义上的显著性(参见表 5-5)。可见，如果受访者主观感知到自己有较好的社会经济地位，那么这种积极的生活体验会促进受访者对民生工作更为认同。这一研究结果在一定程度上验证了假设 b-1。

再来分析湖北居民对政府和社会认知因素的影响。如前所述，通过因子分析将居民对政府和社会认知划分为"居民对执政状况的情绪表达"、"居民对政府依从性"、"社会公平环境感知"三个变量。从表 5-5 中的相关数据可以看出，这三个自变量对于三个因变量的影响普遍具有统计意义上的高度显著性(除了"居民对执政状况的情绪表达"对教育、医疗与社保工作满意度影响不明显)。具体而言，更加敢于积极表达对执政状况的真实看法、对政府行为更加依从以及认为当前社会环境越公平的居民，越有可能对各项民生工作产生高满意度。上述发现验证了假设 b-2，即：居民对于政府和社会现状越具有积极的认知，越有可能对民生工作有更高的满意度。

最后考察三个模型的拟合度。表 5-5 的数据显示，三个模型都通过了平行线检验(test of parallel lines)，表明我们使用一套系数来适配三个因变量的所有取值类别这一做法是有意义的，这也肯定了本研究所构建模型的合理性。进一步观察模型适配指数发现，本研究选取的自变量对于三个因变量具有较好的解释力。Nagelkerke R^2 值显示出自变量解释了 26% 以上的经济与信息公开工作满意度方差，而对于环境与治安工作满意度、教育、医疗及社保工作满意度的方差变异解释力也在 15% 左右。由此可见，本研究所构建的有序回归模型在分析民生工作满意度影响因素时具有较好的适用性。

表 5-5 湖北居民公共生活领域满意度的 Ordinal Regression 模型分析

	经济与信息公开工作满意度 B (SE)	环境与治安工作满意度 B (SE)	教育、医疗与社保工作满意度 B (SE)
阈值			
满意度 = 1	4.246 (4.781)	1.553 (3.631)	2.121 (6.031)
满意度 = 2	5.973 (4.784)	3.306 (3.635)	4.912 (6.037)
控制变量			
年龄	**−0.018*** **(0.008)**	−0.007 (0.006)	−0.012 (0.011)
男性 = 1	0.216 (0.187)	−0.093 (0.153)	−0.135 (0.255)
女性 = 2	0	0	0
居住在城区 = 1	**0.474*** **(0.193)**	**0.282+** **(0.168)**	0.150 (0.279)
居住在村镇 = 2	0	0	0

续表

	经济与信息公开工作满意度 B (SE)	环境与治安工作满意度 B (SE)	教育、医疗与社保工作满意度 B (SE)
已婚有配偶=1	0.224 (0.278)	-0.058 (0.214)	**0.680+** (**0.355**)
其他婚姻状况=2	0	0	0
社会地位			
收入自然对数	0.943 (1.072)	0.581 (0.831)	1.081 (1.382)
收入自然对数平方	-0.051 (0.060)	-0.026 (0.047)	-0.062 (0.079)
大专及以上=1	0.548 (0.350)	-0.230 (0.333)	0.764 (0.581)
高中、中专或职高=2	**-0.653**** (**0.236**)	-0.298 (0.199)	0.347 (0.336)
初中及以下=3	0	0	0
政府和国有企事业单位=1	0.079 (0.325)	-0.377 (0.293)	-0.504 (0.498)
其他非农工作单位=2	-0.006 (0.260)	-0.245 (0.226)	-0.300 (0.381)
只务农=3	**-0.475+** (**0.272**)	-0.298 (0.210)	**-0.622+** (**0.350**)
无工作=4	0	0	0
生活体验			
处于上或中上层次=1	**0.639*** (**0.323**)	-0.008 (0.283)	**0.964+** (**0.495**)
处于中或中下层次=2	0.291 (0.217)	-0.084 (0.171)	0.290 (0.281)
处于下层次=3	0	0	0
执政状况情绪表达	**0.241*** (**0.098**)	**0.152*** (**0.072**)	0.156 (0.118)

续表

	经济与信息公开工作满意度 B (SE)	环境与治安工作满意度 B (SE)	教育、医疗与社保工作满意度 B (SE)
居民对政府依从性	0.389*** (0.088)	0.400*** (0.075)	0.220+ (0.118)
社会公平环境感知	0.348*** (0.089)	0.261*** (0.073)	0.334** (0.120)
−2对数似然值	539.647***	546.916***	537.463**
Nagelkerke R^2	0.262	0.173	0.132
是否通过平行线检验	是	是	是

注：+$p<0.10$；*$p<0.05$；**$p<0.01$；***$p<0.001$；B值为0的变量类别被视为参照组。

(三)分析总结与政策推论

前文的分析基于赫兹伯格关于满意度研究的"双因素理论"，将湖北居民公共生活领域的民生工作满意度影响因素划分为外在于个体的客观性社会地位因素与内在于个体的主观性生活体验因素，并利用"2011年中国社会状况综合调查(CSS 2011)"湖北地区数据对上述两类因素影响效果进行了实证检验。研究结果显示，主观性生活体验因素对于湖北居民民生工作满意度有显著影响，而客观性社会地位因素则没有明显影响。这说明湖北居民的民生工作满意度主要源于主观的体验理性，而不是客观的经济理性。这一结论可以从理论和政策两个层面予以进一步探讨。

从理论角度而言，本节研究在民生工作满意度领域对"双因素理论"给予了扩展性解读。赫兹伯格(Herzberg)曾指出个人不会因为工资标准的提高、工作环境的改善而对工作产生高满意度，这些因素只能防止工人不满意，是消极的保健因素；若想切实提高员工的工作满意度，则应该关注个人的成就、发展、认知等方面，这些因素才能有效提高员工的满意度，是积极的激励因素。保健因素是外在于个体的，而激励因素则大多内在于个体，而这两类因素相对独立且并不是处于此消彼长的连续统（continuum）中；也就是说，激励因素使人们有更高的满意度，但这并不意味着因缺乏保健因素而造成的不满意感上升的情形会得到改善。本研究发现，如果个人的生活体验是积极的，包括对自己社会经济地位状况有积极的评价、对执政现状有积极的情绪表达、内心对政府更为认可和依从、认为社会环境比较公平，那么这种积极的生活体验因素就成为了提升民生工作满意度的激励因素，而具有这些生活体验的居民会对民生工作感到更为满意。另一方面，社会地位因素则具有"保健"的性质，拥有更高的收入、教育水平和职业声望并不能保证显著提升居民对民生工作的满意度。总之，无论是赫兹伯格对员工工作满意度的研究，还是本研究对民生工作满意度的研究，都指向了一个共性的结论：满意度是主观性的评价，要想显著提高满意度，则应该更多关注内在于个体的主观体验性因素。从这个意义上讲，本研究借鉴"双因素理论"而得出的分析结论，既是对该理论的一次实证检验，又对该理论的适用领域有了一定程度的扩展。

从政策层面思考，本节分析所得出的结论进一步凸显了以人为本的社会治理理念的重要性。在大力开展"幸福湖北"建设背景下，这些结论对于构建令湖北居民满意型政府而言有着重要的政策指导意义。首先，政府官员应该多深入基层调研居民对生活状况的评价，通过"下基层、接地气"的方式实地了解居民的实际感受。尤其要关注那些感知到自己社会经济状况较差的居民，应该询问他们具体是生活的哪方面落后于社会上的其他人，把收集到的一手资料进行及时整理，有针对性地对工作重心进行调整，找出居民反映的共性问题并进行集中处理。这么做一方面有助于让居民切实感到社会经济地位的改善，另一方面亲民的举措能让湖北居民对政府更加认可和依从，拉进政府和居民之间的距离，而这些都能帮助显著提升居民对民生工作的满意度水平。其次，鉴于营造社会公平环境有助于提升民生工作满意度，因此政府应该深化收入分配改革，提高对农村和小城镇等不发达地区的资源投入，让尚未充分享受到改革成果的居民有机会通过个人努力获得生活条件的明显改善。最后，应该畅通民意表达渠道，使居民能够更加充分表达对官员执政状况的真实想法，进而通过公众监督与制度约束来为官场注入正气，以正气来赢得群众人气，以此树立新时期民众心中的公仆形象，进而提升湖北居民对公共生活领域各项民生工作的满意度。

第三节　湖北进城务工人员城市生活体验与生活满意度

在上文中，笔者基于相关问卷调查资料，探析了湖北居民主观幸福感及公共生活领域满意度的影响因素，并发现即使在控制了其他因素条件下，居民自我感知的家庭经济状况与个人经济社会地位、居民对政府和社会的主观认知等体验性因素对主观幸福感/满意度水平仍然具有显著影响，由此初步验证了在上一章末所提出的研究假说：内在于个体的体验性因素更有可能决定居民的幸福感/满意度水平。

然而，之前的分析主要是基于对普通居民的问卷调查，而并未有针对性地分析以进城务工人员为代表的社会弱势群体的主观生活质量及其影响因素。近年来，生活质量研究领域逐渐开始重视对弱势群体的研究，例如，越来越多的学者对我国老年人、青春期儿童、住院病人、城乡流动人口等具体人群的主观生活质量进行了实证分析（参见 Appleton & Song, 2008; Chen & Short, 2008; Knight & Gunatilaka, 2010; Li & Lau, 2012; Nielsen et al., 2010; Steele & Lynch, 2013; Zhang et al., 2009）。而"用事实说话、关心弱势群体"也构成了社会转型期开展社会学研究的一种趋势转向（林曾，2015）。鉴于此，作为对湖北普通居民主观生活质量分析的补充，接下来两节将继续以流动人口（进城务工员群体)为例,对这一弱势群体的主观生活质量及其影响因素予以深入探讨。

随着湖北城市经济快速发展,进城务工人员群体规模也随之迅速扩张;与此同时,进城务工人员的生活状况业已受到地方政府及社会的广泛关注。那么,湖北城市进城务工人员群体的生活状况如何,城市中的生活体验又是否对他们的主观生活质量也具有显著影响?在下文中,笔者将首先对相关研究成果予以回顾,然后利用2012年武汉市进城务工人员问卷调查资料,来对上述问题予以回应。

一、问题的提出

近年来,伴随着以湖北为代表的中部省份经济实力的稳步提升,越来越多的农村劳动力开始涌向我国中部地区的发达城市。在概念上,这些城市外来务工人员用以泛指那些拥有农村户籍却从事与土地无关的生产活动、且以工资收入为主要生活来源的群体(韩俊强、孟颖颖,2013)。针对这一群体的调查显示,当前他们在城市生活过程中普遍面临劳动强度大、社会保障低、工作环境差、技能培训少等现实困境(国家统计局课题组,2007);与此同时,明显偏低的收入水平也阻碍着这一群体市民化意愿的实现(简新华、黄锟,2007)。而更为深入的结构性剖析表明,进城务工人员城市生活中的困境很大程度上是由于其受到了经济、政治、文化、公共服务以及社会关系等多维度的社会排斥(social exclusion)(江立华、胡杰成,2006;李景治、熊光清,2006);换言之,他们在政治、经济、社会权利等方面遭遇了绝对及相对剥夺(deprivation)(李强,2004)。上述经验与理论分析均指向这样一个社会事实:进城务工人员已逐渐演变为在城市中处于边缘性地位、同时对城市生活缺乏归属感和认同感的弱势群体(刘传江、周玲,2004)。

在我国中部地区,湖北省会武汉市的经济实力可谓是一枝独秀,而这也成为越来越多的进城务工人员选择到武汉工作的重要原因。据武汉市统计局发布的数据显示,2014年武汉全年GDP达到10069.48亿元,首次进入"万亿元俱乐部"城市榜单,并且排在上海、北京、广州、深圳、天津、重庆、苏州之后,位列全国第8位。① 武汉的经济增长主要受到两方面因素的推动:一方面,汽车及零部件、电子信息、装备制造等工业行业的快速发展成为了武汉经济增长的重要驱动力,而这也体现出武汉工业化转型速度的加快;另一方面,与工业化相伴而生的人口非农化转型也加速了武汉的经济成长。据《武汉统计年鉴(2014)》的数据显示,截至2013年底,武汉市非农业人口数为5555992人,占到全市户籍人口总数的67.6%,而人口的非农化则构成了城市非农经济总量扩张的基础(李培林、李炜,2007)。

然而,尽管武汉的人口非农化程度已经比较高,但对于武汉工业化发展而言,依然存在着较大的非农经济领域的劳动力缺口,于是便出现了这样的劳动力供需局面:一方面是武汉的经济发展还需要有更多的劳动力加入到非农经济行业之中,另一方面则是武汉及其周边地区依然拥有相当数量的农村劳动力供给。从本质上说,上述供需状况反映出的是城市工业化进程与人口非农化进程的非同步发展,而正是这种非同步性造成了"进城务工人员"这一半工半农性质的独特社会群体由农村流向武汉等发达城市,并且该群体的规模还呈现出不断增长之势(朱信凯,2005)。

现阶段,政府对于进城务工人员的管理理念正在由计划调控转向促进融入(田北海,2011),这凸显了对进城务工人员城市生活状况加以深入研究的现实性与紧迫性。而随着武汉市经济快速发展以及进城务工人员规模的扩张,针对武汉进城务工人员群体开展相关研究的必要性也在进一步增强。通过梳理近期以武汉进城务工人员为调查对象的学术研究,发现主要包含两类研究成果:一是较为泛化的现状表述性研究,如对武汉市进城务工人员城市居住、文化娱乐、权利保障、社会交往等状

---

① 数据来自"新华网"(http://www.hb.xinhuanet.com/2015-02/16/c_1114385125.htm)。

况进行描述性分析(共青团武汉市硚口区委,2011;金萍,2008;沈涛等,2013);二是着眼于个别因素对武汉进城务工人员生活的影响,如有研究用质性方法分析了进城务工人员手机使用对其社会身份形塑的作用路径(杨嫚,2011),另有研究则关注了进城务工人员收入水平对城市融入程度的非线性影响(孟颖颖、邓大松,2011)。笔者认为,这些研究从不同角度探究了武汉市进城务工人员群体的生活现状,对于促进他们顺利融入武汉城市生活而言无疑具有重要指导意义。

接下来,笔者将充分参考前述相关研究成果,同时利用2012年武汉市进城务工人员问卷调查资料,致力于从以下两个方面对既有研究予以必要补充:一是重点从生活体验(操作化为进城务工人员"自我身份认知"状况)、居住状况以及工作保障状况三个维度对武汉市进城务工人员的城市生活境遇予以描述性分析;二是从生活满意度的视角,探析进城务工人员自我身份认知这一心理体验性因素对于进城务工人员主观生活质量的影响效果,进而得出提升进城务工人员主观生活质量的政策性建议。

二、进城务工人员城市生活体验、居住及工作保障状况的描述性分析

本节研究所使用的数据来自武汉市进城务工人员问卷调查。2012年7至8月间,在武汉大学社会保障研究中心的组织与安排下,经过专项培训的调研员分别赴江岸、江汉、江夏、武昌、青山、洪山、汉阳、硚口等武汉八个主城区开展了问卷调查,共发放问卷2000份,回收1725份。而发放对象则以在企业与城中村中生活的进城务工人员为主,且根据企业规模的不同调整了问卷发放数量,这样做有效帮助提高了受访进城务工人员群体的代表性(韩俊强,2013)。在后期数据整理过程中,笔者根据我国对劳动力的定义,筛选出16至60岁的男性以及16至55岁的女性样本,同时删除了在关键变量上有缺失的样本,最终得到1414个有效样本用于接下来的统计分析。

表 5-6 显示了受访进城务工人员的在人口学方面的样本分布特征。在所分析的进城务工人员样本中,男性占 63.9%,女性占 36.1%;从年龄结构来看,90 后(22 岁及以下)新生代进城务工人员占 22.2%,70 至 80 年代出生的进城务工人员占 65.6%,而 70 年之前出生的进城务工人员则占 12.2%;从教育程度而言,具有初中文化程度的进城务工人员所占比例最大,为 66.4%,同时小学及以下文化程度的进城务工人员比例为 17.8%,而高中及以上文化程度进城务工人员只占比 15% 左右;关于婚姻状况,有 57.6% 的受访进城务工人员已经结婚;而在工作单位分布上,工作于政府机关、国企与事业单位的进城务工人员比例为 19.8%,集体与外资企业比例为 14.9%,相比之下,更多进城务工人员(占比 65.3%)集中在个体私营企业、制造业、批发零售业、建筑业等其他类型单位工作。

如前所述,本节重点关注进城务工人员城市生活体验(自我身份认知状况)、居住状况以及工作保障状况,下面将首先对进城务工人员在这三个方面的城市生活境遇进行描述性分析。

表 5-6　　　　进城务工人员样本特征分布(N=1414)

变量	频数	百分比(%)
性别		
男性	903	63.9
女性	511	36.1
年龄段		
90 年代进城务工人员	314	22.2
70—80 年代进城务工人员	928	65.6
50—60 年代进城务工人员	172	12.2
文化程度		
小学及以下	252	17.8
初中程度	938	66.4

续表

变量	频数	百分比(%)
高中程度	160	11.3
大专及以上程度	64	4.5
婚姻状况		
已婚	814	57.6
未婚	600	42.4
工作单位		
机关、国有企事业单位	280	19.8
集体与外资企业	210	14.9
其他类型单位	924	65.3

(一)进城务工人员城市生活体验

此处的研究将进城务工人员城市生活体验因素操作化为对自我身份属性的整体性感知。在调查问卷中，有一道题涉及进城务工人员在城市生活时的自我身份认知状况："您认为自己目前的身份是什么？"可能的回答包括以下三种，即"农村人=1"、"不清楚=2"、"城市人=3"。进城务工人员的自我身份认知体现了他们从农村移居城市生活过程中的自我意识转变(王春光，2001)，能够从整体上反映出他们对城市生活的体验性感知。因此，"自我身份认知"可被认为是描述进城务工人员城市生活体验的重要指标之一。

表5-7显示了受访进城务工人员自我身份认知状况的频率分布。从表中数据可以看出，超过一半受访进城务工人员的自我身份认知处于模糊状态；对于这一部分受访者而言，虽然目前在城市生活，但他们无法明确判断自己究竟属于农村人还是城市人。同时，认为自己是城市人的进城务工人员则占到样本总数的23.1%，而依旧认为自己是农村人的进城务工人员则占26.4%。笔者认为，将自己视为城市人的进城务工

人员至少从心理上逐渐融入了城市，这是一种积极的自我身份认知状态；相反，对于那些认为自己是农村人或者没有清晰自我身份定位的进城务工人员，他们则处于一种相对消极的自我身份认知状态，而这并不利于他们真正融入城市生活。

表5-7　进城务工人员自我身份认知状况频率分布（N=1414）

自我身份认知	频数	百分比（%）
农村人	373	26.4
不清楚	714	50.5
城市人	327	23.1

（二）进城务工人员居住状况

进城务工人员居住条件的改善不仅能够显著提高其融入城市的可能性（韩俊强，2013），同时还能帮助减少潜在社会冲突所带来的社会资源非生产性损耗，进而促进地方经济的可持续性增长（郑思齐等，2011）。在本研究中，笔者主要从进城务工人员居住场所类型、同住人员类型以及居住地离工作地的距离三个维度来考量进城务工人员居住条件的好坏。表5-8展示了受访进城务工人员居住状况的特征分布。数据显示，有55.0%的受访进城务工人员是住在单位提供的集体宿舍中，而这些住所往往环境拥挤且设施陈旧，居住条件较差；43.5%的进城务工人员则是选择在外自己租房住，而只有1.5%的进城务工人员拥有属于个人的住房。这一组数据反映出当前有能力在城市中购房的进城务工人员很少，对于他们中的绝大多数而言，在短期内还难以实现在城市真正安家的愿望。此外，笔者还注意到有68.7%的受访者是与朋友一起居住，而将这个数据与居住场所结合起来看可以发现，这一数值超过了住集体宿舍的比例（55.0%），说明即使是选择在外租房的人（占43.5%），其中也有一部分是与朋友或工友一起住，与家人一起住的进城务工人员比例较低(占 14.6%)。这也从一个侧面反映出当前城市进城务工人员普遍面临的一个问题是缺乏家人的亲情温暖,从而更容易感觉城市生活没有归属感。最后,观察进城务工人员住所离工作地点的距离信息,发现 10 分钟以内路程的进城务工人员比例达到 44.4%,笔者认为这其中绝大多数应是住在单位提供的集体宿舍内。同时,有 22.1%的进城务工人员上班需要花半个小时的时间,而需要耗费 1 小时以上时间的进城务工人员比例则只占 8.8%。总体来看,进城务工人员的居住地离工作地之间的路程并不是太远,近七成的进城务工人员耗费在上班途中的时间能够控制在半个小时内。

表 5-8　　进城务工人员居住状况的特征分布(N=1414)

变量	频数	百分比(%)
居住场所类型		
自有住房	22	1.5
在外租房	615	43.5
集体宿舍	777	55.0
同住人员类型		
独自住	236	16.7
与家人一起住	207	14.6
与朋友或工友一起住	971	68.7
上班路途花费时间		
10 分钟以内	628	44.4
10 至 30 分钟	312	22.1
30 分钟至 60 分钟	349	24.7
60 分钟以上	125	8.8

(三)进城务工人员工作保障状况

在笔者看来,对于进城务工人员而言有两个问题比较重要:其一是在工作中能够确保应有的安全,其二是能按时拿到用辛劳挣得的工资。

综合而言，上述两个问题表征的都是在城市里工作保障的状况。本次调查中有三个与之相关问题，分别是询问进城务工人员是否有工伤保险、是否有过工伤经历以及是否被拖欠过工资。表5-9显示了对这些问题的统计结果。数据显示，超过八成的受访进城务工人员没有办理工伤保险；与此同时，有9.9%的受访者表示有过工伤经历，尽管这个比例并不高，但是一旦工伤情况出现，没有工伤保险的支持显然会给进城务工人员造成比较大的经济负担。此外，还有16.7%的受访者报告曾被雇主拖欠工资，可见，仅从本次区域性调查结果看，最近媒体广泛报道的进城务工人员讨薪事件并非小范围的个案，而是具有一定的群体普遍性。综合而言，当前武汉市进城务工人员的工作保障状况并不乐观，这不可避免地会导致进城务工人员群体对于城市生活缺乏安全感，进而对他们真正融入城市带来阻碍。

表5-9　　进城务工人员工作保障状况特征分布(N=1414)

变量	频数	百分比(%)
工伤保险		
有	260	18.4
没有	1154	81.6
工伤经历		
有	140	9.9
没有	1274	90.1
是否有被拖欠过工资		
有	236	16.7
没有	1178	83.3

三、进城务工人员城市生活体验对生活满意度影响效果分析

(一)进城务工人员生活满意度的描述性统计分析

前文从城市生活体验状况(自我身份认知)、居住状况与工作保障

状况三个维度描述了武汉市进城务工人员的生活境遇。接下来，笔者将分析上述所有因素对进城务工人员生活满意度的影响，同时着重考察进城务工人员自我身份认知这一生活体验因素的作用效果。生活满意度的高低也是进城务工人员市民化与城市融入情况的重要表征（李丹、李玉凤，2012），因而此处的分析将为进城务工人员顺利融入城市生活提供更多经验借鉴。下面将采用多元回归分析的方法，其中因变量是生活满意度，这是一个具有五个等级得分的定序变量。表5-10展现了受访进城务工人员的生活满意度频率分布。笔者发现，这一频率分布呈现出"两头少、中间多"的正态分布性质，因此接下来具体会使用有序回归模型（Ordinal Regression）加以分析，且链接函数将选用Probit。

表 5-10　　　　　　　　进城务工人员生活满意度频率分布

满意度得分	频率	有效百分比(%)	累计百分比(%)
1	150	10.6	10.6
2	330	23.3	33.9
3	498	35.2	69.2
4	305	21.6	90.7
5	131	9.3	100.0
汇总	1414	100.0	

为了更直观地展示进城务工人员自我身份认知与生活满意度这两个主要变量之间的关系，笔者先将二者进行了交互分析。表5-11显示了分析结果。数据显示，在认为自己是农村人的进城务工人员组别，感到生活"非常不满意"和"不满意"的比例之和达到47.7%，相反感到"非常满意"的进城务工人员比例则为0。而对于认为自己是城市人的进城务

工人员，具有低生活满意度的比例则为最低，"非常不满意"和"不满意"的比例之和仅占24.8%，明显低于另外两个组别。由此可以初步推断，进城务工人员越具有积极的自我身份认知，越有可能产生更高的生活满意度。

表5-11 进城务工人员自我身份认知与生活满意度交互分析(单位:%)

生活满意度 自我身份认知	非常不满意	不满意	一般	满意	非常满意
农村人	12.3	35.4	33.8	18.5	0.0
不清楚	10.9	20.0	32.6	26.6	9.8
城市人	8.0	16.8	42.5	14.1	18.7

(二)进城务工人员生活满意度影响因素的有序回归分析

表5-12则显示了有序回归分析结果。模型适配性指标显示，该模型能够解释因变量约18%的方差，由此可见本研究所关注的因素对进城务工人员生活满意度具有比较好的解释力。如前所述，回归分析关注的首要问题是生活体验因素(自我身份认知)对进城务工人员生活满意度的影响。从表中数据可以看出，在控制了社会人口学变量、居住状况及工作保障状况等因素的效应后，进城务工人员的自我身份认知依然对生活满意度有显著影响。具体而言，与认为自己是城市人的进城务工人员相比，那些认为自己仍是农村人的进城务工人员明显会对生活更为不满意，这说明消极的身份认知能够降低高生活满意度的可能性。可见，生活体验因素(以自我身份认知为表征)对进城务工人员群体主观生活质量的影响不容忽视。

表 5-12 进城务工人员生活满意度的 Ordinal Regression 模型分析

		生活满意度 B(SE)
生活体验因素		
自我身份认知	认为自己是农村人=1	−0.264(0.086)**
	不清楚=2	0.055(0.075)
	认为自己是城市人=3	0
社会人口学因素		
性别	男性=1	0.172(0.060)**
	女性=2	0
年龄段	90年代进城务工人员=1	−0.432(0.118)***
	70—80年代进城务工人员=2	−0.137(0.091)
	50—60年代进城务工人员=3	0
文化程度	小学及以下程度=1	−0.592(0.160)***
	初中程度=2	−0.034(0.144)
	高中程度=3	0.005(0.163)
	大专及以上程度=4	0
婚姻状况	已婚有配偶=1	0.022(0.071)
	其他婚姻状况=2	0
工作单位类型	机关、国有企事业单位=1	0.092(0.074)
	集体或外资企业=2	0.020(0.082)
	其他工作单位=3	0
居住状况因素		
居住场所类型	自有住房=1	2.550(.374)***
	在外租房=2	0.298(0.111)**
	集体宿舍=3	0
同住人员类型	独自住=1	−0.052(0.089)
	与家人一起住=2	0.255(0.097)**

		续表
		生活满意度 B(SE)
	与朋友或工友一起住=3	0
上班路途时间	10分钟以内=1	0.447(0.144)**
	10至30分钟=2	0.426(0.130)**
	30至60分钟=3	0.370(0.113)**
	60分钟以上=4	0
工作保障状况因素		
工伤保险	有=1	0.081(0.078)
	没有=2	0
工伤经历	有=1	0.187(0.095)*
	没有=2	0
拖欠工资经历	有=1	−0.031(0.076)
	没有=2	0
模型适配性	−2对数似然值	3292.303***
	Nagelkerke R^2	0.183

注：+$p<0.10$；* $p<0.05$；** $p<0.01$；*** $p<0.001$；B值为0的变量类别被视为参照组；

链接函数选用Probit。

接下来分析表5-12中涉及的其他因素对生活满意度的影响情况。在居住状况方面，拥有自己住房以及在外租房的进城务工人员会比住在集体宿舍的进城务工人员对生活感到更加满意。再从回归系数大小来看，与住集体宿舍的进城务工人员比起来，居住于自有住房的进城务工人员则相对有更高的生活满意度水平。在同住人员类型方面，与家人一起住的进城务工人员会比与朋友或工友一起住的进城务工人员拥有更高的生活满意度。此外，居住地与工作地的距离因素也会显著影响进城务工人员的满意度水平，在上班途中需要花费1小时以内的进城务工人员的生活满意度会明显高于耗时1小时以上的进城务工人员。以上发现表明，居住状况也是影响进城务工人员城市生活感受的重要因素。

再来看工作保障状况的影响效果。有点出乎笔者意料的是，工伤保险与拖欠工资与否均对进城务工人员的生活满意度不产生统计学意义上的显著性影响，而有过工伤经历竟然会比没有工伤经历的进城务工人员对城市生活更为满意。对这一现象的一种合理解释是：进城务工人员群体在城市里打工，主要关注的还是有地方住、有工资拿，而其他的保障性因素并不是他们所特别关心的；同时，若工伤并不影响继续打工，则工伤经历也并不会明显降低城市生活满意度（回归系数为正）。从这个角度分析，笔者认为进城务工人员群体已经对于城市打工经历产生了"习得性无助"，即使那些劳动者所应享有的最基本保障条件（如拥有工伤保险）被雇主所剥夺，也不会给进城务工人员的生活满意度带来显著的影响。

此外，社会人口学因素也在一定程度上对进城务工人员生活满意度产生了影响。具体而言，男性进城务工人员相较于女性而言更有可能对城市生活感到满意，90后新生代进城务工人员比起出生于50、60年代的进城务工人员而言，会对城市生活明显更不满意；文化程度因素方面，具有小学及以下文化程度的进城务工人员会比具有大专以上文化程度的进城务工人员对生活感觉更不满意。上面两条结论均具有统计学上的显著性。而观察其他文化程度变量的回归系数，可以发现作用方向与上述结论是一致的，这表明文化程度越低的进城务工人员会更有可能难以融入城市生活。

（三）分析总结与政策建议

本节基于2012年武汉市进城务工人员问卷调查，从城市生活体验（自我身份认知状况）、居住状况以及工作保障状况等三个维度对这一弱势群体的城市生活境遇予以了描述性分析，同时运用有序回归模型定量分析了上述三类因素对进城务工人员主观生活质量（以生活满意度为

测量指标)的作用效果。研究的主要结论陈述如下:

首先,进城务工人员的自我身份认知整体上是消极的,仅有约四分之一的受访进城务工人员认为自己是城市人,可见大多数进城务工人员并没有从心理意识上将自己融入进城市生活。同时,自我身份认知因素对进城务工人员的生活满意度具有显著影响,积极的身份认知能够促进高生活满意度的形成;相反,消极的身份认知也会降低他们的生活满意度水平。因此,本节在前文针对普通居民的分析基础上,进一步以进城务工人员这一社会弱势群体为例,验证了关于心理体验性因素对主观生活质量有明显影响的观点,且这种影响在控制了客观经济社会因素(如本节的居住状况、工作保障状况等因素)后依然会显著存在。

其次,描述性分析表明,当前进城务工人员的生活状况仍然需要得到较大的改善。在主观评价方面,整体来看进城务工人员的满意度水平呈现正态分布,大约有三分之一的进城务工人员表示对现在的生活不太满意(满意度得分在2以下)。从居住情况看,多数进城务工人员只能住在拥挤且卫生条件较差的集体宿舍内,对于绝大多数进城务工人员而言,在城市拥有个人住房仍是一种奢望;同时,多数进城务工人员在城市生活中没有家人的陪伴,而生活中一起居住、接触最多的往往是工友,因而在没有家人关爱的环境下,难免会导致城市生活归属感的缺失。此外,调查发现多数进城务工人员从居住地到工作场所耗费的时间在1个小时以内,这一定程度上说明进城务工人员尽管居住的环境不好,但是会比较在意工作的便利程度,会尽量居住于离打工场所近的地方。关于工作保障状况,81.6%的受访进城务工人员没有办理工伤保险,与此同时,被拖欠过工资的进城务工人员也超过了15%,而受过工伤的进城务工人员也占到近一成。这些调查数据表明,当前进城务工人员在武汉市的打工过程缺乏制度性保障,这显然不利于他们真正融入城市生活。

最后,本研究还发现那些居住房屋条件越好、有家人陪伴且上班越便利的进城务工人员群体相对而言更有可能对生活感到满意,但工作保障因素并不会对他们的满意度产生预期的显著影响。对于后一结论，笔者的解释是他们对于打工生活已经产生"习得性无助感"，不会过于在意那些没有直接影响到个人收入与基本生活的保障性因素，因而即使缺少制度性保障，也不会造成他们生活满意度的明显下降。

上述研究显示，进城务工人员在城市的生活体验（自我身份认知）因素对于生活满意度具有重要影响，这一结论与此前针对湖北普通居民的分析结果相一致，表明心理体验性因素对主观生活质量的影响具有稳定的特征。此外，分析还发现社会人口学、居住状况等因素也会对进城务工人员的主观生活质量产生明显作用。根据这些研究发现，笔者提出以下旨在帮助提升进城务工人员主观生活质量的政策性建议：首先，应该通过政策改革（如淡化并逐步取消城乡户口之别）以及对进城务工人员的正面媒体形象宣传等方式，有效帮助进城务工人员形成积极的自我身份认知，从而促使他们在城市生活过程中产生心理上的归属感；其次，政府部门和用工单位应该协力改善进城务工人员的住房条件，减少进城务工人员住房的人员居住密度，逐步为进城务工人员创造与家人一起居住的条件，这样做也可以有效增强他们对城市的认同感，进而帮助提高他们的生活满意度；然后，尽管制度性保障因素的缺失并不会对进城务工人员生活满意度产生显著影响，然而笔者认为这恰恰是进城务工人员在没有基本的居住及工作保障下的一种心理妥协，因此还是需要有针对性地加强进城务工人员工伤保险覆盖率、减少工伤发生率以及消除拖欠工资行为，并通过加强劳动力市场的制度性建设来为进城务工人员提供更为全面的工作保障；最后，相关部门应该特别关注文化程度不高的90后新生代进城务工人员，他们相较于年长的进城务工人员而言会更有可能对生活产生不满情绪。可以通过为这些新生代进城务工人员提供短期技术培训等方式来强化他们的文化与技术水平，进而逐步帮助他们在城市里找到真正属于自己的位置。总而言之，政府与社会应该继续加大力度改善进城务工人员这一弱势群体的生活状况，让他们能够逐渐享有普通市民的权利，在城市中不仅要安居与乐业，更要在心理上感受到作为城市一份子的归属与认同感,只有这样才能使进城务工人员可以真正融入城市的生活。

第四节　湖北流动人口社会融合的结构测度与影响因素

上一节中,我们已经对乡城流动人口群体的生活体验和主观满意度进行了分析,本小节则将继续针对湖北流动人口的社会融合问题进行实证探讨。从概念内涵上理解,社会融合水平既是对流动人群客观生活质量的反映,也包含对其主观生活质量的衡量。十九大报告强调,"要以城市群为主体构建大中小城市和小城镇协调发展的城镇格局,加快农业转移人口市民化",这反映出党和政府针对我国发展过程中存在的不平衡、不充分的民生短板,正致力于将改革的红利惠及包括城市流动人口在内的广大民众。尽管围绕流动人口出现了倾斜性的政策扶持,但近期相关调查显示,相较于本地居民,流动人口更有可能成为对城市生活缺乏归属感和认同感的边缘性弱势群体,其基本权利保障及话语权的缺失已经构成城市治理中影响社会稳定的突出问题(梁勇、马冬梅,2018)。

现阶段,我国政府对于流动人口的管理模式正在由计划调控转向促进融合(田北海、耿宇瀚,2013),这更加凸显了开展流动人口社会融合相关研究的现实性与紧迫性。那么,当前城市流动人口的社会融合究竟呈现出何种状态?又有哪些因素正在制约着这一特殊人群的融合进程呢?为了更好地回应上述问题,本研究将首先对既有文献予以系统梳理,在此基础上构建流动人口社会融合的指标测度体系;然后,利用2017年湖北省流动人口动态监测调查资料,实证探讨城市流动人口社会融合的内在结构特征,深入分析这一群体的社会融合现状及其影响因素;最后,以统计结果为依据提出对策性建议,以期为建立健全我国城市流动人口科学管理服务体系提供有益的政策启示。

一、社会融合相关文献述评

社会融合这一概念起源于20世纪初期西方学者关于国际移民和迁入地互动关系的研究。芝加哥学派代表人物Park和Burgess认为，社会融合就是不同群体之间相互分享文化记忆与情感态度的过程，这是从"文化熔炉论"的角度对社会融合的早期经典界定(Park & Burgess，1921)。此后，Goldlust和Richmond从"心理融合"的视角出发，将移民融合程度看做移民的身份意识、生活满意度以及对待迁入地的态度等三个方面的综合表征(Goldlust & Richmond，1974)。诺贝尔经济学奖得主Sen则对上述观点加以补充，将社会参与因素考虑进来，认为只有当社会成员有能力主动参与社会交往活动，并且平等地获取基本社会福利，才能算真正融入进本地社会(Anand et al.，2005)。我国学者通过借鉴国外研究经验，也对社会融合概念作出了本土化解释。例如，田凯(1995)在对流动民工城市适应过程进行分析时，提炼出社会融合的三个构成要素，即在经济层面获得稳定职业，在社会层面保持与当地人的正常交往，以及在心理层面形成与当地人同质性的文化价值观。风笑天(2004)在针对三峡库区移民的研究中也表达了类似观点，指出移民社会融合主要包含经济领域(经济收入满意度、对移入地经济发展信心)、生活领域(对邻里关系、住房状况、生活习俗等的适应)以及心理领域(移民思乡怀旧的情绪)等三个层面的内容。童星和马西恒(2008)以城市新移民为分析对象，强调社会融合就是新移民在居住、就业、价值观念和生活方式上向本地居民转化的过程。任远和乔楠(2010)认为，城市流动人口的社会融合是本地居民与外来人口相互交往和建构社会关系的过程，其表征是同化程度的增加与排斥程度的消减，可以操作化为自我身份的认同、对城市的态度、与本地人的互动以及感知的社会态度等四个测量指标。王晓丽(2013)和苏丽锋(2017)则分别在探究流动人口的市民化水平时，采用了更为复杂的多维指标体系测算方式：前者将市民化解构为市民化意愿、市民化能力、市民化行为、居住市民化及基本社会公共服务市民化等五个维度指标；后者进一步细分为就业市民化、收入市民化、社会保障市民化、居住市民化、消费市民化和身份市民化等六个二级指标。

通过对国内外相关成果的梳理，发现在操作维度上"社会融合"与"社会适应"、"市民化"等概念类似，即以本地居民为参照，用于描述各类移居群体(如跨国移民、进城务工人员、城市新移民)在迁入地的生活适应状况。它至少关涉以下三层意涵：一是群际间心理感知态度的趋同，即移居群体在对自我身份的理解以及对居住地的情感表现方面与本地居民趋于一致；二是群际间权利享有异质性的消解，即移居群体能够在社会公共服务获取的可能性与可及性方面平等地受到关注与支持；三是群际间的共同参与及良性交往，即移居群体在社区生活网络中能够拥有相互信任及尊重的人际关系。然而，作为一个综合性的学术概念，学界目前尚未对社会融合的内涵达成统一的认识，而这一困局也致使既有研究在界定"社会融合"概念时缺乏理论上的明确导引，操作化过程表现出随意性、宽泛性的特点。此外，可能由于研究数据的可获得性问题，多数关涉流动人口社会融合的论文所用数据较为陈旧(以2014年以前的调查居多)，这显然不利于及时掌握城市流动人口的融合现状以及融合过程中所面临的突出问题。鉴于此，本研究拟选用"群际接触假说(Intergroup Contact Hypothesis)"作为指标选取的理论依据，致力于建立更加全面、合理的社会融合测度体系。同时，利用湖北省卫生和计划生育委员会提供的2017年最新监测数据，力图客观真实地描述当下流动人口的社会融合现状及其制约因素。

二、数据来源与核心概念操作化

(一)分析样本来源与基本特征

我们接下来的统计分析资料来自于2017年湖北省流动人口卫生计生动态监测调查。该调查采用了分层、多阶段PPS概率抽样方法，抽样范围覆盖武汉、黄石、十堰、宜昌、襄阳、鄂州、荆门、孝感、荆州、天门、黄冈、咸宁、随州、仙桃、恩施州等 15 个市州,对跨区(县)及以上行政区域流动且在流入地居住达一个月的对象进行了问卷调查,共回收 5000 份有效问卷。表 5-13 显示了受访样本在社会人口学以及人口流动特征方面的描述性统计结果。

表 5-13　　　　　　　　样本基本特征的描述性统计

变量	变量说明	均值(标准差)
年龄	调查时(2017 年)的年龄	37.54(9.83)
性别	男性=1;女性=0	0.49
受教育年限	未上过学=0;小学=6;初中=9;高中/中专=12;大专=15;本科=16;研究生=19	10.29(3.04)
婚姻状况	已婚=1;未婚=0	0.92
共产党员身份	是=1;不是=0	0.04
健康状况	患慢性病=1;未患=0	0.06
职业性质	雇主=1;不是=0 有固定雇主的雇员=1;不是=0 无固定雇主的雇员=1;不是=0 自营劳动或无业=1;不是=0	0.08 0.26 0.05 0.61
月收入	上个月或上次就业工资收入/纯收入(元)	4527.65(3910.54)
本次流动时长	居住于调查地的年数	7.24(6.29)
流动城市数	总共流动过的城市(包含调查地)个数	1.96(1.49)
本次流动范围	跨省=1;不是=0 省内跨市=1;不是=0 市内跨县=1;不是=0	0.27 0.48 0.25

注:表 1 中的定距变量报告了均值和标准差;定类和定序变量仅报告了均值(百分比)。

(二)"社会融合"概念的操作化

与前文思路一致,我们拟参考 Allport 在研究群体偏见的成因时提出的"群际接触假说",从以下四种群际交往最优化条件出发来设计流动人口融合指标,即:群体间的地位平等;群体有共同目标;群体间有合作;存在社会制度支持(Pettigrew,1998)。结合本次调查问卷中的具体问题,我们筛选出10个相关的测量指标,其与以上四项条件的对应关系为:(1)选用"社会距离"指标来反映群体间地位平等情况;(2)选用"本地人身份认同"、"移居地认同"、"本地逗留意愿"、"本地落户意愿"以及"异地家庭成员数"指标来反映本地人与流动人口所共有的安居乐业、阖家团聚的生活目标;(3)选用"本地组织活动参与"和"本地社会事务参与"指标来反映本地人与流动人口的社会互动与合作;(4)选用"住房性质"及"社会保障状况"指标来反映制度性的支持。现将10项指标的内涵及操作化方法陈述如下:

社会距离:指流动人口在城市生活中所感知到的与本地人的身份地位差异程度,使用以下两个题目测量:"我觉得本地人愿意接受我成为其中一员"和"我感觉本地人看不起外地人"。将第一个题目的备选项"完全不同意"、"不同意"、"基本同意"和"完全同意"分别赋值为1、2、3、4,第二个题目则进行反转编码,即"完全不同意"、"不同意"、"基本同意"和"完全同意"分别赋值为4、3、2、1,再将这两个题目的得分相加得到与本地人的社会距离测量值,得分越高表明与本地人的社会距离越短。

本地人身份认同:指流动人口在多大程度上将自己视为本地人,通过询问被访者对下面两个问题的看法来加以衡量:"我很愿意融入本地人当中,成为其中一员"及"我觉得我已经是本地人了"。将备选项"完全不同意"、"不同意"、"基本同意"和"完全同意"分别赋值为1、2、3、4,然后将这两题的答案相加后得到"本地人身份认同"指标,得分越高表明越认同自己本地人的身份。

移居地认同:指流动人口对所迁入的居住地的主观评价,通过询问被访者对下面两个问题的看法来衡量:"我喜欢我现在居住的城市/地方"及"我关注我现在居住城市/地方的变化"。将备选项"完全不同意"、

"不同意"、"基本同意"和"完全同意"分别赋值为1、2、3、4，然后将这两题的答案加和后得到"移居地认同度"指标，得分越高表明对移居地认同度高。

本地逗留意愿：调查中会询问被访者"如果您打算留在本地，您预计自己将在本地留多久?"，备选项为"1—2年"、"3—5年"、"6—10年"、"10年以上"、"定居"，分别赋值为1、2、3、4、5。此外回答"没想好"的流动人口对于逗留时长还未明确化，故将其赋值为中间值3。

本地落户意愿：调查中会询问被访者"如果您符合本地落户条件，您是否愿意把户口迁入本地"，根据意愿强度将备选项"不愿意"、"没想好"、"愿意"分别赋值为1、2、3。

异地家庭成员数：指不与流动人口居住于同一地区的家庭成员人数，该值越大反映出受访者在现居住地之外有更大的家庭网络，更有可能牵挂异地的亲人，而这种情绪将不利于他们更好地融入本地社会。

本地组织活动参与：指流动人口过去一年内参与工会、志愿者协会、同学会、老乡会、家乡商会以及其他类别活动的情况，上述六类活动每参与一项赋值1分，没参加则赋值0分，取值范围在0至6之间。

本地社会事务参与：指流动人口过去一年内对以下五种社会事务的参与情况："给所在单位/社区/村提建议或监督单位/社区/村务管理"、"通过各种方式向政府有关部门反映情况/提出政策建议"、"在网上就国家事务、社会事件等发表评论，参与讨论"、"主动参与捐款、无偿献血、志愿者活动等"、"参与党/团组织活动，参加党支部会议"。将这些事务的参与情况操作化为"没有=1、偶尔=2、有时=3、经常=4"，五个题目得分之和即为本地社会事务参与度水平。

住房性质：操作化为"自购商品房或保障性住房"、"自购小产权房"、"租借房"和"非正规居所(如工作场所)"四类，按照住房保障程度高低分别赋值为4、3、2、1。

社会保障状况：通过询问被访者"您是否办理过个人社会保障卡?"

来予以测量。社会保障卡是流动人口享受所在地公共保障服务的制度基础，我们将"已经办理"赋值为3，"没办，但听说过"赋值为2，"没听说过或不清楚"赋值为1。

三、湖北流动人口社会融合的内在结构与现状分析

（一）流动人口社会融合的因子结构

我们利用2017年湖北省流动人口专项调查中所获取的样本数据，对前述10项社会融合的测量指标（社会距离、本地人身份认同、移居地认同、本地逗留意愿、本地落户意愿、异地家庭成员数、本地组织活动参与度、本地社会事务参与度、住房性质、社会保障状况）采用主成分法提取了公因子，同时使用等量最大法对因子载荷予以正交旋转，从而得到四个特征值大于1的公因子，记为F1、F2、F3、F4。表2显示，全部测量指标的共同度（即观测变量的方差中由公因子决定的比例）均在48%以上。此外，因子的累积方差贡献率达到61.592%，KMO值为0.668，巴特利特球度检验的显著性水平$p<0.001$，表明所构建的社会融合指标比较适合于进行因子分析。表5-14列出了四个新因子的命名及其所包含的测量指标内容。

F1因子主要由"移居地认同"、"本地人身份认同"和"社会距离"3个指标衡量，因子载荷值分别为0.797、0.820、0.788。它们反映了流动人口对于移居地的印象认知以及在移居地的自我身份定位。借助于这3个指标，我们能够判断受访者在多大程度上适应了移居地居民的身份属性，由此将F1取名为"身份融合"因子。

F2因子对应于"住房性质"和"社会保障状况"2个指标，因子载荷值分别是0.740和0.676。此二者显示了流动人口在移居地生活过程中所享受到的住房保障及公共服务保障的程度，这与保障性制度相关联，因而将其命名为"制度融合"因子。

F3因子则涉及"本地组织活动参与度"、"本地社会事务参与度"2

个指标，其因子载荷分别为 0.815 和 0.817。这两项指标均指代流动人口参与本地社会交往行为的强度，故而将 F3 命名为"行为融合"因子。

F4 因子由"本地逗留意愿"、"本地落户意愿"及"异地家庭成员数" 3 个指标所代表，因子载荷值分别是 0.563、0.696 和 -0.612。前两个指标直接反映出受访者对于移居地的情感强度，而"异地家庭成员数"则间接测度了受访者在外地是否有更多的亲情牵绊（载荷值为负数表示受访者如果对外地亲人的情感牵绊越多，相对而言对本地的情感投入就越少）。基于以上理解，我们将 F4 命名为"情感融合"因子。

表 5-14　　　　流动人口社会融合的因子分析结果

社会融合的测度指标	F1 身份融合	F2 制度融合	F3 行为融合	F4 情感融合	共同度
移居地认同	**0.797**	0.020	0.053	0.125	0.655
本地人身份认同	**0.820**	0.139	0.034	0.212	0.738
社会距离	**0.788**	0.051	0.063	-0.090	0.635
住房性质	0.025	**0.740**	0.115	0.127	0.577
社会保障状况	0.061	**0.676**	0.107	-0.101	0.482
本地组织活动参与	0.077	0.081	**0.815**	-0.013	0.678
本地社会事务参与	0.032	0.085	**0.817**	0.033	0.677
本地逗留意愿	0.180	0.550	-0.087	**0.563**	0.659
本地落户意愿	0.137	0.153	-0.073	**0.696**	0.532
异地家庭成员数	0.074	0.326	-0.197	**-0.612**	0.525
特征值	1.998	1.472	1.417	1.272	
方差贡献(%)	19.977	14.724	14.171	12.720	
累计方差贡献(%)	19.977	34.701	48.872	61.592	

Extraction Method: Principal Component Analysis.

Rotation Method: Equamax with Kaiser Normalization.

(二)流动人口社会融合现状的描述性分析

在进行因子分析之后,我们继续使用回归法得到四个新因子的因子值,然后依据以下公式将因子值转化为 1 至 100 的百分制得分:

F 因子得分=(F 因子值-F 最小值)×100/(F 最大值-F 最小值)

当得到百分制的因子得分后,继续以各因子的方差贡献率为权重,计算出受访者社会融合的总得分,计算公式如下:

社会融合总分 = (0.19977F1 + 0.14724F2 + 0.14171F3 + 0.1272F4)/0.61592

有关流动人口社会融合现状的描述性统计结果如表 5-15 所示。总体而言,城市流动人口的融合程度处于中等水平(均值=52.91),其中身份融合、制度融合、行为融合和情感融合的平均水平则分别为 68.87(标准差=14.36)、44.84(标准差=16.04)、20.30(标准差=10.55)、73.54(标准差=13.34)。以上数据显示,流动人口的身份融合和情感融合状况较好,制度融合与行为融合的难度相对较大;同时,制度融合程度在受访者中分布的异质性最大,而行为融合维度的离散特征最小。此外,行为融合的得分均值仅为 20.30,说明流动人口的融合最困难的方面在于其难以积极参与本地的社会活动与公共事务,而这种社会交往行为的缺失会在很大程度上限制这一群体的融合进程。

表 5-15　　　　流动人口社会融合状况的描述性分析

	身份融合	制度融合	行为融合	情感融合	社会融合
均值	68.87	44.84	20.30	73.54	52.91
标准差	14.36	16.04	10.55	13.34	7.06

已有分析指出,当流动人口生活于经济发展状况不同的城市中,可能会呈现出异质化的社会融合状态(田明,2017)。为了分析移居地经济发达程度与社会融合之间的关系,我们参考了湖北省内各城市 2016

年的GDP数据,其中武汉市、宜昌市、襄阳市的GDP分别为11912.61亿元、3709.36亿元、3694.51亿元,而省内其他城市的GDP水平与上述地区有较大差距。鉴于此,我们将样本地区划分为以下三类:发达地区(武汉市)=1,中等发达地区(宜昌市、襄阳市)=2,欠发达地区(其他样本城市)=3。表5-16归纳了城市流动人口社会融合均值的区域比较结果,数据显示城市经济水平的不同并没有导致流动人口总体社会融合程度的显著差异。但进一步考察融合因子后,我们发现与发达或中等发达地区相比,欠发达地区的流动人口所享受的制度保障程度相对更高。另外,对于居住在经济发达城市的流动人口,其身份融合水平相较而言明显不足,而情感融合水平则明显更高。以上结果揭示出地域因素对流动人口的双重作用:一方面,发达城市的魅力吸引度更强,处于其中的流动人口更有可能形成对居住地的情感依赖;另一方面,迁入地的经济越发达,意味着与本地居民的身份地位差异会更大,同时优质的制度保障更易于被既得利益者(本地居民)所挤占,因此发达地区流动人口的身份与制度融合程度相对更低。

表5-16　　　　流动人口社会融合状况的区域比较

	身份融合	制度融合	行为融合	情感融合	社会融合
发达地区	67.59	45.14	20.25	75.51	52.96
中等发达地区	72.72	40.61	20.66	73.42	53.21
欠发达地区	70.76	46.10	20.29	67.65	52.61
F检验	$P<0.001$	$P<0.001$	$P=0.693$	$P<0.001$	$P=0.206$

(三)湖北流动人口社会融合的影响因素分析

为了进一步探清制约当前城市流动人口社会融合的具体因素,我们继续构建了以四个融合因子以及社会融合总分为因变量的五个多元线性回归模型。在参考了前述相关文献中对影响因素的设置思路后,结合本次调查所涉及的问卷内容，将自变量划分为以下三个层面：受访者的社会人口学特征（性别、年龄、婚姻状况、政治面貌、健康状况）、社会经济地位特征（教育程度、个人月收入、职业性质）以及人口流动特征（流动城市数、本地流动时长、流动范围）。表 5-17 显示了流动人口社会融合影响因素的多元线性回归结果。从各模型的 F 检验数值看，我们所纳入的自变量对于四个融合因子及总体社会融合水平均有统计学意义上的显著解释力。接下来，我们将具体分析不同类型的自变量对因变量的影响效应。

1. 社会人口学因素对社会融合的影响

在社会人口学因素中，性别仅对制度融合和行为融合有显著影响，其回归系数分别为 -2.235（$p<0.01$）和 1.297（$p<0.01$），表明在控制了其他变量条件下，男性流动人口要比女性流动人口的行为融合水平高 1.297 分，而制度融合水平低出 2.235 分。根据日常经验判断，女性在社会交往方面的机会相对更少，因此其行为融合水平与男性相比处于偏低状态。另一方面，女性一般被视为相对弱势的社会角色，她们往往更加在意并且会更积极地去争取稳定的生活模式，故而对于自有住房及社会保障的需求也会比男性更为强烈，这也就解释了女性在移居地的制度融合程度为何会比男性更高。

年龄因素方面，当年龄每增长一岁，流动人口的身份融合、制度融合及总体社会融合程度会分别增加 0.095 分（$p<0.01$）、0.123 分（$p<0.01$）、0.028 分（$p<0.05$），同时行为融合与情感融合水平要分别减少 0.085 分（$p<0.01$）、0.061 分（$p<0.05$）。这一结果揭示出年龄因素的双重作用：一方面，老生代流动人口在建构自我身份认知与寻求制度庇佑方面经验更为丰富，这对于他们融入本地社会生活具有积极的影响；另一方面，可能由于生理机能的限制，老生代流动人口参与本地社会活动的频率偏低，同时对于移出地更有可能存在情感依赖，从而对移入地的情感投入会偏少，这进一步导致了其行为融合与情感融合的水平会相对更低。

在婚姻状况方面，与未婚流动人口相比，已婚流动人口的制度融合及总体社会融合程度分别高出 7.033 分（$p<0.01$）、1.042 分（$p<0.01$），而情感融合水平则低出 1.680 分（$p<0.05$）。已婚的流动人口会担负更多的家庭责任，因此对住房与社会保障的重视程度更高，同时家庭的社会支持功能也为其整体上融入城市生活提供了更多机会。但是，已婚人口的生活重心会不可避免地从社会转移到家庭中来，这一点使得其对外部社会的情感依赖程度倾向于更低。

此外，中共党员的政治身份会对流动人口的制度融合、行为融合与总体社会融合有显著影响，其回归系数分别是 2.653（$p<0.05$）、7.570（$p<0.01$）、2.476（$p<0.01$），这说明党员身份作为一种政治资本，将有助于流动人口更好地获得制度保障以及开展社会交往活动，进而能显著促进他们整体上融入城市生活。

最后，在其他变量不变的条件下，高血压、糖尿病等慢性病患者要比未患慢性病的人在行为融合及情感融合方面分别高出 2.298 分（$p<0.01$）和 2.260 分（$p<0.05$），这可能是由于慢性疾病的患者更需要社会支持（通过社会交往获得）与积极、乐观的生活心态来帮助改善自己的健康状况，而这种健康需求将有助于提升其行为融合及情感融合水平。

2. 社会经济地位因素对社会融合的影响

数据显示，流动人口的月收入每增加 1000 元，其制度融合、行为融合、情感融合以及总体社会融合得分将分别提高 0.420（$p<0.01$）、0.199（$p<0.01$）、0.333（$p<0.01$）、0.175（$p<0.01$），这表明收入状况对流动人口获得制度保障、参与社会交往以及培养对移居地的感情方面具有显著促进作用；换言之，经济因素仍然是满足移居地多维生活需求的重要物质性基础。但需注意的是，收入的增加并不能促进流动人口形成对移居城市及本地人身份的积极认知，相反还会起到负向作用。这可能是由于收入更高的受访者所处的城市更为发达，导致与本地居民的相对收入差异大，从而产生了身份地位上的相对剥夺感。

受教育年限因素则对五个因变量均具有显著的正向影响，这证实了流动人口的教育资本积累能够有效加速其城市融合的进程。进一步分析其背后的政策原因，不难发现教育程度高低是决定流动人口在本地落户就业的重要参考条件：学历水平越高，那么获得本地户口、找到合适工作的机会更大，同时在本地受到社会排斥或相对剥夺的可能性也会更低。

另外，用于反映个人阶层地位的职业性质变量对制度融合、行为融合及总体社会融合也有一定影响。具体来说，在其他因素不变的情形下，有固定雇主的雇员比雇主的制度融合及总体社会融合水平分别高出 5.818 分（$p<0.01$）、1.814 分（$p<0.01$），同时自营劳动或无业者要比雇主的行为融合水平高出 1.333 分（$p<0.05$）。以上数据表明雇主阶层虽然在职业地位上占据优势，但其融入本地生活的程度可能还不及普通雇员。这一结论与我们的常识性印象有所出入，究其原因可能是由于雇主作为组织或部门的管理者，对于社会外部事务的参与及投入积极性不会太高，这也在一定程度上限制了其总体社会融合水平。

3. 人口流动因素对社会融合的影响

在人口流动因素方面，如果流动人口曾经流动过的城市数量越多，其行为融合水平就越高（回归系数为 0.589，$p<0.01$），但情感融合水平会越低（回归系数为 -0.831，$p<0.01$）。显然，在多个城市生活过的流动人口，其生活阅历及社会关系更为丰富，参与移居地社会交往的机会和频度也就更多；同时，由于在多个城市逗留过，那么对于多个居住地的情感依赖程度可能会被分散化，于是导致了本地情感融合水平的降低。

此外，如果流动人口本次流动时间越长，那么其所积累的工作经验、社交能力等人力资本存量就会越多，进而在 99% 统计水平上展示出更高的身份融合、制度融合、情感融合以及总体社会融合水平。

最后，相较于市内跨县的流动人口，跨省流动与省内跨市流动的受访者在所有维度的融合得分上均处于明显劣势，且这个结果有 95% 以上的置信性。可见，更大空间范围的迁徙将对流动人口融入移居地的日常生活产生多维度的桎梏效应。

表5-17 流动人口社会融合影响因素的多元线性回归分析（N=5000）

	身份融合	制度融合	行为融合	情感融合	社会融合
社会人口学因素					
性别（女性为参照组）	0.411 (0.461)	-2.235*** (0.471)	10.297*** (0.336)	0.170 (0.426)	-0.067 (0.213)
年龄	0.095*** (9.030)	9.123*** (0.030)	-0.085*** (0.022)	-0.061** (0.027)	0.028** (0.014)
已婚（未婚为参照组）	-0.511 (0.848)	7.033*** (0.866)	-0.551 (0.618)	-1.680** (0.784)	1.042*** (0.393)
中共党员（非中共党员为参照组）	1.452 (1.166)	2.653** (1.191)	7.570*** (0.850)	-1.794 (1.078)	2.476*** (0.540)
健康状况（未患慢性疾病为参照组）	-1.778 (1.000)	1.157 (1.022)	2.298*** (0.729)	2.260** (0.925)	0.695 (0.463)
社会经济地位因素					
月收入/1000	-0.125** (0.061)	0.420*** (0.062)	0.199*** (0.044)	0.333*** (0.056)	0.175*** (0.028)
受教育年限	0.350*** (0.087)	1.384*** (0.089)	0.511*** (0.064)	0.349*** (0.081)	0.634*** (0.040)
职业性质（雇主为参照组）					
有固定雇主的雇员	0.206 (0.847)	5.818*** (0.865)	0.973 (0.617)	0.642 (0.783)	1.814*** (0.392)
无固定雇主的雇员	0.204 (1.167)	-1.777 (1.192)	-0.593 (0.850)	-0.355 (1.079)	-0.568 (0.540)
自营劳动或无业	0.943 (0.802)	-0.981 (0.819)	1.333** (0.584)	0.357 (0.741)	0.452 (0.068)

续表

	身份融合	制度融合	行为融合	情感融合	社会融合
人口流动因素					
流动城市数	-0.196 (0.146)	0.247 (0.149)	0.589*** (0.106)	-0.831*** (0.135)	-0.041 (0.068)
本次流动时长	0.157*** (0.039)	0.291*** (0.040)	0.046 (0.028)	0.232*** (0.036)	0.179*** (0.018)
本次流动范围（市内跨县为参照组）					
跨省流动	-4.667*** (0.620)	-4.500*** (0.633)	-1.559*** (0.452)	-1.214** (0.573)	-3.199*** (0.287)
省内跨市	-2.746*** (0.542)	-2.409*** (0.554)	-0.981** (0.395)	-1.973*** (0.501)	-1.285*** (0.251)
拟合度 R^2	0.031	0.170	0.088	0.055	0.163
F 值	9.409***	60.401***	28.619***	17.351***	57.689***

注：表格中报告了非标准化回归系数值，括号内是标准误；

表示 $p<0.05$，*表示 $p<0.01$。

四、分析总结与政策建议

本节基于 2017 年湖北省流动人口卫生计生动态监测调查资料，以群际接触假说为理论指导，尝试构建了包含 10 项指标的社会融合测度体系，进而综合运用因子分析与多元线性回归模型探讨了城市流动人口社会融合的结构性特征及其影响因素。研究得出如下主要结论：第一，流动人口的社会融合是由身份融合、制度融合、行为融合与情感融合这四个结构要素所组成；第二，当前城市流动人口的总体社会融合状况仅处于中等水平，这反映出多数流动人口与本地居民相比，在身份认知、制度保障、交往行为和情感维系等方面还存在着较大差距;第三,在社会融合的结构因子中,身份融合与情感融合程度较好,制度融合程度处于中等偏下水平,行为融合程度则相对最差;第四,流动人口的社会人口学特征、社会经济地位特征以及人口流动特征均在一定程度上制约了这一群体的社会融合进程,具体来说,年长、已婚、中共党员身份、收入及教育程度较高、在移居地逗留时间较长且流动范围较小的流动人口,相对而言更易于在整体上融入本地城市生活。

基于本研究的实证分析结果,我们提出如下对策性建议:首先,面对流动人口制度融合程度低的困境,国家和各级地方政府要积极营造有利于人口融合的政策环境,加快推进流动人口住房保障工程,从根本上实现流动人口与本地居民的社会公共服务均等化,剥除因身份差异所带来的制度性藩篱;其次,针对当前流动人口行为融合难的突出问题,宣传部门应充分认识到社会交往与群际互动对于人口融合的推动作用,主动引导大众传播媒介进行正面宣传,帮助提高本地居民与流动人口之间的相互理解和包容程度;再次,鉴于教育和收入因素对总体社会融合的显著作用,应该加大对流动人口教育资源的投入,打造与其个人能力相匹配的专业教育培训平台,通过人力资本的有效积累来提升其在城市创业、就业的经济能力;最后,鉴于具有某些个体特征(如年龄小、未婚、非共产党员、本地逗留时间短、流动范围大)的流动人口社会融合水平低的事实,可以尝试从人本主义的角度考虑,制定针对不同人群的差异化融合政策,构建新时期城市流动人口动态化管理新格局。总之,城市流动人口的社会融合是一种多维度、渐进式的发展过程,这一特性导致了流动人口在不同的生活领域中呈现出异质性的融合样态。现阶段,只有通过政府部门、流动人口与本地居民等多主体间的有效沟通与互动,才能切实推动流动人口的社会融和进程,进而促使流动人口也能真正享受到城市经济与社会发展的成果。

第五节 客观条件的心理体验投射：主观生活质量影响机制探究

通过以上实证分析，我们一方面看出宏观经济社会因素与湖北居民主观生活质量之间并不会必然呈现出单调递增的线性关系；另一方面，微观的调研数据显示，心理体验性因素（如自我感知的经济社会地位、对社会公平环境的主观认知）对湖北普通居民主观幸福感及公共生活领域满意度均有重要影响，而客观社会地位因素的作用效果却并不稳定；此外，对进城务工人员这一社会弱势群体的研究也表明，在控制了其他因素条件下，进城务工人员自我身份认知这一体验性因素对主观生活满意度的影响也比较显著。基于上述经验事实，笔者推断客观条件的好坏并不是直接影响到居民的主观生活质量（包括幸福感、公共生活领域满意度、个人生活满意度等维度），而能够产生直接且稳定作用的应是主观体验性的感知因素；进言之，客观条件可能通过在个体心理上产生投射效应，从而对主观生活质量产生间接影响。

一、"体验"的内涵阐释

为了对上述结论更好地进行理论提炼，笔者在此先对"体验"这一概念予以必要的阐释。前文涉及的"体验性因素"中的"体验"是指人们对与自身生活相关的客观条件的心理调节、适应以及感知的过程，而用以统计分析的"体验性因素"则是个人在这一过程中形成的心理认知结果。例如，之前的统计分析中曾考察的"自我感知的经济社会地位"、"对政府和社会的主观认知"、"自我身份认知"等变量则分别是对"个人所拥有的经济条件"、"执政状况与社会公平环境"以及"个人的社会身份属性"等客观因素的感知性评价。这类感知性评价体现的是个人对某一客观条件所进行的直接评价；相对来说，我们若使用客观数据（如使用收入数字来判断受访者经济社会地位),实则是用外在标准来间接地测度个人所拥有的客观条件状况。进一步来说,各种客观条件可以被认为是赫兹伯格(Herzberg)提出的"保健因素",而笔者所谓的"体验性因素"则对应着他所定义的"激励因素"(本章第三节中曾借鉴了赫兹伯格提出的"双因素"理论框架)。赫兹伯格的研究指出,只有"激励因素"才能有效提升员工的满意度,而"保健因素"的主要作用则是防止不满意感的产生。因此,与赫兹伯格"双因素理论"的基本逻辑相一致,笔者认为,若是以提升居民主观生活质量(幸福感/满意度)为目标,那么更为有效的方式就是要帮助居民形成积极的生活体验,亦即促进居民对客观条件产生更加正面的心理投射。以前文的实证分析为例,本研究所说的"积极的生活体验"则具体表现在如下几个方面:居民感受到个人的经济社会地位好于平均水平,能够积极表达对执政状况的真实看法,对政府行为更加依从,感觉社会整体上是公平的,以及进城务工人员群体对"城市人"这一身份属性的自我认同感。

  当然,正如赫兹伯格并没有否定"保健因素"的重要性一样,笔者也不会否认客观条件的优劣对于居民主观生活质量的重要性。从马克思主义基本观点而言,客观条件是人们思想意识形成的物质基础,因此对客观条件的关注也构成了生活质量研究的重要内容;而笔者在第三章中对湖北居民客观生活质量指标体系的研究也正是基于此认识。但需要强调的是,本章的研究是想尝试探清客观条件因素与体验性因素对于主观生活质量而言孰轻孰重。从这个研究目的出发,笔者继续提出基于体验性因素的"体验理性"以及基于客观条件因素的"经济理性"这两个相对的概念;同时认为,人们主要是通过这两类理性判断的逻辑来对主观生活质量水平予以自我评价。结合之前的实证分析,笔者进一步指出,体验性因素相比于客观条件因素而言,对于主观生活质量的作用效果更加明确而稳定;换句话说,居民对于主观生活质量的判断主要是基于体验理性,因而在改善居民主观生活质量方面,基于体验理性的主观评价逻辑显得更加重要。

二、主观生活质量的影响机制分析

在对核心概念内涵阐释的基础上，沿着之前的思路，笔者将尝试性地提出一种关于主观生活质量影响机制的解释框架，即"客观条件的心理体验投射"，并借此来回答上述实证分析所引发的两个问题：第一，在群体层面，为什么客观经济社会发展并不必然提升民众平均的主观生活质量水平？第二，在个体层面，为什么具有更高客观社会地位的人并不必然拥有更高的主观生活质量？

经济社会的发展能够给居民提供更加优越的物质福利供给，而这对于改善居民的生活条件及主观感受而言无疑具有积极的作用。尽管如此，客观的物质福利并不能保证社会上所有居民的主观生活质量都得以提高。在笔者看来，这主要是由于客观条件在个体心理上的"体验式投射"机制在起作用：个体总是处于宏观或微观的经济社会环境之中，并进行着个性化的生活体验，而这种体验后的感受会不可避免地内化于个体心理之上并形成某种投射镜像，进而影响到个体对于主观生活质量的评价。

主观生活质量是个体对其生活状态的一种情感性认知。当人们对于生活表达出不满态度，甚至经常听到周围人形容自己都"抑郁"了，这类认知判断在本质上都可被视为凯博文所谓的"社会性的情感和障碍"，它们的根源就产生于"社会世界中的涵义与关系"。在实践上，人们与外在世界建立联系的主要途径是以一种经验的模式进行"身体体验"，从而通过理解生活中富有含义的事件和关系而调节这种体验带来的认知结果（凯博文，2008：146-148）。从这个角度看，由于个体社会经济地位指标主要表征客观且绝对的收入、教育或者工作状态，并没有充分地与社会世界中其他参照物建立联系，因此正如凯博文所言，其不应是影响生活满意度的根源性因素。相反，此前考察过的相对剥夺和辖区经济发展等因素，更有可能对主观生活质量产生实质性影响，这是因为：相对剥夺是将个人与周围人的收入或者阶层地位直接建立起关联，而辖区经济发展反映的是个人基于日常生活经验、政府年度公报以及新闻媒体报道等途径所了解的实际居住环境的宏观经济状况。由此可见，那些具有与外界关联的"体验"特质的因素，对于情感性认知的影响也理所应该更为明显。

进一步展开分析，可以总结出两种体验式投射机制。第一种称之为"平衡性心理体验投射"，强调的是个体对上述心理投射镜像的调节与适应。可以试想以下情境：当一个人从经济落后的地区来到发达的大城市生活，看到这个城市遍布大型购物中心，能够满足多样化的商品需求；同时，交通、医疗、教育、城市绿化等公共设施也都非常完备。很明显，与以前相比，现在的客观生活条件得到了很大的改善，于是在进入新环境的初期，这个人的主观生活质量水平应该会得到提升。然而，当过了一个月、半年或者一年之后，逐渐会将这种新生活视为理所当然，而在初期阶段提升的主观生活质量水平也会慢慢回落。相似地，如果一个人由于某种原因从发达的地区搬到经济落后的地区生活，也会在短期内产生心理落差，造成主观生活质量水平下降。但是当适应了新环境的生活之后，这种心理落差会慢慢减少，于是主观生活质量水平也会逐渐恢复。对以上情境的描述主要是想表达这样一种观点：每个人的主观生活质量水平会存在某个平衡点，而平衡点的具体位置会因人而异；当外在的经济社会环境发生变化时，尽管短期内平衡点会发生位移（上升或下降），但从长期来看，调节与适应过程会使主观生活质量水平回复至平衡点附近，而不至于大起大落。这个观点能够帮助解释群体层面的"幸福悖论"：当一个地区的整体客观生活质量水平得到较大改善时，由于平衡性心理体验机制的作用，该地居民的主观生活质量均值水平并不一定会显著提升。

第二种投射机制称之为"感知性心理体验投射"，强调客观条件在个体心理上产生投射镜像后，个体还会基于不同的方式将之进行心理上的再加工，而这经过处理后的投射镜像才会直接对主观生活质量产生作用。对客观条件进行心理层面再加工的方式主要有两种。其一是基于"比较式的感知"方式，即将个人所具有的客观条件与周围人或者自己过去相比较，如果比较后的结论是感到自己拥有的客观条件相对优越，那么这种积极的体验会明显提升个人的主观生活质量。之前的统计分析曾指出，如果受访者感到个人或者自家的经济社会地位高于社会平均水平，就会更有可能产生积极的主观感受，而这个现象反映的正是比较式感知的作用效果。另一种心理再加工的方式是"整体直观式的感知"，即个人会对外在客观环境在心理上的投射进行总体性评判，而这总体性评判的好坏将直接影响个人的主观生活质量。例如，此前的分析还指出，个人对当前客观社会现象的主观认知因素能够显著影响居民对公共生活的满意度，而这类主观认知则正体现了个体对于所考察客观条件的整体性感知状况。综合而言，比较式或者整体直观式的感知方式均是将客观条件主观化的心理处理过程，而这种过程的存在则可以帮助解释个体层面的"幸福悖论"：之所以有些社会地位低的人（收入、教育、职业条件相对较差）相比于社会地位高的人而言主观生活质量水平更高，一定程度是由于社会地位低者对现有客观条件具有更加积极的感知性心理体验。

图 5-3 描绘了"客观条件的心理体验投射"这一主观生活质量影响机制示意图。该图反映的核心理论观点是：个人的主观生活质量主要源于心理层面的生活体验理性，而不是客观的经济理性。当然，这并不是在完全否定客观条件对于居民主观生活质量的作用，而是在强调居民个体的能动性，他们会将客观条件以主观化的形式投射至心理层面，并对投射镜像进行平衡性或感知性的处理，而最终的主观生活质量水平则是经过上述心理处理过程后的结果。

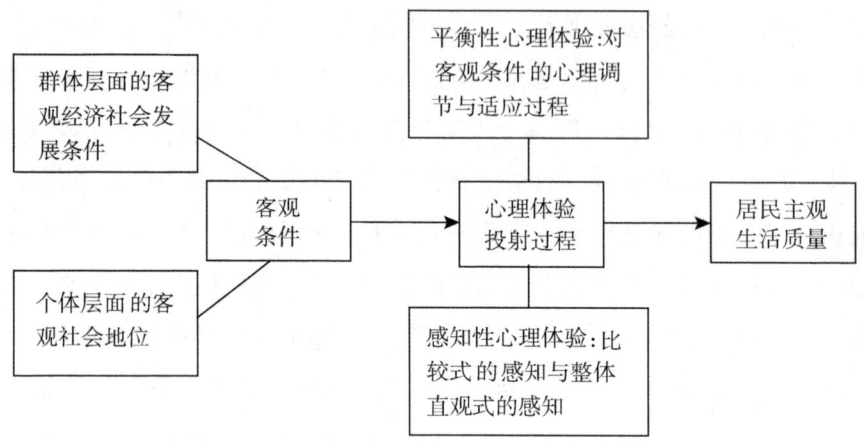

图 5-3 "客观条件的心理体验投射"示意图

小　　结

本章通过对不同社会群体以及不同主观生活质量维度的分析，集中探讨了经济社会因素与心理体验性因素对于主观生活质量而言究竟孰轻孰重。主要分析结论总结如下：

首先，通过对宏观经济、教育指标与主观生活质量之间关系的考察，认为外在的客观经济社会因素并不能对民众的幸福感/满意度产生必然的正向影响，同时推测能够决定幸福感/满意度水平的更有可能是内在于个体的心理性因素。

其次，基于赫兹伯格关于满意度研究的"双因素理论"，将湖北居民对公共生活领域的满意度影响因素划分为外在于个体的客观性社会地位因素与内在于个体的主观性生活体验因素，并利用"2011年中国社会状况综合调查"湖北地区数据对上述两类因素影响效果进行了实证检验。研究结果显示，主观性生活体验因素对于公共生活领域的满意度有显著影响，而客观性社会地位因素则没有明显影响。

然后，作为对湖北普通居民主观生活质量分析的补充，进一步以流动人口群体为例，一方面考察了生活体验（自我身份认知）因素对进城务工人员生活满意度的影响，主要结论是：进城务工人员的自我身份认知整体上是消极的，可见大多数进城务工人员并没有从心理意识上将自己融入进城市生活；同时还发现，在控制了居住状况、工作保障等客观因素条件下，自我身份认知因素对进城务工人员的生活满意度依然具有显著影响，积极的身份认知能够促进高生活满意度的形成。另一方面，通过对当前湖北流动人口社会融合特征及其影响因素的考察，发现流动人口的社会融合包含身份融合、制度融合、行为融合与情感融合四个要素，同时流动人口的社会人口学特征、社会经济地位特征以及人口流动特征均在一定程度上制约了这一群体的社会融合进程。

最后，在上述实证分析基础上，提出了"客观条件的心理体验投射"这一主观生活质量影响机制，其核心理论观点是：个人的主观生活质量主要源于心理层面的生活体验理性，而不是客观的经济理性；同时强调，居民个体具有能动性，他们会将客观条件以主观化的形式投射至心理层面，并对投射镜像进行平衡性或感知性的处理，而最终的主观生活质量水平则是经过上述心理处理过程后的结果。

第六章 结论与讨论

在前面三个章节的论述中，笔者既通过查阅湖北历年的统计年鉴资料，从宏观角度对湖北居民的客观生活质量进行了横向与纵向考量，又基于不同年份在湖北地区开展的多项问卷调查资料，对湖北普通居民的主观生活质量状况及其影响因素进行了统计分析。此外，笔者还特别关注了以城市进城务工人员为代表的弱势群体生活质量状况，并使用相应的问卷调查数据对这一群体的生活境遇予以了描述性分析。现将这些实证分析得出的主要结论陈述如下：

首先，笔者构建了包含经济总量与居民收入水平、公共服务、教育与医疗资源、医疗技术水平、科技与通信、生态环境以及生产与生活污染等7个维度、19个指标的评价体系，并使用主成分法定量描述了2008年至2012年间湖北居民客观生活质量的变迁状况，结果表明：从纵向发展趋势看，湖北17个市(州)各自的客观生活质量指数都在攀升；横向比较发现，湖北省不同市(州)的发展速度并不同步，因而整体上湖北各地居民的客观生活质量相对差异依然显著；从空间分布特征来看，湖北已逐渐形成东部以武汉为中心、西部以宜昌为中心的"双发展极"形态，同时指出湖北若要真正发展为"中部崛起战略支点"，就必须实现全省均衡发展，而均衡发展的关键则在于"湖北中部"的崛起。

其次，利用2003年至2012年间在湖北地区开展的多项社会调查资料，描绘出十年间湖北居民的主观生活质量平均变化趋势，结果表明：伴随着湖北经济社会的快速发展，整体而言湖北居民的主观生活质量状况是趋于改善的,然而这种改善并非单向线性,而是表现出一定的波动性。

然后,通过对宏观经济、教育指标与主观生活质量之间关系的考察,发现外在的客观经济社会因素并不必然与民众的幸福感/满意度之间具有正相关关系,而能够决定幸福感/满意度水平的更有可能是内在于个体的体验性因素。同时,针对多项截面调查数据的统计分析表明,心理体验性因素(如自我感知的经济社会地位、对社会公平环境的主观认知等)对湖北普通居民主观幸福感及公共生活领域满意度具有显著影响,而客观社会地位因素的作用效果却并不稳健。此外,作为对湖北普通居民主观生活质量分析的补充,进一步以进城务工人员这一社会弱势群体为例,探讨了他们心理层面的生活体验(自我身份认知状况)及其与生活满意度的关系,结果显示:在控制了其他客观因素条件下,自我身份认知这一体验性因素对进城务工人员的生活满意度依然具有统计学意义上的显著影响,积极的身份认知能够帮助提高进城务工人员群体的生活满意度。

最后,基于上述经验事实,笔者推断客观条件的好坏并不是直接影响到居民的主观生活质量(包括幸福感、公共生活领域满意度、个人生活满意度等维度),而能够产生直接且稳定作用的应是主观体验性因素。在此基础上,继续总结并提炼出关于主观生活质量影响机制的理论分析框架,其核心观点是:客观层面的经济社会因素是居民主观意识产生的物质基础,但客观条件的改善并不一定带来居民主观生活质量的提升;居民个体会将客观条件以主观化的形式投射至心理层面,从而通过"客观条件的心理体验投射"机制来对主观生活质量产生影响;换言之,个人的主观生活质量主要源于心理层面的生活体验理性,而不是客观的经济理性。

笔者认为,在客观与主观相结合的分析框架下,通过综合运用定量的统计分析与定性的理论政策探讨,应该能够在一定程度上展现湖北居民生活质量的全貌。然而,生活质量研究仍是一个处于发展阶段的学术领域，在用客观与主观指标对生活质量进行测量时，如何合理有效地设置与量化分析指标依然存在着一定的争议。因此，在本书末章，笔者还想针对生活质量主客观指标的认知问题进行必要的思考，继而再对本项研究的初衷及思维进路略加陈述。

一、生活质量指标的认知问题

在对生活质量研究领域的探索过程中，国内外学者依据调查对象与目的的不同而设计出许多综合指标体系。从初步建构、调整，到再建构、再调整，这样一种反复的指标操作化过程，大大推动了生活质量研究的发展。然而在指标建构过程中，会遇到包括主客观指标选取、权重处理在内的各种问题。在书末，笔者将针对这些研究中存在的争议性问题予以必要的讨论。

（一）客观与主观指标结合问题

在客观与主观维度指标中，究竟哪一类更能反映居民生活质量的实际状况，这是一个长期困扰着生活质量研究者的问题。实际上，早在20世纪60年代社会指标运动伊始，关于主客观指标的争论就从未间断过。"社会指标"一词的创始人鲍尔认为社会指标是"统计数值、一系列的统计量，以及其他形式的证据能够使我们判断正处于何种阶段，价值和目标实现的情况如何"（Bauer，1966：1）。从定义中可以了解到，设立社会指标是为了判断评估对象发展到何种阶段，同时评价目标和价值的实现程度如何，而这些判断与评价往往不能全部用客观数据实现，因此常常需要借助主体的主观评价加以综合考察。本书指出，对于生活质量而言，一边倒地强调客观或主观测量指标的重要性是不可取的。一方面，社会应该为个人提供改善其生活质量所需要的客观物质供给，而个人也会根据各类客观条件（如公共服务、经济状况等）的"心理体验投射"来评价自己的主观生活质量水平。之前的实证分析表明，民众所拥有的客观物质条件与主观生活幸福感（满意度）并不必然正向关联。鉴于此，本书认为应该以客观与主观维度相结合的方式来综合考察居民的生活质量状况。

(二) 指标体系的权重处理问题

生活质量评价 (尤其是客观维度) 的主要目标之一就是构建一个综合指数，以便借助于该指数来简化数据，进行不同地区间的横向与纵向比较。由于在生活质量指标体系中，不同的指标对于测量对象的重要性程度有差异，因此对于每一个指标应该设置一个权值，以反映在同一级别上不同指标涉及内容的重要性差异。

目前，对于权重设置的主要方法有主成分法、因子分析法、层次分析法、德尔菲法 (专家意见法) 等。本书在进行客观生活质量评价时，是以所提取主成分解释方差的比例作为主成分的权重，而并没有针对每个测量指标一一设定权重。尽管这种做法有利于计算综合指数，从而便于进行地区间的比较性研究，但是难免会存在对原始指标信息的遗漏问题。因此，在今后的研究中，笔者还将综合运用其他相关的权重设置及指数计算方法，以期能够更加充分地体现出所选指标的信息价值。

(三) 指标体系的应用问题

对于生活质量研究者而言，一般都想通过构建一套指标体系来真实全面地反映居民生活质量的全貌。笔者认为，对于指标体系本身应该保持审慎的认知。关于这一点，Cobb 和 Rixford 的话或许会给相关研究者一定的启示："当我们热衷于构建层次分明、结构庞大的指标体系，并用一连串数字来反映错综复杂的生活现象时，审慎的意识更应该长存头脑之中。"

Cobb 和 Rixford 还进一步提出了一系列与指标体系应用相关的观点，现将其总结如下：得出一个数字并不等于建立了一个良好的指标，这是因为"量"能展现"质"，但"质"的意义永远是不明确的，因此所有关于"质"的陈述都是临时的,而不是最终确认的;有效的指标体系需要有一个明确的概念基础;指标体系的综合性可能会损害到其效用的发挥;指标不能与事实混为一谈,因为"即使是最好的指标,也不过是对潜在的事实作出部分的测量";指标对政策的制定很多时候只能产生间接的影响,指标与行动间的联系往往是比较微弱的;要解决一个问题往往需要具备创新的想法,利用指标的启示作用来引导人们重新思考对某个问题的现有共识;如果建立指标体系的人员"与有权力进行实质改变的人有联系"的话,那么指标体系可作为开展政策行动的基础(周长城等,2009:480-482)。上述内容告诉我们,科学公正的指标数据是具有启示作用的,能够在理论上引导人们去重新思考对生活的理解。同时还需意识到,虽然数字的吸引力是难以抵挡的,但在实际操作中我们更应该以审慎理智的科学态度来看待生活质量的测量。而在本书针对湖北居民的生活质量研究中,笔者也是尽可能运用可靠的数据,以描述事实的谨慎态度来对其进行量化分析与评价。

二、作为社会科学的生活质量研究

生活质量研究一直是笔者所关注的学术议题,而将湖北居民的生活质量定位为本研究的主题则是出于笔者欲将研究成果服务于家乡经济社会发展的学术热忱。但从某种程度上而言,本书对于生活质量理论与方法的论述,以及基于对湖北统计资料的量化分析而得出的相关结论,对于以其他地区居民为分析对象的生活质量研究而言应该也具有一定的借鉴意义。更进一步说,笔者一直将生活质量研究作为社会科学的一个分支,因此在本书的论述过程中始终依循着社会科学研究中的三个基本原理,即:变异性原理(variability principle)、社会分组原理(social grouping principle)与社会情境原理(social context principle)(谢宇,2006:9-28)。综合而言,本书的主要写作思路基本是围绕着这三个原理逐步展开,下面将分别对之予以阐述。

(一)以变异性原理来描述群体与个体间生活质量差异

变异性是社会科学研究的真正本质(谢宇,2006:15)。因此,当笔者对生活质量这一社会现象进行分析时,关注的主要是不同群体抑或个体间生活质量水平的差异。如果湖北居民的生活质量水平都是同质的,那么就根本没有必要进行研究了。结合本书具体的章节来说,笔者在第三章中主要就是通过计算湖北17个市(州)居民客观生活质量得分,来指出他们之间在客观生活质量方面的异质性;第四至五章中,笔者总是试图探析那些具有不同性别、年龄、文化程度、婚姻状况、居住地以及生活境遇的个体间在主观生活质量方面的差异性;此外,笔者还特别针对进城务工人员群体进行了相关分析,这也是考虑到如果只分析普通居民的生活质量,那就会忽略以进城务工人员为代表的社会弱势群体所面临生活状况的独特性。概言之,上述分析思路正是基于对变异性原理的理解。

(二)以社会分组原理来探析生活质量差异的来源

尽管笔者认识到人们的生活质量水平存在差异,但在操作层面我们是无法从这种差异的根源处来展开分析:在客观群体生活质量方面,理想的分析方式是对每一个城市或农村社区的客观生活质量——进行计算,这将在最大程度上展现群体层面生活质量的异质性,但这几乎是不可能实现的目标,因而研究者会转而关注市一级甚至省一级的群体间差异性;在主观个体生活质量方面,最为全面的分析应是通过对一个地区每一位居民的主观生活质量水平进行调查,从而获得数量庞大的相关数据资料,显然这在一项小的研究中也是不可能完成的任务。正是由于现实条件的限制,所以在社会科学研究中特别重视社会分组的方法。理论上而言,社会分组的目的就是尽可能减少组内的差异,从而帮助研究者将目光聚焦于组间差异的分析之上。笔者在对居民主观生活质量进行定量分析时,也总是试图通过分组的方式(设置虚拟变量)来探清哪类组别更有可能具有更高的主观生活质量水平。这种分组的方法比较多,既有群体层面的地区分组(如将湖北分为东、中、西三个区域组别),也有人口学变量分组,如居民的性别、年龄、文化程度、婚姻状况等,还可以根据生活体验的不同分组,如自我感知社会经济地位的高低等。进言之,这种分组的思路其实是与变异性相辅相成,分组就是为了更为清晰具体地展示组间的变异性。

(三)以社会情境原理来描绘居民生活质量变迁

居民生活质量状况会随着社会政策及时代背景的不同而发生变化。在本书绪论中,笔者就尝试从经济、教育和医疗卫生三个维度展示湖北自改革开放以来的客观生活质量变迁;之后的第三章使用了更为全面的指标体系,以探析在"两型社会"的政策背景下湖北居民五年间客观生活质量的变化情况;而在第四章中,也专门利用了多项调查数据,试图描绘2003年至2012年十年间湖北居民主观生活质量的变迁趋势。概言之,笔者在行文中比较重视将社会政策与时代背景因素融入进整体的实证分析之中,从而将湖北居民的生活质量状况予以更加立体地描绘。

三、研究展望

尽管笔者尽力从各个维度来展现湖北居民生活质量的全貌,但囿于笔者个人能力以及研究资料的限制,难免存在着一些不足,而这些将成为笔者今后研究中需要进一步完善的地方。具体而言,这些不足之处主要表现在以下三个方面:第一,本书将湖北居民的客观生活质量与主观生活质量分开进行论述,二者的关系是相互补充但并未融为一体,因此在今后的研究中有必要将主观指标与客观指标一一对应起来,从而真正形成一个主客观相结合的综合评价体系;第二,本书所构建的客观生活质量指标体系也需要进一步改进,应该将那些因数据缺失而放弃使用的重要指标信息(如各地区恩格尔系数等)补充到指标体系之中,同时还应进一步整理出湖北各市(州)更多年份(如近10至15年)的统计年鉴资料，来对湖北居民客观生活质量变迁状况有更为全面的掌握；第三，本研究虽然关注了以进城务工人员为代表的弱势群体，但其他同样需要重视的社会弱势人群（如老年人、低保户等）并未纳入到本书的主体框架之中，故而在后续研究中还将予以特别关注。

参考文献

[1] 阿玛蒂亚·森. 以自由看待发展[M]. 任赜, 于真译. 北京: 中国人民大学出版社, 2002.

[2] 阿玛蒂亚·森, 玛莎·努斯鲍姆. 生活质量[M]. 龚群译. 北京: 社会科学文献出版社, 2008.

[3] 爱弥儿·涂尔干. 宗教生活的基本形式[M]. 渠东, 汲喆译. 上海: 上海人民出版社, 1999.

[4] 埃米尔·涂尔干. 社会分工论[M]. 渠东译. 北京: 生活·读书·新知三联书店, 2000.

[5] 白新文, 任孝鹏, 郑蕊, 李纾. 5·12汶川地震灾区居民的心理和谐状况与政府满意度的关系[J]. 心理科学进展, 2009, 17(3): 574-578.

[6] 边燕杰, 肖阳. 中英居民主观幸福感比较研究[J]. 社会学研究, 2014(2): 22-42.

[7] 蔡昉. 二元劳动力市场条件下的就业体制转换[J]. 中国社会科学, 1998(2): 4-14.

[8] 蔡昉, 都阳, 王美艳. 户籍制度与劳动力市场保护[J]. 经济研究, 2001(12): 41-49.

[9] 曹大宇. 环境质量与居民生活满意度的实证分析[J]. 统计与决策, 2011(21): 84-87.

[10] 陈爱国, 殷恒婵, 颜军. 体育锻炼与老年人幸福感的关系: 孤独

感的中介作用[J]. 中国体育科技, 2010(1): 135-139.

[11] 陈刚, 李树. 政府如何能够让人幸福?——政府质量影响居民幸福感的实证研究[J]. 管理世界, 2012(8): 55-67.

[12] 陈婉清. 构建广州市和谐社会指标体系及评价方法探讨[J]. 统计研究, 2008(6): 109-110.

[13] 崔丹, 王培刚. "生活质量"及其相关概念辨析[J]. 学习与实践, 2010(5): 94-98.

[14] 戴维·德沃斯. 社会研究中的研究设计[M]. 郝大海等译. 北京: 中国人民大学出版社, 2008.

[15] 风笑天. "落地生根"?——三峡农村移民的社会适应[J]. 社会学研究, 2004(5): 19-27.

[16] 风笑天. 生活质量研究: 近三十年回顾及相关问题探讨[J]. 社会科学研究, 2007(6): 1-8.

[17] 风笑天, 易松国. 城市居民家庭生活质量: 指标及其结构[J]. 社会学研究, 2000(4): 107-118.

[18] 共青团武汉市硚口区委. 浅析新生代农民工的社会融入——基于武汉硚口区新生代农民工实证研究[J]. 中国青年研究, 2011(7): 61-63.

[19] 国家统计局课题组. 和谐社会统计监测指标体系研究[J]. 统计研究, 2006(5): 23-29.

[20] 国家统计局课题组. 城市农民工生活质量状况调查报告[J]. 调研世界, 2007(1): 25-30.

[21] 郭志刚. 社会统计分析方法——SPSS软件应用[M]. 北京: 中国人民大学出版社, 2006.

[22] 韩俊强. 农民工住房与城市融合——来自武汉市的调查[J]. 中国人口科学, 2013(2): 118-125.

[23] 韩俊强, 孟颖颖. 农民工城市融合: 概念厘定与理论阐释[J]. 江西社会科学, 2013(8): 209-213.

［24］侯佳伟，黄四林，辛自强，等. 中国人口生育意愿变迁：1980-2011［J］. 中国社会科学，2014(4)：78-97.

［25］胡鞍钢. "中等收入陷阱"逼近中国？［J］. 人民论坛，2010(7)：10-12.

［26］怀默廷. 中国民众如何看待当前的社会不平等［J］. 社会学研究，2009(1)：96-120.

［27］简新华，黄锟. 中国农民工最新生存状况研究——基于765名农民工调查数据的分析［J］. 人口研究，2007(6)：37-44.

［28］江立华，胡杰成. 社会排斥与农民工地位的边缘化［J］. 华中科技大学学报·社会科学版，2006(6)：112-116.

［29］金萍. 推动群际接触 实现群际和谐——武汉农民工与城市居民关系的实证调查［J］. 学习与实践，2008(7)：149-153.

［30］凯博文. 苦痛和疾病的社会根源：现代中国的抑郁、神经衰弱和病痛［M］. 郭金华译. 上海：上海三联书店，2008.

［31］李保臣，李德江. 生活满意度、政府满意度与群体性事件的关系探讨［J］. 中南民族大学学报(人文社会科学版)，2013(2)：90-95.

［32］李丹，李玉凤. 新生代农民工市民化问题探析——基于生活满意度视角［J］. 中国人口·资源与环境，2012(7)：151-155.

［33］李景治，熊光清. 中国城市中农民工群体的社会排斥问题［J］. 江苏行政学院学报，2006(6)：61-66.

［34］李路路. "单位制"的变迁与研究［J］. 吉林大学社会科学学报，2013(1)：11-14.

［35］李路路，朱斌. 当代中国的代际流动模式及其变迁［J］. 中国社会科学，2015(5)：40-58.

［36］李路路，石磊. 经济增长与幸福感——解析伊斯特林悖论的形成机制［J］. 社会学研究，2017(3)：95-120.

［37］李莫訑，李萌垚，张梦雅，等. 北京市老年人娱乐方式对其主观

幸福感的影响[J]. 中国老年学杂志, 2011(4)：675-677.

[38] 李培林, 李炜. 农民工在中国转型中的经济地位和社会态度[J]. 社会学研究, 2007(3)：1-17.

[39] 李强. 社会学的"剥夺"理论与我国农民工问题[J]. 学术界, 2004(4)：7-22.

[40] 李友梅, 刘玉照, 张虎祥. 上海社会结构变迁十五年[M]. 上海：上海大学出版社, 2008.

[41] 梁娟, 李维敏, 王艳萍, 等. 1996—2000年全国孕产妇死亡率变化趋势分析[J]. 中华妇产科杂志, 2003(5)：257-260.

[42] 梁勇, 马冬梅. 现阶段我国城市流动人口变动的新特点及服务管理创新[J]. 理论与改革, 2018(1)：173-182

[43] 林南, 卢汉龙. 社会指标与生活质量的结构模型探讨——关于上海城市居民生活的一项研究[J]. 中国社会科学, 1989(4)：75-97.

[44] 林曾. 从寒门走进象牙塔：中美大学教授社会流动之比较研究[J]. 中国高教研究, 2013(9)：52-60.

[45] 林曾. 社会转型中的社会学研究：用事实说话 关注弱势群体[J]. 武汉大学学报·哲学社会科学版, 2015(3)：104.

[46] 林曾, 王晓磊. 主观成就心态对居民生活满意度的影响研究——以CSSR2014数据为例[J]. 中国地质大学学报(社会科学版), 2016(5)：95-103.

[47] 刘传江, 周玲. 社会资本与农民工的城市融合[J]. 人口研究, 2004(5)：12-18.

[48] 刘根荣. 基于全局主成分分析法的中国流通产业区域竞争力研究[J]. 中国经济问题, 2014(3)：79-89.

[49] 刘军强, 熊谋林, 苏阳. 经济增长时期的国民幸福感——基于CGSS数据的追踪研究[J]. 中国社会科学, 2012(12)：82-102.

[50] 卢淑华, 韦鲁英. 生活质量主客观指标作用机制研究[J]. 中国社

会科学, 1992(1): 121-136.

[51] 罗栋. 中国城乡居民生活质量统计研究[M]. 北京: 经济管理出版社, 2012.

[52] 罗慧, 霍有光, 胡彦华, 庞文保. 可持续发展理论综述[J]. 西北农林科技大学学报(社会科学版), 2004(1): 35-38.

[53] 马克·拉普勒. 生活质量研究导论[M]. 周长城等译. 北京: 社会科学文献出版社, 2012.

[54] 马晓河. 迈过"中等收入陷阱"的需求结构演变与产业结构调整[J]. 宏观经济研究, 2010(11): 3-11.

[55] 孟颖颖, 邓大松. 农民工城市融合中的"收入悖论"——以湖北省武汉市为例[J]. 中国人口科学, 2011(1): 74-82.

[56] 齐晔, 蔡琴. 可持续发展理论三项进展[J]. 中国人口·资源与环境, 2010(4): 110-116.

[57] 秦斌祥, 朱传一. 美国生活质量研究的兴起[J]. 美国研究, 1988(3): 133-151.

[58] 秦麟征. 关于美国的社会指标运动[J]. 国外社会科学, 1983(2): 29-36.

[59] 任远, 乔楠. 城市流动人口社会融合的过程、测量及影响因素[J]. 人口研究, 2010(2): 11-20.

[60] 邵法焕, 田彩霞. 广西各地区居民生活质量评价实证研究[J]. 时代金融, 2010(12): 132-134.

[61] 沈涛, 雷利军, 王铁. 武汉新生代农民工融入城市研究[J]. 中国青年研究, 2013(12): 60-63.

[62] 盛明科, 刘贵忠. 政府服务的公众满意度测评模型与方法研究[J]. 湖南社会科学, 2006(6): 36-40.

[63] 苏丽锋. 中国流动人口市民化水平测算及影响因素研究[J]. 中国人口科学, 2017(2): 12-24.

[64] 孙星. 因子分析法在江苏城市居民生活质量评价中的应用研究

[D]. 南京：南京航空航天大学，2009.

[65] 唐兵，郭伟. 还权于民：政府非常态下管理绩效评估主体的转换——基于汶川特大地震灾区群众对政府工作满意度及其影响因素的分析[J]. 探索，2011(3)：93-97.

[66] 唐丹，邹君，申继亮，张凌. 老年人主观幸福感的影响因素[J]. 中国心理卫生杂志，2006(3)：160-162.

[67] 唐兴霖，尹文嘉. 从新公共管理到后新公共管理——20世纪70年代以来西方公共管理前沿理论述评[J]. 社会科学战线，2011(2)：178-183.

[68] 田北海. 农民工社会管理模式转型与创新路径探讨[J]. 华中农业大学学报(社会科学版)，2011(2)：23-28.

[69] 田北海，耿宇瀚. 农民工与市民的社会交往及其对农民工心理融入的影响研究[J]. 学习与实践，2013(7)：97-107.

[70] 田国强，杨立岩. 对"幸福-收入之谜"的一个解答[J]. 经济研究，2006(11)：4-15.

[71] 田凯. 关于农民工的城市适应性的调查分析与思考[J]. 社会科学研究，1995(5)：90-95.

[72] 田明. 地方因素对流动人口城市融入的影响研究[J]. 地理科学，2017(7)：997-1005.

[73] 童星，马西恒. "敦睦他者"与"化整为零"——城市新移民的社区融合[J]. 社会科学研究，2008(1)：77-83.

[74] 王春光. 新生代农村流动人口的社会认同与城乡融合的关系[J]. 社会学研究，2001(3)：63-76.

[75] 王峰. 河北省居民生活质量评价的实证研究[D]. 河北：河北大学，2008.

[76] 王文博，陈秀芝. 多指标综合评价中主成分分析和因子分析方法的比较[J]. 统计与信息论坛，2006(5)：19-22.

[77] 王湘红. 相对收入与个人效用——来自中国的证据[J]. 经济理论

与经济管理, 2012(5): 36-46.

[78] 王晓丽. 从市民化角度修正中国城镇化水平[J]. 中国人口科学, 2013(5): 87-95.

[79] 乌尔里希·贝克. 风险社会[M]. 何博闻译, 南京: 译林出版社, 2004.

[80] 吴寒光. 社会发展的测量尺度与标准[J]. 社会科学辑刊, 1995(5): 50-53.

[81] 吴晓刚, 张卓妮. 户口、职业隔离与中国城镇的收入不平等[J]. 中国社会科学, 2014(6): 118-140.

[82] 吴愈晓, 王鹏, 黄超. 家庭庇护、体制庇护与工作家庭冲突——中国城镇女性的就业状态与主观幸福感[J]. 社会学研究, 2015(6): 122-144.

[83] 谢舜, 魏万青, 周少君. 宏观税负、公共支出结构与个人主观幸福感——兼论"政府转型"[J]. 社会, 2012(6): 86-107.

[84] 谢宇. 认识中国的不平等[J]. 社会, 2010(3): 1-20.

[85] 谢宇. 社会学方法与定量研究[M]. 北京: 社会科学文献出版社, 2006.

[86] 邢占军. 基于六省会城市居民的主观幸福感研究[J]. 心理科学, 2008(6): 1484-1488.

[87] 邢占军. 我国居民收入与幸福感关系的研究[J]. 社会学研究, 2011(1): 196-219.

[88] 邢占军, 刘相, 等. 城市幸福感——来自六个省会城市的幸福指数报告[M]. 北京: 社会科学文献出版社, 2008.

[89] 徐鹏, 周长城. 性别、学术职业与高校青年教师收入不平等[J]. 青年研究, 2015(1): 20-29.

[90] 徐艳晴, 周志忍. 诊断与改进取向的公民满意度调查——英国警察服务满意度调查对我们的启示[J]. 国家行政学院学报, 2014(2): 47-53.

[91] 杨嫚. 消费与身份构建：一项关于武汉新生代农民工手机使用的研究[J]. 新闻与传播研究, 2011(6)：65-74.

[92] 杨永恒, 胡鞍钢, 张宁. 基于主成分分析法的人类发展指数替代技术[J]. 经济研究, 2005(7)：4-17.

[93] 叶福生, 夏泽宽. 强省之路——湖北改革开放30年[M]. 北京：中国统计出版社, 2008.

[94] 俞可平. 善治与幸福[J]. 马克思主义与现实, 2011(2)：1-3.

[95] 张成福. 城市治理应以人民为中心[N]. 人民日报, 2016-5-22(5).

[96] 张亮, 赵雪雁, 张胜武, 等. 安徽城市居民生活质量评价及其空间格局分析[J]. 经济地理, 2014(4)：84-90.

[97] 赵鼎新. 社会与政治运动讲义[M]. 北京：社会科学文献出版社, 2006.

[98] 郑秉文. "中等收入陷阱"与中国发展道路——基于国际经验教训的视角[J]. 中国人口科学, 2011(1)：2-15.

[99] 郑思齐, 廖俊平, 任荣荣, 曹洋. 农民工住房政策与经济增长[J]. 经济研究, 2011(2)：73-86.

[100] 周长城.生活质量的指标构建及其现状评价[M]. 北京：经济科学出版社, 2009.

[101] 周长城, 刘红霞. 生活质量指标建构及其前沿述评[J]. 山东社会科学, 2011(1)：26-29.

[102] 周长城, 王培刚. 生活质量的提高——社会发展的终极目标和最高原则[J]. 科学决策, 2005(7)：60-61.

[103] 周长城, 徐鹏. 社会地位与生活体验对政府工作满意度的影响——以中国村镇居民为例[J]. 国家行政学院学报, 2014(4)：91-96.

[104] 周长城, 徐鹏. 构建"三民"体系 全面助推"基层中国梦"的实现[C]. 中国大学智库论坛咨询报告集, 2014.

[105] 周长城, 徐鹏. "新绿色革命"与城市治理体系的创新——丹麦可

持续发展经验对中国的启示[J]. 学术前沿，2014(22)：74-83.

[106] 周绍杰，胡鞍钢. 理解经济发展与社会进步——基于国民幸福的视角[J]. 中国软科学，2012(1)：57-64.

[107] 周绍杰，王洪川，苏杨. 中国人如何能有更高水平的幸福感——基于中国民生指数调查[J]. 管理世界，2015(6)：8-21.

[108] 朱国宏. 生活质量与社会经济发展[J]. 人口与经济，1992(5)：36-42.

[109] 朱信凯. 农民市民化的国际经验及对我国农民工问题的启示[J]. 中国软科学，2005(1)：28-34.

[110] Alderson P. Down's Syndrome: Cost, Quality and Value of Life[J]. Social Science and Medicine, 2011, 53(5):627-638.

[111] Allport G W. The Nature of Prejudice [M]. Cambridge: Addison Wesley, 1979.

[112] Anand P, Hunter G, Smith R. Capabilities and Well-being: Evidence Based on the Sen—Nussbaum Approach to Welfare [J]. Social Indicators Research, 2005, 74(1):9-55.

[113] Anderson R M. National Health Surveys and the Behavioral Model of Health Services Use[J]. Medical Care, 2008, 46(7):647-653.

[114] Appleton S, Song L. Life Satisfaction in Urban China: Components and Determinants[J]. World Development, 2008, 36(11): 2325-2340.

[115] Babitsch B, Gohl D, Von Lengerke T. Re-revising Anderson's Behavioral Model of Health Services Use: A Systematic Review of Studies from 1998-2011 [J]. GMS Psycho-Social-Medicine, 2012, (9):1-15.

[116] Baernholdt M, Hinton I, Yan G, Rose K, Mattos M. Factors Associated with Quality of Life in Older Adults in the United States [J]. Quality of Life Research, 2012, 21(3):527-534.

[117] Bauer R A. Social Indicators [M]. Cambridge, MA: MIT Press, 1966.

[118] Brickman P, Campbell D T. Hedonic Relativism and Planning the Good Society. In Appley M H, ed. Adaption Level Theory: A Symposium[M]. New York: Academic Press, 1971.

[119] Brickman P, Coates D, Janoff-Bulman R. Lottery Winners and Accident Victims: Is Happiness Relative? [J]. Journal of Personality and Social Psychology, 1978, 36(8):917-927.

[120] Brockmann H, Delhey J, Welzel C, Yuan H. The China Puzzle: Falling Happiness in a Rising Economy[J]. Journal of Happiness Studies, 2009, 10(4):387-405.

[121] Buis M. Three Models for Combining Information from Causal Indicators [EB/OL]. https://core.ac.uk/download/pdf/6394820.pdf, 2018-04-25.

[122] Campbell A. Subjective Measures of Well-Being[J]. The American Psychologist, 1976, 31(2):117-124.

[123] Campbell A, Converse P E, Rodgers W L. The Quality of American Life: Perceptions, Evaluations, and Satisfactions [M]. New York: Russell Sage Foundation, 1976.

[124] Chamberlain K, Zika S. Stability and Change in Subjective Well-Being over Short Time Periods[J]. Social Indicators Research, 1992, 26(2):101-117.

[125] Chan Y H. Multinomial Logistic Regression[J]. Singapore Medical Journal, 2005, 46(6):259-268.

[126] Chen F, Short S E. Household Context and Subjective Well-being among the Oldest Old in China[J]. Journal of Family Issues, 2008, 29(10):1379-1403.

[127] Clark A, Georgellis Y, Sanfey P. Scarring: The Psychological Impact

of Past Unemployment[J]. Economica, 68(270):221-241.

[128] Cummins R A. On the Trail of the Gold Standard for Subjective WellBeing[J]. Social Indicators Research, 1995, 35(2):179-200.

[129] Cummins R A. The Domains of Life Satisfaction: An Attempt to Order Chaos[J]. Social Indicators Research, 1996, 38(3):303-328.

[130] Cummins R A. The Comprehensive Quality of Life Scale — Intellectual/Cognitive Disability, Fifth Edition: Manual [M]. Melbourne: School of Psychology Deakin University, 1997.

[131] Cummins R A. Objective and Subjective Quality of Life: An Interactive Model[J]. Social Indicators Research, 2000, 52(1):55-72.

[132] Davidson R J. Affective Style, Psychopathology, and Resilience: Brain Mechanisms and Plasticity [J]. The American Psychologist, 2000, 55(11):1196-1214.

[133] Diener Ed, Emmons R A, Larsen R J, Griffin S. The Satisfaction with Life Scale[J]. Journal of Personality Assessment, 1985, 49(1):71-75.

[134] Diener Ed. Assessing Subjective Well-Being: Progress and Opportunities[J]. Social Indicators Research, 1994, 31(2): 103-157.

[135] Diener Ed. Subjective Well-Being: The Science of Happiness and A Proposal for a National Index[J]. The American Psychologist, 2000, 55(1):34-43.

[136] Diener, Ed., E. Suh & S. Oishi 1997. Recent Findings on Subjective Well-Being[J]. Indian Journal of Clinical Psychology 24(1).

[137] Diener Ed, Suh E M, Lucas R E, Smith H L. Subjective Well-Being: Three Decades of Progress [J]. Psychological Bulletin, 1999, 125 (2):276-302.

[138] Diener Ed, Ronald I, Tay L. Theory and Validity of Life Satisfaction Scales[J]. Social Indicators Research, 2013, 112(3): 497-527.

[139] Di Tella R, MacCulloch R. Gross National Happiness as An Answer to the Easterlin Paradox? [J]. Journal of Development Economics, 2008, 86(1):22-42.

[140] Easterlin R. Does Economic Growth Improve the Human Lot? Some Empirical Evidence. In David P A, Reder M W, ed. Nations and Households in Economic Growth[M]. New York: Academic Press, 1974.

[141] Easterlin R. Will Raising the Incomes of All Increase the Happiness of All? [J]. Journal of Economic Behavior and Organization, 1995, 27(1): 35-47.

[142] Easterlin R, Mcvey L A, Switek M, et al. The Happiness-Income Paradox Revisited [J]. Proceedings of the National Academy of Sciences of the United States of America, 2010, 107(52): 22463-22468.

[143] Easterlin R A, Morgan R, Switek M, Wang F. China's Life Satisfaction, 1990-2010[J]. Proceedings of the National Academy of Sciences of the United States of America, 2012, 109(25): 9775-9780.

[144] Edgerton R B. A longitudinal-Ethnographic Research Perspective on Quality of Life. In Schalock R L, Siperstein G N, ed. Quality of Life Volume 1: Conceptualisation and Measurement [M]. Washington: American Association on Mental Retardation, 1996. 83-90.

[145] Erikson R, Uusitalo H. The Scandinavian Approach to Welfare Research[J]. International Journal of Sociology, 1987, 16(3-4): 175-193.

[146] Erikson R. Description of Inequality: The Swedish Approach to

Welfare Research [C]. Paper presented at the Quality of Life conference arranged by the World Institute for Development Economics Research (WIDER), Helsinki, 1988.

[147] Estes R J. Quality of Life in Hong Kong: Past Accomplishments and Future Prospects[J]. Social Indicators Research, 2005, 71(1-3): 183-229.

[148] Firebaugh G, Schroeder M B. Does Your Neighbor's Income Affect Your Happiness? [J]. American Journal of Sociology, 2009, 115(3): 805-831.

[149] Fried M. Residential Attachment: Sources of Residential and Community Satisfaction[J]. Journal of Social Issues, 1982, 38(3): 107-119.

[150] Glass G V. Primary, Secondary and Meta-Analysis of Research[J]. Educational Researcher, 1976, 5(10): 3-8.

[151] Glenn N D. The Contribution of Marriage to the Psychological Well-Being of Males and Females[J]. Journal of Marriage and Family Relations, 1975, 37(3): 594-600.

[152] Goldlust J, Richmond A H. A Multivariate Model of Immigrant Adaptation[J]. International Migration Review, 1974, 8(2): 193.

[153] Granovetter M. Economic Action and Social Structure: The Problem of Embeddedness[J]. American Journal of Sociology, 1985, 91(3): 481-510.

[154] Hagerty M R, Cummins R A, Ferriss A L, et al. Quality of Life Indexes for National Policy: Review and Agenda for Research[J]. Social Indicators Research, 2001, 55(1): 1-96.

[155] Hagerty M R, Veenhoven R. Wealth and Happiness Revisited—Growing National Income Does Go with Greater Happiness[J]. Social Indicators Research, 2003, 64(1): 1-27.

[156] Harner C J, Heal L W. The Multifaceted Lifestyle Scale (MLSS): Psychometric Properties of an Interview Schedule for Assessing Personal Satisfaction of Adults with Limited Intelligence[J]. Research in Developmental Disabilities, 1993, 14(3):221-236.

[157] Headey B, Veenhoven R, Wearing A. Top-Down versus Bottom-Up Theories of Subjective Well-Being[J]. Social Indicators Research, 1991, 24(1):81-100.

[158] Heckman J. China's Human Capital Investment[J]. China Economic Review, 2005, 16(1): 50-70.

[159] Heise D R. Employing Nominal Variables, Induced Variables, and Block Variables in Path Analyses [J]. Sociological Methods and Research, 1972, 1(2): 147-174.

[160] Helliwell J F. Well-being, Social Capital and Public Policy: What's New? [J]. The Economic Journal, 2006, 116(510):C34-C45.

[161] Helliwell J F, Huang H. How's Your Government? International Evidence Linking Good Government and Well-Being [J]. British Journal of Political Science, 2008, 38(4): 595-619.

[162] Herzberg F. Work and the Nature of Man [M]. Cleveland: World Publishing, 1966.

[163] Kelly H H. Two Functions of Reference Groups. In Hyman H H, Singer E., ed. Readings in Reference Group Theory and Research [M]. New York: The Free Press, 1968, 199-206.

[164] Knight J, Gunatilaka R. Great Expectations? The Subjective Well-being of Rural-urban Migrants in China[J]. World Development, 2010, 38(1):113-124.

[165] Kong F, Zhao J, You X. Self-Esteem as Mediator and Moderator of the Relationship between Social Support and Subjective Well-Being among Chinese University Students[J]. Social Indicators Research,

2013, 112(1):151-161.

[166] Krugman P. Viagra and the Wealth of Nations[N]. New York Times Magazine, 1998-08-23.

[167] Lai D. Principle Component Analysis on Human Development Indicators of China[J]. Social Indicators Research, 2003, 61(3): 319-330.

[168] Lee H S. Objective Quality of Life in Korea and OECD Countries[J]. Social Indicators Research, 2003, 62(1):481-508.

[169] Li D, Chen T, Wu Z. An Exploration of the Subjective Well-Being of the Chinese Oldest-old. In Yi Z, Poston D L, Vlosky D A, Gu D, ed. Healthy Longevity in China: Demographic, Socioeconomic, and Psychological Dimensions[M]. Netherlands: Springer, 2008.

[170] Li J, Raine J W. The Time Trend of Life Satisfaction in China[J]. Social Indicators Research, 2014, 116(2):409-427.

[171] Li W, Lau M. Interpersonal Relations and Subjective Well-Being among Preadolescents in China[J]. Child Indicators Research, 2012, 5(4):587-608.

[172] Li Z, Wang P. Comprehensive Evaluation of the Objective Quality of Life of Chinese Residents: 2006 to 2009 [J]. Social Indicators Research, 2013, 113(3):1075-1090.

[173] Liu Z, Shang Q. Individual Well-being in Urban China: The Role of Income Expectations[J]. China Economic Review, 2012, 23(4): 833-849.

[174] Lykken D, Tellegen A. Happiness Is a Stochastic Phenomenon[J]. Psychological Science, 2010, 7(3):186-189.

[175] Lyubomirsky S, Lepper H S. A Measure of Subjective Happiness: Preliminary Reliability and Construct Validation[J]. Social Indicators Research, 1999, 46(2):137-155.

[176] Mastekaasa A. Age Variation in the Suicide Rates and Self-reported Subjective Well-being of Married and Never Married Persons[J]. Journal of Community & Applied Social Psychology, 2010, 5(1):21-39.

[177] Neuman W L. Social Research Methods: Qualitative and Quantitative Approaches. Beijing: Posts & Telecom Press, 2010.

[178] Nielsen I, Smyth R, Zhai Q. Subjective Well-Being of China's Off-Farm Migrants[J]. Journal of Happiness Studies, 2010, 11(3):315-333.

[179] Noll H H. Social Indicators and Social Reporting: The International Experience. In Canadian Council on Social Development ed. Symposium on Measuring the Wellbeing and Social Indicators. Final Report[M]. Ottawa: Canadian Council on Social Development, 1996.

[180] Noll H H. Towards a European System of Social Indicators: Theoretical Framework and System Architecture[J]. Social Indicators Research, 2002, 58(1):47-87.

[181] Oswald A J, Powdthavee N. Does Happiness Adapt? A Longitudinal Study of Disability with Implications for Economists and Judges[J]. Journal of Public Economics, 2008, 92(5-6):1061-1077.

[182] Park R E, Burgess E W. Introduction to the Science of Sociology[M]. Chicago: The University of Chicago Press, 1921.

[183] Perry E J. Growing Pains: Challenges for a Rising China [J]. Dædalus, the Journal of the American Academy of Arts & Sciences, 2014, 143(2):5-13.

[184] Pettigrew T F. Intergroup Contact Theory [J]. Annual Review of Psychology, 1998, 49(1):65-85.

[185] Rao C R. The Use and Interpretation of Principle Component Analysis in Applied Research[J]. Sankhyā: The Indian Journal of Statistics

Series A, 1964, 26(4):329-358.

[186] Shek D T L, Chan Y K, Lee P S N. Quality of Life in the Global Context: A Chinese Response[J]. Social Indicators Research, 2005, 71(1-3):1-10.

[187] Shek D T L. Introduction: Quality of Life of Chinese People in a Changing World[J]. Social Indicators Research, 2010, 95(3):357-361.

[188] Sirgy M J, Michalos A C, Ferriss A L, et al. The Quality-of-Life (QOL) Research Movement: Past, Present, and Future[J]. Social Indicators Research, 2006, 76(3):343-466.

[189] Steele L G, Lynch S M. The Pursuit of Happiness in China: Individualism, Collectivism, and Subjective Well-Being during China's Economic and Social Transformation[J]. Social Indicators Research, 2013, 114(2):441-451.

[190] Stevenson B, Wolfers J. Economic Growth and Subjective Well-Being: Reassessing the Easterlin Paradox[J]. Brookings Papers on Economic Activity, 2008, (1):1-87.

[191] Stolte J F. The Legitimation of Structural Inequality: Reformulation and Test of the Self-Evaluation Argument[J]. American Sociological Review, 1983, 48(3):331-342.

[192] Taylor S J, Bogdan R. Quality of Life and the Individual's Perspective. In Schalock R L, Siperstein G N, ed. Quality of Life Volume 1: Conceptualisation and Measurement [M]. Washington: American Association on Mental Retardation, 1996, 11-22.

[193] Twenge J M. Changes in Masculine and Feminine Traits Over Time: A Meta-Analysis[J]. Sex Roles, 1997, 36(5-6):305-325.

[194] Twenge J M. Attitudes toward Women, 1970-1995: A Meta-Analysis [J]. Psychology of Women Quarterly, 1997, 21(1):35-51.

[195] Veenhoven R. Conditions of Happiness[M]. Dordrecht: Kluwer (now Springer), 1984.

[196] Veenhoven R. Happy Life-expectancy: A Comprehensive Measure of Quality-of-Life in Nations[J]. Social Indicators Research, 1996, 39(1):1-58.

[197] Veenhoven R. Happiness, Also Known as "Life Satisfaction" and "Subjective Well-Being". In Land K C, Michalos A C, Sirgy M J, ed. Handbook of Social Indicators and Quality of Life Research[M]. Netherlands: Springer, 2012, 63-77.

[198] Wang P, Vanderweele T J. Empirical Research on Factors Related to the Subjective Well-Being of Chinese Urban Residents[J]. Social Indicators Research, 2011, 101(3):447-459.

[199] Wang P, Xu C. Research on the Comprehensive Evaluation of China's Environmental Health, 2003-2010[J]. Social Indicators Research, 2015, 122(3):709-721.

[200] Wood J V. What is Social Comparison and How Should We Study It? [J]. Personality and Social Psychology Bulletin, 1996, 22(5):520-537.

[201] Xie Y. Evidence-Based Research on China: A Historical Imperative [J]. Chinese Sociological Review, 2011, 44(1): 14-25.

[202] Xie Y, Wu X. Danwei Profitability and Earnings Inequality in Urban China." The China Quarterly, 2008, (195):558-581.

[203] Yang Y, Hu A. Investigating Regional Disparities of China's Human Development with Cluster Analysis: A Historical Perspective[J]. Social Indicators Research, 2008, 86(3):417-432.

[204] Yuan H. Structural Social Capital, Household Income and Life Satisfaction: The Evidence from Beijing, Shanghai and Guangdong-Province, China[J]. Journal of Happiness Studies, 2016, 17(2):

569-586.

[205] Zhang J P, Yao S Q, Ye M, et al. A Study on the Subjective Well-being and Its Influential Factors in Chronically Ill Inpatients in Changsha, China[J]. Applied Nursing Research, 2009, 22(4):250-257.

[206] Zhao W. Economic Inequality, Status Perceptions, and Subjective Well-being in China's Transitional Economy[J]. Research in Social Stratification & Mobility, 2012, 30(4):433-450.

[207] Zhou S, Yu X. Regional Heterogeneity of Life Satisfaction in Urban China: Evidence from Hierarchical Ordered Logit Analysis[J]. Social Indicators Research, 2017, 132(1):25-45.

附录 湖北17个市(州)居民客观生活质量统计指标汇总表

城市与年份	常住人口数(万人)	人均财政支出	人均地区生产总值	人均固定资产投资总额	人均社会消费品零售额	城镇人均可支配收入	农村居民年人均纯收入	每千人卫生技术人员数	每千人卫生床位数	孕产妇死亡率(1/10万)
武汉2012	1012	8750.494	79089.13043	49715.9091	34262.55	27061	11190	6.744368	6.144071	10.63
黄石2012	244.1	5752.97	42644.40803	30764.0311	16939.78	19417	7477	5.462106	4.334289	2.3
十堰2012	335.68	6188.93	28469.9714	20934.2231	12654.91	16011	4566	6.444531	6.037595	6.65
宜昌2012	408.83	7275.64	61370.25169	39649.243	18741.04	18775	8046	5.876526	4.855808	5.94
襄阳2012	555.14	5655.69	45068.99161	28823.1797	15122.49	17532	8684	5.456642	4.232986	14.54
鄂州2012	105.35	5950.641	53193.16564	42715.7095	17294.73	19307	9072	6.270527	4.167062	8.17
荆门2012	288.52	4928.601	37614.72342	27533.6199	12576.25	17678	9387	4.83606	4.132816	0
孝感2012	483.31	4175.167	22866.48321	20293.8073	11079.85	18091	7988	1.37448	3.372577	16.09
荆州2012	571.94	3965.975	20910.93471	18234.2553	12035.53	17010	8710	4.283841	3.596356	12.09
黄冈2012	623.19	4475.682	19141.51382	17698.2943	8975.914	16767	6142	3.97102	3.314238	5.89
咸宁2012	247.5	5778.99	31240.40404	30563.6364	11698.59	16913	7505	6.779798	4.305455	17.96

217

续表

城市与年份	常住人口数(万人)	人均财政支出	人均地区生产总值	人均固定资产投资总额	人均社会消费品零售总额	城镇人均可支配收入	农村居民年人均纯收入	每千人卫生技术人员数	每千人卫生床位数	孕产妇死亡率(1/10万)
随州 2012	217.81	3927.735	27091.04265	23632.0646	13475.51	18171	8419	5.34273	2.914926	3.64
恩施州 2012	331.2	5425.423	14558.87681	12264.1908	5701.087	15058	4571	4.469807	4.958635	10.75
仙桃 2012	118.49	4026.5	37488.39565	20367.1196	16947.42	17280	9076	5.628323	2.823023	27.34
天门 2012	133.9	3124.72	23989.54444	15757.2816	15452.58	15685	8507	2.683346	3.256908	18.23
潜江 2012	95.04	4420.244	46481.48148	24943.1818	14452.86	17451	8785	5.164141	3.472222	22.79
神农架 2012	7.65	16588.24	21973.85621	26169.9346	7738.562	13567	5110	3.712418	3.058824	124.07
武汉 2011	1002	7635.13	67487.02595	42547.3054	30257.39	23738	9814	6.452096	5.642715	10.71
黄石 2011	243.46	5285.879	38033.3525	24539.9655	14583.5	17003	6487	5.476464	4.249569	12.58
十堰 2011	334.81	5528.21	25424.86784	15601.9832	10877.21	14172	4044	6.080165	5.330187	24.72
宜昌 2011	406.85	5926.754	52616.44341	29247.1427	16123.88	16451	7055	5.373233	4.261521	16.4
襄阳 2011	552.72	4489.434	38576.85627	20530.1057	13053.81	16845	7549	5.175496	3.580656	10.86
鄂州 2011	105.1	5391.056	46706.94577	32050.4282	15193.15	17008	7909	5.286394	3.862988	8.51
荆门 2011	287.99	4352.234	32729.9559	20508.6982	10807.67	15526	8248	4.396333	3.781034	0
孝感 2011	482.49	3577.483	19858.64992	15114.0956	9527.659	15888	7029	1.376816	2.752596	4.28
荆州 2011	570.4	3456.872	18287.51753	13524.1935	10442.85	14947	7664	4.041199	3.089937	7.39

附录 湖北17个市(州)居民客观生活质量统计指标汇总表

续表

城市与年份	常住人口数(万人)	人均财政支出	人均地区生产总值	人均固定资产投资总额	人均社会消费品零售额	城镇人均可支配收入	农村居民年人均纯收入	每千人卫生技术人员数	每千人卫生床位数	孕产妇死亡率(1/10万)
黄冈 2011	621.04	3631.65	16828.38465	13263.3969	7762.785	14731	5438	3.810222	2.958103	9.22
咸宁 2011	246.79	5148.912	26419.62802	22816.1595	10044.57	14875	6588	6.042384	3.507435	4.82
随州 2011	216.99	3332.872	23871.60699	17718.7889	11709.76	15870	7427	5.058758	2.765104	15.63
恩施州 2011	329.74	4856.554	12682.41645	9530.84248	4902.347	13174	3939	3.846667	4.206041	13.2
仙桃 2011	118.26	3580.247	32002.36766	15060.8828	14598.34	15052	8006	5.455775	3.093185	15.64
天门 2011	136.9	2813.002	20052.59313	11400.2922	13078.16	13886	7407	2.696859	3.073776	6.41
潜江 2011	94.83	3973.426	39882.94843	18511.0197	12425.39	15561	7684	4.984709	3.366023	11.82
神农架 2011	7.63	16723.46	19043.25033	20668.4142	6736.566	12312	4640	3.722149	3.066841	0
武汉 2010	978.54	5963.476	56879.94359	38352.2391	26267.7	20806	8295	6.33689	5.232183	10.8
黄石 2010	242.93	4221.792	28408.18343	19514.2634	12416.33	15460	5524	5.242662	3.846787	11.28
十堰 2010	334.08	4399.545	22053.99904	12162.057	9245.69	16130	3499	5.654334	4.797653	0
宜昌 2010	405.97	4840.505	38114.14637	23388.674	13614.8	15557	5980	5.09816	3.88945	18.88
襄阳 2010	550.03	3361.998	27967.56541	15186.808	11151.03	14756	6365	4.818828	3.42454	15.82
鄂州 2010	104.87	4101.268	37693.3346	28477.1622	12925.53	14788	6645	5.443883	3.460475	17.76
荆门 2010	287.37	3321.85	25405.22671	15611.2329	9154.748	15271	6951	4.19842	3.400842	11.78

附录 湖北17个市(州)居民客观生活质量统计指标汇总表

续表

城市与年份	常住人口数(万人)	人均财政支出	人均地区生产总值	人均固定资产投资总额	人均社会消费品零售额	城镇人均可支配收入	农村居民年人均纯收入	每千人卫生技术人员数	每千人卫生床位数	孕产妇死亡率(1/10万)
孝感2010	481.45	2774.535	16630.38737	11853.7751	8074.982	14878	5943	1.243951	2.214145	24.49
荆州2010	569.17	2866.455	14707.38092	10558.0055	8878.542	14708	6453	3.57872	2.796704	11.41
黄冈2010	616.21	3053.018	13993.60608	11944.9538	6632.641	15376	4634	4.1567	2.547833	13.86
咸宁2010	246.26	4061.561	21129.29424	17716.6409	8512.548	14022	5606	4.332413	3.067896	14.89
随州2010	216.22	2646.841	18576.44991	13466.8393	9953.288	15280	6279	3.259643	2.542318	28.77
恩施州2010	329.03	3944.625	10671.67128	7427.28627	4156.46	11406	3255	3.649819	3.824271	21.19
仙桃2010	117.51	2800.613	24761.29691	14250.7021	12491.7	13021	6807	2.668709	3.112927	25.86
天门2010	141.89	1992.388	15468.32053	10826.6967	10682.22	12210	6207	2.289802	2.119247	28.6
潜江2010	94.63	3022.297	30716.47469	18273.2749	10686.89	13879	6486	5.06816	3.257952	17.305
神农架2010	7.61	17516.43	16162.9435	18593.9553	5755.585	11146	4083	3.90276	3.088042	0
武汉2009	910	5534.505	50771.20879	32979.1209	23781.21	18385	7161	6.597582	5.281429	10.88
黄石2009	242.61	3332.509	23560.03462	14139.9777	10555.62	13897	4811	4.972178	3.721611	21.57
十堰2009	324.1	3656.279	16999.69145	8588.39864	7844.801	14454	3110	5.485344	4.261648	19.15
宜昌2009	404.55	3868.496	31450.50056	18545.7916	11627.98	14058	5186	4.89408	3.60969	13.28
襄阳2009	544.61	2720.479	22052.66154	10554.158	9191.164	13409	5440	4.588421	3.124438	27.92

续表

城市与年份	常住人口数(万人)	人均财政支出	人均地区生产总值	人均固定资产投资总额	人均社会消费品零售额	城镇人均可支配收入	农村居民年人均纯收入	每千人卫生技术人员数	每千人卫生床位数	孕产妇死亡率(1/10万)
鄂州 2009	103.49	3446.71	31279.35066	21316.0692	12240.8	13408	5718	5.431443	3.358779	17.6
荆门 2009	285.03	2864.962	21053.92415	11127.9514	8027.927	13857	5956	4.120268	3.327018	10.43
孝感 2009	468.37	2344.087	14366.41971	8481.75588	6979.525	13562	5131	3.211991	2.151504	16.41
荆州 2009	585.4	2226.683	12121.28459	7433.54971	7608.814	13304	5464	3.384694	2.546806	15.57
黄冈 2009	668.64	2319.484	10920.52525	8274.85642	5085.995	13636	4130	3.548098	2.150933	18.5
咸宁 2009	251.63	3376.783	16629.57517	11985.0574	6592.219	12589	4873	3.64265	2.392004	28.4
随州 2009	220.81	2088.221	15484.35306	9451.56469	8244.645	12349	5457	4.026086	2.309678	8.39
恩施州 2009	349.1	2928.96	8429.103409	5219.42137	3266.686	10307	2810	2.848754	2.835004	33.01
仙桃 2009	123.3	2128.954	19671.53285	9736.41525	10370.64	11783	5856	2.759124	2.966748	8.64
天门 2009	137.13	1709.327	13626.48582	8496.31736	9859.987	11243	5326	2.531175	2.19281	0
潜江 2009	93.76	2456.271	24958.40444	13220.9898	9210.751	12571	5531	4.889078	3.113268	17.305
神农架 2009	7.5	8880	13720	14200	4960	10116	3707	4.92	2.813333	0
武汉 2008	897	4212.709	44148.04905	24781.6054	21135.9	16712	6349	6.433445	4.842252	11.08
黄石 2008	242.2	2190.751	22979.76879	9616.01982	9149.463	12734	4374	5.087531	3.558629	23.1
十堰 2008	323.5	2286.553	15073.87944	5732.30294	6713.138	13693	2841	4.885935	3.768779	16.3

续表

城市与年份	常住人口数(万人)	人均财政支出	人均地区生产总值	人均固定资产投资总额	人均社会消费品零售额	城镇人均可支配收入	农村居民年人均纯收入	每千人卫生技术人员数	每千人卫生床位数	孕产妇死亡率(1/10万)
宜昌2008	403.9	2620.946	25416.19213	12960.1386	9888.834	12839	4686	4.543699	3.07898	16.51
襄阳2008	543.7	1777.451	18437.7414	6874.56318	7816.995	12292	4880	4.642266	2.908405	18.5
鄂州2008	103.3	2320.426	26117.13456	14521.7812	10444.34	12244	5096	5.224589	3.083253	9.7
荆门2008	284.5	1728.647	18290.33392	7384.18278	6828.12	12690	5332	3.942004	2.869596	9.08
孝感2008	467.6	1596.236	12683.06245	5791.91617	5949.102	12419	4636	3.13302	1.904833	25.23
荆州2008	584.4	1547.057	10677.27584	4987.33744	6522.758	12195	4889	3.304415	2.45089	12.1225
黄冈2008	667.5	1565.094	9000	5555.80524	4379.476	11860	3744	3.271011	1.953408	25.43
咸宁2008	251.2	2249.204	14298.96497	7994.82484	5601.911	11529	4411	3.648885	2.396099	16.09
随州2008	220.4	1439.655	14074.41016	6672.86751	7108.439	11298	4967	3.690563	2.080762	22.71
恩施州2008	348.5	2038.451	7150.071736	3999.13917	2797.418	9446	2519	2.802009	2.310187	18.81
仙桃2008	135.3	1258.684	17257.94531	6300.07391	8046.563	10761	5248	3.417591	1.966001	28.1
天门2008	136.9	1105.917	13685.17166	6287.07085	8430.972	10448	4761	2.497443	2.107378	8.12
潜江2008	93.6	1641.026	22630.34188	9435.89744	7948.718	11426	4929	2.799145	3.050214	17.305
神农架2008	7.5	5680	10626.66667	10000	4333.333	9164	3330	4.906667	2.813333	0

附录 湖北17个市(州)居民客观生活质量统计指标汇总表

城市与年份	人均高新技术产业增加值	万人发明专利拥有量（件/万人）	普通中学每百人在校生专职教师数	工业二氧化硫排放量（吨）	人均公共图书馆藏书量（册）	平均每百人互联网宽带接入用户数	人均接待国内旅游者收入	植被覆盖指数	环境污染（质量）指数	生态环境状况指数
武汉 2012	13373.52	3.1917	9.728403	100072	1.168083	32.6087	13262.55	39.22	88.78	59
黄石 2012	6399.836	0.327735	6.931818	83362	0.464973	13.51905	2261.368	66.35	86.75	71.06
十堰 2012	2965.026	0.119161	9.547715	18342	0.327097	14.00143	4695.543	93.77	97.92	75.75
宜昌 2012	6460.142	0.567473	8.770405	65349	0.448597	12.71922	4792.212	96.28	96.03	78.36
襄阳 2012	7218.539	0.163923	8.064149	46667	0.270202	10.26768	2681.306	74.53	95.13	65.94
鄂州 2012	7173.232	0.170859	7.802974	31083	0.38823	13.28904	3189.369	37.48	85.77	61.91
荆门 2012	3200.818	0.114377	8.5506	37083	0.371898	9.358103	2598.087	70.3	95.64	62.61
孝感 2012	2439.014	0.217252	17.69623	45394	0.177112	8.896981	1446.897	50.08	93.9	53.46
荆州 2012	1431.619	0.138126	8.018752	48486	0.195125	11.36483	1591.076	46.94	94.07	61.12
黄冈 2012	1198.511	0.083442	6.788533	20531	0.279209	6.418588	1033.232	68.79	96.82	67.59
咸宁 2012	1303.03	0.137374	7.741935	21768	0.287677	12.52525	4351.515	79.86	97.41	79.17
随州 2012	2386.943	0.055094	9.023711	4327	1.032551	10.10055	3190.854	76.4	97.41	64.22
恩施州 2012	116.5459	0.036232	6.545831	6100	0.434783	7.971014	2923.309	95.94	98.83	79.51
仙桃 2012	2815.427	0.160351	9.047811	6460	0.10676	9.114693	1005.148	46.99	97.58	55.71
天门 2012	1335.325	0.037341	7.917698	2566	0.149365	6.676624	286.7812	43.06	98.3	53.58

附录 湖北17个市(州)居民客观生活质量统计指标汇总表

续表

城市与年份	人均高新技术产业增加值	万人发明专利拥有量(件/万人)	普通中学每百人在校生专职教师数	工业二氧化硫排放量(吨)	人均公共图书馆藏书量(册)	平均每百人互联网宽带接入用户数	人均接待国内旅游者收入	植被覆盖指数	环境污染(质量)指数	生态环境状况指数
潜江 2012	1873.948	0.063131	8.559142	13200	0.128367	8.691077	380.8923	34.73	95.06	54.46
神农架 2012	0	0.261438	10.53726	600	1.054902	10.06536	34666.67	99.36	99.73	82.28
武汉 2011	10719.7	2.580838	9.219824	108500	1.143513	24.8503	10519.96	39.81	91.1	58.16
黄石 2011	5541.029	0.246447	5.705785	91518	0.444426	10.474	2103.015	66.5	83.26	69.23
十堰 2011	2162.71	0.068696	7.975341	21175	0.321675	9.978913	3562.618	94.05	96.4	76.26
宜昌 2011	5029.111	0.408013	8.480076	70464	0.433329	10.96409	3472.533	96.68	97.38	78.64
襄阳 2011	6833.505	0.112173	7.542152	48780	0.253293	8.089087	2131.278	74.52	98.03	66.68
鄂州 2011	5770.228	0.133206	6.417127	37737	0.382493	11.68078	2352.997	37.66	84.72	61.45
荆门 2011	2456.189	0.093753	8.592417	40877	0.172575	8.23914	1842.772	69.74	97.55	63.12
孝感 2011	1957.091	0.105702	6.839263	42393	0.171403	6.317229	1197.331	50.23	95.4	53.46
荆州 2011	1114.497	0.120968	7.089802	56441	0.194951	7.678822	1238.604	47.55	96.68	60.93
黄冈 2011	938.4774	0.053137	5.879896	23971	0.268743	5.469648	894.7894	68.88	98.87	67.08
咸宁 2011	926.2571	0.072937	6.551765	19733	0.275133	12.85708	3141.132	80.01	98.18	76.76
随州 2011	1799.267	0.059911	7.83455	4317	1.032306	7.674086	2418.545	76.47	99.49	64.81

续表

城市与年份	人均高新技术产业增加值	万人发明专利拥有量（件/万人）	普通中学每百人在校生专职教师数	工业二氧化硫排放量（吨）	人均公共图书馆藏书量（册）	平均每百人接入互联网宽带用户数	人均接待国内旅游者收入	植被覆盖指数	环境污染（质量）指数	生态环境状况指数
恩施州 2011	73.38206	0.03336	6.014613	8964.99	0.421544	6.57791	2413.72	95.94	99.67	80.08
仙桃 2011	2153.535	0.160663	7.936568	5186	0.10274	6.912396	736.5128	47.27	98.55	55.77
天门 2011	921.4171	0.021914	6.009064	2765	0.131483	5.558802	267.3484	43.2	99.21	53.52
潜江 2011	1282.484	0.042181	8.166959	13200	0.122324	8.012338	325.8463	37.68	95.5	53.99
神农架 2011	0	0.131062	8.956661	550	1.048493	8.781127	29344.69	99.33	99.95	83.75
武汉 2010	9024.623	1.768962	8.561733	87256	1.059435	21.66493	7372.208	39.13	92.9	62.19
黄石 2010	3388.453	0.090561	5.63001	74480	0.442103	8.109332	1661.384	69.02	89.05	76.21
十堰 2010	1179.083	0.047893	6.816346	25210	0.314595	7.25874	2605.663	94.55	98.87	77.42
宜昌 2010	3338.599	0.1675	7.88563	69389	0.411114	10.10974	2471.611	97.26	97.56	80.37
襄阳 2010	4378.874	0.072723	7.251926	46861	0.465429	6.605094	1561.915	74.98	97.61	67.17
鄂州 2010	4567.522	0.066749	5.716981	42527	0.350911	19.38591	1712.597	37.5	75.95	64.05
荆门 2010	1516.167	0.052198	8.063736	41168	0.21227	6.873647	1397.849	70.22	97.26	64.22
孝感 2010	1413.906	0.081005	6.306242	36275	0.159726	4.893551	1002.389	49.91	96	55.66
荆州 2010	746.1655	0.072035	6.48329	30111	0.186939	5.902788	909.2187	46.44	98.03	65.07

附录 湖北17个市(州)居民客观生活质量统计指标汇总表

续表

城市与年份	人均高新技术产业增加值	万人发明专利拥有量(件/万人)	普通中学每百人在校生专职教师数	工业二氧化硫排放量(吨)	人均公共图书馆藏书量(册)	平均每百人互联网宽带接入用户数	人均接待国内旅游者收入	植被覆盖指数	环境污染(质量)指数	生态环境状况指数
黄冈2010	821.8189	0.01136	5.468744	13922	0.258029	5.246588	721.345	68.81	99.34	70.89
咸宁2010	613.6644	0.044668	6.214367	13400	0.274101	14.84204	2397.872	84.7	98.83	83.34
随州2010	1211.239	0.02775	7.049144	7810	1.031357	6.257515	1778.281	76.68	99.38	66.51
恩施州2010	43.2301	0.012157	5.559417	6680.68	0.40896	3.996596	1458.53	97.1	99.79	81.36
仙桃2010	1527.393	0.110629	7.396706	3886	0.093609	4.765552	592.29	33.2	98.95	66.53
天门2010	124.0538	0.028191	6.540246	2566	0.112763	4.425964	214.9552	43.43	99.46	56.04
潜江2010	647.4585	0	7.945	13200	0.116242	7.291557	271.5841	36.47	97.42	57.44
神农架2010	0	0.131406	8.232517	170	0.600526	7.331143	18068.33	101.15	99.78	83.7
武汉2009	7813.484	1.386813	7.981141	114579	1.096593	18.24176	5342.637	40.16	90.62	57.98
黄石2009	2912.473	0.053584	5.24707	83603	0.408475	7.29566	1099.707	68.75	87.76	71.73
十堰2009	839.6668	0.058624	6.582695	25073	0.438136	4.969423	1922.863	94.71	98.9	76.73
宜昌2009	2371.334	0.133482	7.423729	34870	0.401187	7.048572	1877.395	97.78	98.67	79.79
襄阳2009	3391.421	0.047741	6.81887	64762	0.240906	5.295845	1118.966	75.94	97.12	67.44
鄂州2009	3100.213	0.067639	6.169655	34311	0.345927	6.947338	1254.227	40.42	77.8	58.86

附录 湖北17个市(州)居民客观生活质量统计指标汇总表

续表

城市与年份	人均高新技术产业增加值	万人发明专利拥有量(件/万人)	普通中学每百人在校生专职教师数	工业二氧化硫排放量(吨)	人均公共图书馆藏书量(册)	平均每百人互联网宽带接入用户数	人均接待国内旅游者收入	植被覆盖指数	环境污染(质量)指数	生态环境状况指数
荆门 2009	1190.594	0.035084	7.493992	42125	0.206645	5.468688	1047.609	70.62	97.43	64.17
孝感 2009	1155.539	0.046971	6.08651	41699	0.157781	4.31283	798.3005	50.2	95.33	54.04
荆州 2009	643.7017	0.047831	6.155245	31653	0.179023	4.482679	593.9529	48.05	98.07	62.12
黄冈 2009	481.9559	0.011965	5.158397	11690	0.214914	2.36151	513.7294	69.5	99.37	68.08
咸宁 2009	569.9161	0.01987	5.706958	13839	0.264277	4.708222	1347.216	84.65	98.73	79.53
随州 2009	612.0783	0.031701	6.512451	7925	0.969159	4.198179	1201.938	76.77	99.36	65.33
恩施州 2009	36.63134	0.022916	5.364099	9144	0.369522	3.111429	836.723	97.53	99.72	80.07
仙桃 2009	933.0981	0.024331	6.973669	2586	0.081184	2.43309	451.7437	41.13	98.93	60.42
天门 2009	411.5803	0.014585	6.019063	2566	0.102093	3.609713	176.4749	42.9	99.46	54.42
潜江 2009	558.0951	0.021331	7.591396	13200	0.110922	6.612628	246.3737	36.21	98.33	55.43
神农架 2009	0	0.266667	7.971014	120	0.609333	5.570667	11000	98.01	99.89	81.82
武汉 2008	6783.564	1.09922	7.264667	123660	1.07146	14.71572	4165.886	41.59	90.04	58.6
黄石 2008	2636.358	0.066061	4.952023	90608	0.42981	4.665566	765.896	70.26	86.28	71.86
十堰 2008	320.6121	0.046368	6.301241	32000	0.432767	3.771252	1332.303	96.79	98.91	77.83

续表

城市与年份	人均高新技术产业增加值	万人发明专利拥有量（件/万人）	普通中学每百人在校生专职教师数	工业二氧化硫排放量（吨）	人均公共图书馆藏书量（册）	平均每百人互联网宽带接入用户数	人均接待国内旅游者收入	植被覆盖指数	环境污染（质量）指数	生态环境状况指数
宜昌2008	1740.535	0.10151	7.002041	34741	0.367665	5.702922	1611.538	99.93	98.7	82.22
襄阳2008	2343.596	0.033106	6.483861	73441	0.227147	4.618356	879.5292	77.56	96.89	69.55
鄂州2008	2438.325	0.048403	6.030223	34872	0.336883	4.629526	1022.265	41.31	77.5	58.72
荆门2008	941.8278	0.031634	6.971257	44618	0.203163	4.162004	769.0685	72.01	97.29	66.71
孝感2008	691.1591	0.02994	5.496809	44009	0.150342	2.322284	622.3268	51.32	95.3	56.32
荆州2008	700.5253	0.046201	5.812635	31770	0.192334	3.087697	543.2923	49.16	97.98	62.73
黄冈2008	456.1109	0.013483	5.036834	11099	0.20824	2.074277	422.4719	71.09	99.42	69.41
咸宁2008	471.1465	0.011943	4.69702	24073	0.253981	3.317357	814.4904	86.61	97.99	80.27
随州2008	381.1525	0.004537	5.767131	8621	0.911978	2.218693	844.8276	78.41	99.32	68.19
恩施州2008	33.61836	0.002869	5.173335	9854	0.355811	2.140631	750.9326	99.72	99.7	82.92
仙桃2008	886.9623	0.029564	6.236601	1286	0.060606	1.478197	222.4686	41.92	98.86	60.8
天门2008	502.8269	0.007305	5.380409	2566	0.087655	2.644266	91.30752	43.65	99.44	55.71
潜江2008	865.8226	0.021368	6.933479	13200	0.104701	5.876068	162.3932	36.8	98.11	56.34
神农架2008	0	0	7.772277	105	0.517333	4.074667	4573.333	100.71	99.82	83.93